教育部人文社会科学研究规划基金项目资助

课题名：地方政府对劳资关系的软性调控及其效果研究
——以浙江省为例

批准号：12YJA840031

# 目录

第一章

# 导言

## 一 概念界定与研究问题的提出

在本研究中，“地方政府”是地方权力机关、行政机关和司法机关的总称，包括相应的地方党委及其职能部门。或者说，本研究所说的“地方政府”其实是我们通常所说的“地方党委和地方政府”的简称。按照现行的行政层级，地方政府分为省（自治区、直辖市）级、地区（地级市）级、县（县级市）级和乡（镇）级四个层次，其中，县级政府是本研究关注的重点。

本研究所说的“劳资关系”主要指私营企业中由雇佣行为而产生的雇主及其代理者（经营管理者）与雇员及其代表（如工会）之间的关系。它主要对应英文的“industrial relations”。[①] 在英文文献中，“industrial relations”一般指有组织的、集体性质的“劳方与管理方（labor-management）”或“工会与管理方（union-management）”之间的关系。鉴于我国私营企业劳资关系的实际情况，本研究在比较宽泛的意义上使用“劳资关系”一词，它既包括有组织的、集体性的劳资关系，也包括未经组织的、个体性的劳资关系。

---

① 国内学界通常将“industrial relations”译为“劳动关系”或“工业关系”。海曼认为，在美国，“industrial relations”与“labor relations”是同义词。见 Hyman, R. (1995), Industrial Relations in Europe: Theory and Practice. *European Journal of Industrial Relations*, Vol. 1, No. 1。

本研究依照1998年8月国家统计局、国家工商行政管理总局联合出台的《关于划分企业登记注册类型的规定》来界定“私营企业”。该《规定》把企业登记注册类型划分为三种：一是内资企业（又分为国有企业[①]、集体企业、股份合作企业、联营企业、有限责任公司、股份有限公司、私营企业和其他企业），二是港、澳、台商投资企业，三是外商投资企业。私营企业属于内资企业中的一种，是指由自然人投资设立或由自然人控股，以雇佣劳动为基础的营利性经济组织，包括按照《公司法》《合伙企业法》《私营企业暂行条例》规定登记注册的私营有限责任公司、私营股份有限公司、私营合伙企业和私营独资企业。在后面的有关章节中，还会用到与“私营企业”这个概念有关的另外两个概念：一个是“民营企业”，另一个是“非公有制企业”。一般来讲，“民营企业”有广义与狭义之分。在广义上，“民营”是指非国有国营，相应地，民营企业是指非国有国营的企业，包括私营企业、乡镇企业、集体企业、合作制企业、国家不控股的股份制企业、外资企业和国有民营企业等类型；[②]在狭义上，民营企业仅指私营企业。除非特别说明，本研究在狭义上使用“民营企业”概念。“非公有制企业”也有广义与狭义之分。在广义上，非公有制企业是指公有制企业之外的所有企业，包括私营企业、港澳台商投资企业和外商投资企业等类型；在狭义上，非公有制企业仅指内资企业中的非公有制企业，而不包括港、澳、台商投资企业和外商投资企业。除非特别说明，本研究也在狭义上使用“非公有制企业”概念。也就是说，在本研究中，除非特别说明，私营企业、民营企业和非公有制企业基本上都是同义词。

20世纪50年代完成对资本主义工商业的社会主义改造以后，

---

① 1992年中国共产党第十四次全国代表大会之前，国有企业被称为国营企业。

② 晓亮：《论民营经济》，载李定、张发舟主编《鼓励·引导·发展——全国私营经济发展理论研讨会文集》，新华出版社，1998，第17~20页。

我国大陆上的私营企业及其劳资关系就绝种了，一直到1979年以后才得以重新出现。近30余年来，我国的私营企业从无到有、异军突起、蓬勃发展（详见第二章）。据国家工商行政管理总局统计，截至2012年底，全国内资企业实有1322.54万户（含分支机构），其中私营企业达1085.72万户①，即82.1%的内资企业都是私营企业。在一些地区，比如下面将要提及的浙江省诸暨市，几乎所有企业都是私营企业。

自20世纪70年代末期以来，我国的经济发展举世瞩目，一些学者试图从地方政府在经济发展过程中所扮演的重要角色来破解中国经济何以持续高速增长之谜，于是，产生了不少有关“地方政府公司化”的研究成果。奥伊（J. C. Oi）认为，财政体制改革导致地方政府竭力支持、协调其辖区内的各种企业的发展，地方政府就像一个从事多种经营的实业公司。奥伊把政府与经济合二为一的这种运作方式称为地方的国家法团主义（local state corporatism）。②华尔德（A. G. Walder）也认为地方政府就像一个庞大的工业公司，主导着当地经济的发展。③洪银兴认为地方政府的行为具有准企业性，地方政府同本地的企业实际上形成了利益共同体，地方政府越是靠近基层，其行为越是靠近企业。④杨善华和苏红认为，自20世纪80年代初财政体制改革以后，乡镇政权的角色逐渐从计划经济时代的“代理型政权经营者”转变为“谋利型政权经营者”，相应地，乡镇政权日益陷入地方经济发展的具体活动之中，甚至主宰了地方经

① 参见《全国市场主体发展总体情况》，中华人民共和国国家工商行政管理总局网站，http://www.saic.gov.cn/zwgk/tjzl/zxtjzl/xxzx/201301/P020130110600723719125.pdf。

② Oi, J. C.（1992）, Fiscal Reform and the Economic Foundations of Local State Corporatism in China. *World Politics*, Vol. 45, No. 1. “corporatism”一词亦被译为“统合主义”或“合作主义”。

③ Walder, A. G.（1995）, Local Governments as Industrial Firms. *American Journal of Sociology*, Vol. 101, No. 2.

④ 洪银兴：《地方政府行为和中国市场经济的发展》，《经济学家》1997年第1期。

济发展的方向和命运。[①] 曹正汉和史晋川认为，2000 年以后，地方政府在主导经济发展的方式上发生了如下战略转移：从原来直接经营一家一户企业，转向把所辖区域当成一家企业来经营。[②] 我们认为，在“地方政府公司化”的背景下，就像主导经济发展一样，各级地方政府也会主导其境内私营企业劳资关系的发展，在私营企业高度发达的地区更是如此。换句话说，私营企业快速发展的过程，也是各级地方政府不断出台调控私营企业劳资关系的政策措施，从而试图不断预防和化解劳资冲突并协调劳资关系的过程，2003 年以后更是如此。这些调控私营企业劳资关系的措施可以大致分为硬性调控措施与软性调控措施两种类型。

所谓硬性调控，通常是指出台并严格执行具有强制性的相关法律（也包括强制性的行政措施）。它大致又可以分为直接的硬性调控与间接的硬性调控两种类型。所谓直接的硬性调控，是指直接对企业内部的劳动行为、劳动条件等进行规范，比如对劳动合同、工作时间、休息休假、工资支付、劳动安全卫生、职业培训、女职工和未成年职工特殊劳动保护等方面进行规范。所谓间接的硬性调控，是指超越企业的劳动过程，出台旨在降低雇员对雇佣关系的依赖性，从而间接地提高雇员的谈判力量的法律，比如出台有关社会保险的法律（涉及医疗、工伤、生育、失业、退休等方面），立法支持雇员自由组织和参加工会，等等。当然，直接的硬性调控与间接的硬性调控之间的界限往往并不十分清晰。

如果不考虑中间过渡类型，那么，硬性调控之外的所有调控都属于软性调控。不过，在本研究中，软性调控专指各级党委和

① 杨善华、苏红：《从“代理型政权经营者”到“谋利型政权经营者”》，《社会学研究》2002 年第 1 期。

② 曹正汉、史晋川：《中国地方政府应对市场化改革的策略》，《社会学研究》2009 年第 4 期。

政府通过出台有关文件（俗称“红头文件”[①]）来调控。这些“红头文件”往往以“关于……的通知”和“关于……的意见”[②]的形式出现，其调控手段以积极引导、正面激励为主，而很少直接采取强制和惩罚手段。软性调控也大致可以分为直接的软性调控与间接的软性调控两种类型。直接的软性调控是指直接针对企业主及其代理者、雇员及其代表或整个企业的调控，其基本做法是通过下发“红头文件”开展有关活动，需要企业有关人员直接配合、参与或做出回应。或者说，这种调控意味着党和政府的力量直接深入企业内部。间接的软性调控则指其他的软性调控手段。本研究所说的“软性调控”主要是指直接的软性调控。我们认为，地方政府对私营企业劳资关系发展的“主导”主要就体现在那些直接的软性调控措施里。

本研究将以浙江省诸暨市（县级市）的调查为基础，试图回答以下三个基本问题。

（1）自2003年以来，尤其是自2006年中共中央提出构建社会主义和谐社会以来，地方政府采取了哪些软性调控措施来协调当地私营企业的劳资关系？

（2）这些软性调控措施是如何运作的？或者说，这些软性调控措施的运作机制是怎样的？

（3）这些软性调控措施的效果如何？

---

① “红头文件”在我国政治过程中扮演着十分重要的角色，其相关研究可参见 Wu，Guoguang（1995），Documentary Politics：Hypotheses，Process，and Case Studies. In C. L. Hamrin and Suisheng Zhao（eds.），*Decision-making in Deng's China*. New York：M. E. Sharpe，Inc.；谢岳《文件制度：政治沟通的过程与功能》，《上海交通大学学报（哲学社会科学版）》2007年第6期；施从美《当代中国文件制度的结构与功能解析》，《江海学刊》2010年第1期。

② 按照2000年8月国务院颁布的《国家行政机关公文处理办法》，“通知”类公文“适用于批转下级机关的公文，转发上级机关和不相隶属机关的公文，传达要求下级机关办理和需要有关单位周知或者执行的事项，任免人员”；“意见”类公文“适用于对重要问题提出见解和处理办法”。

## 二 相关文献回顾

“资本和劳动的关系，是我们全部现代社会体系所依以旋转的轴心。”[①] 恩格斯的这种说法虽然有些夸张，但说明了深入研究劳资关系问题的重要性和必要性。也许正因为如此，近百余年来，有关劳资关系的研究文献早已浩如烟海。笔者在此无意梳理全部的相关文献，而只对五个方面的文献进行简要的回顾，旨在阐明以下五个“事实”：①存在多个彼此不同的研究劳资关系或雇佣关系的理论视角；②虽然不同的理论视角对国家（政府）是否应该调控劳资关系以及应该如何调控劳资关系的看法各不相同，但实际上任何国家（政府）都会对本国的劳资关系进行调控，都会在调控劳资关系的过程中扮演多种角色；③国外学者较少研究国家（政府）对劳资关系的调控；④我国学者很少研究地方政府对劳资关系的调控；⑤具体到浙江省，我国学者很少研究地方政府软性调控劳资关系的“浙江经验”。

### （一）存在多个彼此不同的研究劳资关系或雇佣关系的理论视角

从表面上看，劳资关系是一种交换关系，即劳动力拥有者（劳方）为资本拥有者（资方）提供劳动，以此从资方那里换取报酬。然而，劳资之间的这种交换又不同于普通商品之间的交换，其特殊之处至少体现在以下两个方面：首先，它不只是劳动与报酬之间的交换，它还是一种支配与被支配的关系，因为劳方必须按照资方的意愿在资方的管理、监督和控制之下为资方劳动。或者说，在这种交换关系中，劳方所付出的不只是自己的劳动，他还必须接受一种被支配的、从属的社会关系。这种支配与

---

① 恩格斯：《卡·马克思“资本论”第一卷书评》，载《马克思恩格斯全集》第16卷，人民出版社，1964，第263页。

被支配的权力关系是产生劳资冲突的一个重要根源。其次，在劳动力市场中，资方所购买的只是劳方的劳动能力或劳动潜力，而不是劳方的实际劳动，资方需要在劳动过程中把劳方的劳动潜力充分发挥出来。这种情况的存在，使这种交换关系充满了不确定性和矛盾性。劳资双方很容易在劳动付出与劳动报酬等方面因意见不一致而发生冲突。因此，处于工业化进程中的国家（政府）[①]都面临一个如何预防、化解劳资矛盾或劳资冲突的现实问题，或者说，都面临一个如何协调劳资关系的现实问题。

那么，应该如何协调劳资关系？有学者认为，目前主要有四种不同的研究劳资关系或雇佣关系的理论视角[②]，这些理论视角建立在不同的价值观念和前提假设之上，它们对这个问题的回答也各不相同。

（1）利己主义者（egoist）认为，和其他生产资料一样，劳动力也是商品。理性的雇主和雇员都能通过竞争性的劳动力市场这只“看不见的手”追求自我利益，二者之间不存在冲突。他们反对工人成立独立工会，也不赞成政府制定统一的劳动标准，他

---

① 尽管国家（state）、政府（government）都是调控劳资关系的主体，但一些西方学者更为强调国家的调控作用，因为有些制度安排及其运作是独立于政党和政府管理者之外的。参见 Bray, M., S. Deery, J. Walsh, P. Waring (2005), *Industrial Relations: A Contemporary Approach*. pp. 68 - 69. North Ryde, NSW: McGraw-Hill Australia Pty Limited。

② 由于划分标准不同，还存在其他划分劳资关系理论或理论视角的方法，比如以下两种划分方法：一是划分为一元主义视角、自由的集体主义与集体谈判、法团主义（corporatist）视角、自由的个人主义与新的自由放任主义、激进的视角五种类型，参见 Gospel, H. F. and G. Palmer (1993), *British Industrial Relations* (Second Edition). chapter 2. London and New York: Routledge；二是划分为邓洛普（J. T. Dunlop）的系统方法、多元主义、马克思主义、法团主义（corporatism）、调控理论（theories of regulation）五种类型，参见 Dabscheck, B. (1983), Of Mountains and Routes Over Them: A Survey of Theories of Industrial Relations. *Journal of Industrial Relations*, Vol. 25, No. 4。此外，还有学者对企业或工作场所层次的劳资关系的类型划分进行了探讨，参见 Kitay, J. (1991), Analyzing Workplace Industrial Relations: The Australian Workplace Industrial Relations Survey Typology. *Journal of Industrial Relations*, Vol. 33, No. 4。

们认为政府只需促进市场竞争即可。

（2）一元主义者（unitarist）认为，劳资双方的利益和目标是一致的，劳资之间的矛盾或冲突源于管理不善，资方可以通过加强沟通、改善管理来化解它们。他们反对工人成立独立工会，认为这种独立工会会妨碍劳资之间的合作；他们也不赞成政府制定统一的劳动标准。

（3）多元主义者（pluralist）认为，劳资之间存在内在的利益冲突，这种利益冲突不可能仅仅通过市场竞争或加强管理而得到解决。他们还认为，劳动力不仅仅是商品，劳动力市场不是完全竞争性的，劳资之间的谈判力量对比是不平衡的，个体工人的谈判力量明显弱于公司（资方）的谈判力量，因此，工人需要成立独立工会来与资方抗衡，也需要政府通过建立集体谈判制度、社会保障制度和相关的劳动法律制度等来调控劳资关系的运行。

（4）批判主义者或马克思主义者将雇佣关系视为争夺权力与控制的一种斗争，认为劳资冲突是不可避免的，劳资冲突并不限于劳动场所和经济领域，而是更大的社会性冲突或阶级冲突的一部分。他们批判既存的资本主义社会制度，寻求对生产资料所有权、工作场所控制权进行根本性的改造，甚至主张用社会主义取代资本主义。①

抛开批判主义或马克思主义理论视角不谈，其他三种理论视角分别提出了各自主张的协调劳资关系的主要机制，即利己主义者强调的市场竞争机制、一元主义者强调的改善管理机制和多元主义者强调的政府调控机制。尽管不同的理论视角对应该如何协调劳资关系这个问题有不同的看法，但在现实社会中，上述三种机制通常会同时起作用。当然，在不同的历史时期和不同的社会

① 主要参考 Budd, J. W. and D. Bhave (2008), Values, Ideologies, and Frames of Reference in Industrial Relations. In P. Blyton , N. Bacon, J. Fiorito and E. Heery (eds.), *The SAGE Handbook of Industrial Relations*. London: SAGE Publications Ltd.; Budd, J. W. (2010), *Labor Relations* (Third Edition). pp. 31 - 49. New York: McGraw-Hill/Irwin。

环境里，各种机制所发挥的作用的大小可能会各不相同。

### （二）国家（政府）在劳资关系中扮演了多种角色

虽然不同的理论视角对国家（政府）是否应该调控劳资关系以及应该如何调控劳资关系的看法各不相同，但实际上任何国家（政府）都会对本国的劳资关系进行调控。当然，在不同的历史时期和不同的国度里，其调控的目的、力度、范围以及手段等可能会各不相同。

凯勒（B. K. Keller）把西方市场经济国家卷入劳资关系的主要作用与功能概括为以下四个方面：①制定颇为全面的劳动法律制度，其总的目标是调控不同层次上的劳方与管理方之间的冲突性关系。②为雇佣条件之共同的最低标准制定实质性的法律条款，如出台最低工资标准。集体谈判是一种采用非政治手段设置这些一般性雇佣条款的替代或补充机制，不过，只有当工会拥有足够的强度和力量时，这种方式才会有效。③一旦罢工权利受到立法保护，则试图避免或至少是严格限制集体性的劳资冲突，即采取行动制止正式的与非正式的罢工。④作为大多数劳动力的雇主，主动卷入公共部门的劳动关系之中。[①]

比恩（R. Bean）认为，政府在劳资关系中扮演了以下五种角色：一是作为第三方，促使议会通过一个为工会与管理方互动设立通用规则（尤其是集体谈判程序）的法律框架；二是作为支持或补充集体谈判的一种手段，制定有关最低雇佣条件（包括卫生、安全、工资与工时等）的法律条款；三是提供解决劳资纠纷的服务；四是作为雇主；五是作为收入的调控者。[②]

海曼（R. Hyman）进一步概括了国家在劳资关系中所扮演的角色的类型，认为国家通过以下七个关键方面来形塑

---

① Keller, B. K. (1990), The State as Corporate Actor in Industrial Relations Systems. *Journal of Industrial Relations*, Vol. 32, No. 2.

② Bean, R. (1994), *Comparative Industrial Relations* (Second Edition). pp. 102 - 103. London and New York: Routledge.

（shape）国家的劳资关系体制：①通过作为雇主。②通过程序调控，包括界定行动者的地位、权利与义务，出台并执行有关的“游戏规则”，如关于集体谈判与集体协议的游戏规则（含对谈判破裂的处理）。③通过实质性的个人雇佣权利立法。单个雇员的谈判力与雇主不对等，因此，国家有权利和义务规定所有雇佣合同中的基本标准，如规定最低工资、年假、卫生与安全、平等机会、休假与教育等方面的标准。④通过宏观经济管理来构建劳动力市场。⑤通过形塑雇员的就业能力（如开展职业培训）的“供方（supply-side）”劳动力市场政策。⑥通过作为“福利国家（welfare state）”，从而限制工人的生存对雇佣关系的依赖，并因此而提升工人的谈判力。其做法有二：一是立法，直接或间接地规定雇佣标准，如规定最低工资标准；二是在制度上支持生病、受伤、失业、退休的工人。⑦通过构造“工业公民权（industrial citizenship）”。国家对劳资关系最根本性的影响是从总体上界定劳动者在政治、经济和社会中的地位。[①]

### （三）国外学者较少研究国家（政府）对劳资关系的调控

考夫曼（B. E. Kaufman）认为，劳资关系研究起源于 1870 ~ 1920 年期间对工业化国家中出现的严重的“劳工问题（labor problem）”的一种回应。对劳资关系的界定有广义与狭义之分。在早期（第二次世界大战之前），对劳资关系的界定是广义的，它研究宽泛的雇佣关系，包括对集体谈判、工会、人事或人力资源管理、劳动或雇佣法的研究。二战结束之后，大多数有关的学者虽然口头上继续接受广义的劳资关系，实际上却越来越将研究

① Hyman, Richard (2008), The State in Industrial Relations. In P. Blyton, N. Bacon, J. Fiorito and E. Heery (eds.), *The SAGE Handbook of Industrial Relations*. pp. 264 – 271. London: SAGE Publications Ltd.

领域集中于工会和集体谈判，在美国更是如此。[①]相应地，对国家（政府）干预、调控劳资关系的研究并未引起有关学者的足够重视。

美国著名学者邓洛普（J. T. Dunlop）认为，每个劳资关系系统都包括三个行动者，即管理者集团及其代表、工人（非管理者）集团及其代理者和特定的政府机构。[②]然而，凯勒（B. K. Keller）认为，在20世纪60年代和70年代甚至80年代，大多数经验性的劳资关系研究都只关注两个行动者，即只关注工人与管理者之间的双边关系，而同样重要的第三个行动者——国家，却普遍地被忽视了。[③]海曼（R. Hyman）也认为，实际上，邓洛普本人以及大多数后来的英语世界的有关学者主要关注雇主与工会之间通过集体谈判达成的规则，而很少关注国家（政府）的调控。[④]

利特尔（C. R. Littler）等关注工作场所的劳资关系，认为存在两个主要的分析工作场所劳资关系的模型：一个是谈判模型，另一个是控制/抗争模型。谈判模型认为发生在工作场所中的主要过程是关于雇佣条款与条件的多边谈判。在20世纪60年代和70年代，该模型特别关注工资谈判。控制/抗争模型分析的焦点是“控制（control）”。到了70年代末期，该模型成为一个主要的分析框架。这两个模型具有一个共同的弱点，即未能适当地探讨国家的作用、国家与企业之间的关系的性质，也未能探讨国家能够改变内部调控的模式的作用

① Kaufman，B. E.（2010），The Theoretical Foundation of Industrial Relations and Its Implications for Labor Economics and Human Resource Management. *Industrial and Labor Relations Review*，Vol. 64，No. 1.

② Dunlop，J. T.（1993），*Industrial Relations Systems*（Revised Edition）. pp. 47 – 48. Boston：Harvard Business School Press.

③ Keller，B. K.（1990），The State as Corporate Actor in Industrial Relations Systems. *Journal of Industrial Relations*，Vol. 32，No. 2.

④ Hyman，R.（2008），The State in Industrial Relations. In P. Blyton，N. Bacon，J. Fiorito and E. Heery（eds.），*The SAGE Handbook of Industrial Relations*. p. 258. London：SAGE Publications Ltd.

方式。①

相应地，有关国家卷入劳资关系的理论研究成果更是稀缺。贾尔斯（A. Giles）认为，出现这种问题的根源，在于劳资关系研究的以下三个特征：一是研究领域的多学科性质，二是“实用主义”传统，三是对作为一个研究领域的劳资关系的正统定义。②

进入20世纪80年代以后，学界逐渐重视对国家（政府）与劳资关系的关系的研究，在其相关学者中，有两位很值得一提：一位是布洛维（M. Burawoy），另一位是西迪奎（S. A. Siddique）。

布洛维认为，可以根据资本家使用“强制”和“认同”的情况，把资本主义的劳动过程划分为两种类型：一种是专制的（despotic）工作组织，另一种是霸权的（hegemonic）工作组织。在专制的工作组织中，强制明显胜过认同；霸权的工作组织则建立在认同居于支配地位的基础上。③布洛维进一步认为，资本主义的工厂体制（factory regime）呈现从市场专制体制向霸权体制，再向霸权专制体制（hegemonic despotism）发展的趋势。马克思当年所描述的是一种市场专制体制的情形，这种体制的存在依赖于三个特殊的条件：一是工人除了出卖自己的劳动力以换取工资以外，没有任何生活资料；二是劳动过程受机械化和碎片化（fragmentation）的支配，技能和专门知识不再是权力的基础，体力劳动与脑力劳动的分离使工人变成了机器的附属物，也使工人失去了抗争任意强制的能力；三是受竞争的推动，资本家通过工作日的延长、劳动强度的加大和新机器的引进，连续转变生产。市场的混乱状态导致了工厂中的专制主义。后来，国家干预的两

---

① Littler, C. R., M. Quinlan and J. Kitay (1989), Australian Workplace Industrial Relations: Towards a Conceptual Framework. *Journal of Industrial Relations*, Vol. 31, No. 4.

② Giles, A. (1989), Industrial Relations Theory, the State, and Politics. In J. Barbash and K. Barbash (eds), *Theories and Concepts in Comparative Industrial Relations*. Columbia: University Southern Carolina Press.

③ Burawoy, M. (1979), *Manufacturing Consent*. p. 194. Chicago: The University of Chicago Press.

种形式打破了上述第一个条件，即打破了工人对出卖他们的劳动力的依赖，也即打破了劳动力再生产与生产活动之间的连带关系：一是社会保险立法保证劳动力的再生产在最低层次上不再依赖于参加生产活动；二是国家直接限制管理统治的方法，如强制的工会承认、申诉机构和集体谈判都起到了保护工人免受任意的解雇、罚款和减薪的作用。这样，进一步提升了劳动力再生产的自主性，使劳动力再生产和生产过程的统一发生了明确的分离。管理者不能再对工人施加任意的专制主义。他们必须劝说工人与管理者合作，必须把工人的利益和资本的利益协调起来。于是，资本主义早期的市场专制体制（在这种体制下，强制胜于认同）必然被霸权体制（在这种体制下，认同占优势，尽管从未排斥强制）所取代。①

西迪奎关注第三世界国家的劳资关系系统，认为发展于西方的各种劳资关系理论都是基于自愿－多元主义原则，该原则的主要目标是通过多元的谈判过程实现劳资关系的自愿改良，这使得集体谈判成为劳资关系系统的最重要的方面。基于自愿－多元主义的劳资关系理论对于理解大多数第三世界国家的劳资关系系统没有什么用处，因为那些基于西方经验的各种劳资关系理论都预先假定社会中存在以下两个主要因素：一是民主的生活方式，二是雇主与雇员之间的力量对比相对平衡。然而，在大多数发展中国家，这两个因素都不存在。西迪奎进一步认为，与西方发达国家不同，大多数第三世界国家的劳资关系系统都是殖民地时期强迫推行工业化过程的结果。从一开始，国家就同时在工业化过程和劳资关系系统中居于完全支配的地位，国家试图控制劳资关系系统的每个方面，政府几乎是全方位地卷入劳资关系系统之中。②

### （四）我国学者很少研究地方政府对劳资关系的调控

随着 1979 年以后私营企业的重新出现，党和政府重启了调

---

① Burawoy, M. (1985), *The Politics of Production*. pp. 123 – 126. London: Verso.

② Siddique, S. A. (1989), Industrial Relations in a Third World Setting: A Possible Model. *Journal of Industrial Relations*, Vol. 31, No. 3.

控私营企业及其劳资关系发展的进程，我们可以把这个调控的过程大致分为 1979～1991 年、1992～2002 年和 2003 年以后三个阶段（详见第二章）。1991 年以前，党和政府对私营企业的重新出现采取了从默许到公开放行的政策，但尚未出台健全有力的调控私营企业劳资关系的政策措施，学界也很少调查研究私营企业的劳资关系问题。

1992 年以后，我国的私营经济迅速转入由各级党委和政府大力推动的发展阶段，私营企业异军突起，一大批私营企业主迅速成长起来，他们日益受到各级党委和政府的关怀和重视。与此形成鲜明对比的是，对有关维护私营企业工人的合法权益、协调私营企业劳资关系的问题却并没有引起各级党委和政府的足够重视，致使劳资关系日益紧张。相应地，学界日益重视对私营企业劳资关系的调查研究，其关注的重点是私营企业劳资关系的性质，劳资关系的现状（基本特征），劳资关系不和谐或劳资冲突的主要表现、主要原因、影响因素以及如何协调劳资关系的政策建议等。

2003 年以后，各级党委和政府加大了调控私营企业劳资关系的力度，陆续出台了一些调控私营企业劳资关系的措施，如前所述，这些调控措施可以大致分为硬性调控措施与软性调控措施两种类型。在这个时期，学界除了继续关注前一时期曾经关注过的一些问题以外，不少学者对私营企业主的政治参与①、民营企业家的政治战略②、民营企业家的政治行为③、民营企业的

① 如朱光磊、杨立武《中国私营企业主政治参与的形式、意义和限度》，《南开学报（哲学社会科学版）》2004 年第 5 期；王晓燕《私营企业主的政治参与》，社会科学文献出版社，2007；郎友兴《政治吸纳与先富群体的政治参与——基于浙江省的调查与思考》，《浙江社会科学》2009 年第 7 期；杨可明《对中国私营企业主政治参与现象的观察与思考》，载黄卫平、汪永成主编《当代中国政治研究报告》（第 8 辑），社会科学文献出版社，2010。

② 如张建君、张志学《中国民营企业家的政治战略》，《管理世界》2005 年第 7期。

③ 如高贤峰《我国民营企业家政治行为分析》，博士学位论文，北京大学，2007。

政治资源[①]、私营（民营）企业的政治关联[②]等问题进行了深入研究。在我国，经济与政治密不可分，研究这些方面的问题当然十分必要。遗憾的是，很少有学者调查研究“私营企业（私营企业主）-地方政府”关系的另一头，即地方政府实际上是如何对私营企业（私营企业主）及其劳资关系进行软性调控的。

### （五）我国学者很少研究地方政府软性调控劳资关系的“浙江经验”

浙江省位于我国东部沿海地区，在改革开放以前，其经济发展水平长期处于国内的中游。1978 年，浙江省的国内生产总值和人均国内生产总值分别列全国第 12 位和第 16 位，然而，20 年以后，这两个指标就分别上升到了全国第 4 位和第 5 位。1998 年，在亚洲金融危机和国内有效需求不足的双重压力下，浙江经济仍然保持了良好的发展势头，全年实现国内生产总值 4980 亿元，比上年增长 10.1%，高出全国水平 2.3 个百分点。[③]于是，浙江省成为国内外关注的焦点，“浙江模式”由此声名鹊起[④]，并红遍整个中国，成为当今中国中西部地区大多数省（区）从计划经济向市场经济转型的典型范例。[⑤]

与此同时，一些学者纷纷对“浙江模式”或“浙江现象”或“浙江经验”进行了调查研究，并出版了大量研究成果。其

---

① 如胡旭阳、史晋川《民营企业的政治资源与民营企业多元化投资——以中国民营企业 500 强为例》，《中国工业经济》2008 年第 4 期。

② 如冯天丽、井润田《制度环境与私营企业家政治联系意愿的实证研究》，《管理世界》2009 年第 8 期；胡旭阳《民营企业的政治关联及其经济效应分析》，《经济理论与经济管理》2010 年第 2 期；王利平、高伟、张学勇《民营企业政治关联：一个多视角的分析》，《商业经济与管理》2010 年第 12 期；徐晋、贾馥华、张祥建《中国民营企业的政治关联、企业价值与社会效率》，《人文杂志》2011 年第 4 期。

③ 叶航：《透析“浙江模式”》，《安徽决策咨询》1999 年第 8 期。

④ 史晋川：《制度变迁与经济发展：“浙江模式”研究》，《浙江社会科学》2005 年第 5 期。

⑤ 陈剩勇：《政府创新、治理转型与浙江模式》，《浙江社会科学》2009 年第4期。

中，就笔者所知，出版的有关丛书就有以下几套：①2001 年，浙江大学出版社出版了“浙江模式实证研究丛书”，共 5 本。[①] ②2006 年，中共中央党校出版社出版了“浙江现象与浙江经验丛书”，共 5 本。[②] ③2007 年，社会科学文献出版社出版了“浙江经验与中国发展丛书”，共六卷。[③] ④2009 年，浙江大学出版社出版了“中国地方政府创新与治理转型的浙江经验研究丛书”。发表的有关学术论文则更多，不少学者，如陈国权等[④]、何显明[⑤]、罗卫东等[⑥]、史晋川[⑦]、徐邦友[⑧]、徐晓虹[⑨]、杨建华[⑩]、张兆曙[⑪]、赵伟[⑫]，从不同的学科角度对“浙江模式”或“浙江现象”或“浙江经验”进行了描述或解读。然而，尽管与其他私营经济发达的省份相比，浙江省的劳资关系比较和谐（比如 2009 年全国单位 GDP 劳动争议受理数是 1.9，而浙江省仅为

---

① 分别为《制度变迁与经济发展：温州模式研究》《浙江省“十五”至 2015 年经济社会发展前瞻》《解读“市场大省”：浙江省专业市场现象研究》《这边风景独好：浙江民营经济研究》《从乡村工业化到城市化：浙江现代化的过程特征与动力研究》。

② 分别为《浙江现象：八八战略与科学发展观的实践》《浙江现象：优化地方治理的探索》《浙江现象：制度创新与经济发展》《浙江现象：提升文化软实力》《浙江现象：构建和谐社会》。

③ 分别为总报告卷、政府管理卷、社会卷、党建卷、文化卷、经济卷。

④ 陈国权、李院林：《地方政府创新与强县发展：基于“浙江现象”的研究》，《浙江大学学报（人文社会科学版）》2009 年第 6 期。

⑤ 何显明：《省管县体制与浙江模式的生成机制及其创新》，《浙江社会科学》2009 年第 11 期。

⑥ 罗卫东、许彬：《区域经济发展的“浙江模式”：一个总结》，《中共浙江省委党校学报》2006 年第 5 期。

⑦ 史晋川：《制度变迁与经济发展：“浙江模式”研究》，《浙江社会科学》2005 年第 5 期。

⑧ 徐邦友：《民营经济成长与社会自由空间的扩展——基于浙江经验的学术判断》，《浙江社会科学》2010 年第 7 期。

⑨ 徐晓虹：《浙江经济发展奇迹及其原因探索》，《经济地理》2012 年第 10 期。

⑩ 杨建华：《“浙江现象”之探究》，《中共杭州市委党校学报》2002 年第 1 期。

⑪ 张兆曙：《草根智慧与社会空间的再造——浙江经验的一种空间社会学解读》，《浙江社会科学》2008 年第 4 期。

⑫ 赵伟：《浙江模式：一个区域经济多重转型范式》，《浙江社会科学》2009 年第 2 期。

1.77，2010年则进一步下降为1.33，2010年浙江省仅发生过4起停工事件[①]），却较少有学者对各级政府调控（尤其是软性调控）劳资关系的“浙江经验”进行系统的、历时性的调查研究。[②]

因此，本研究首先希望弥补对“浙江经验”研究的不足。在此基础上，也希望弥补劳资关系研究中对政府作用研究的不足，并希望为我国未来的相关政策设计提供一些依据。

## 三 诸暨市概况与资料收集过程

### （一）诸暨市概况[③]

诸暨市（县级市，1989年撤县设市，隶属于绍兴市）位于浙江省中北部，北邻杭州，东接绍兴，南界义乌，区域面积2311平方公里，辖3个街道、24个镇（乡），常住人口在150万左右，是浙江省城乡体系规划和新型城市化“十二五”规划确定的环杭州湾城市群大城市培育对象。

改革开放以来尤其是近十年以来，诸暨市的经济发展异常迅猛。2012年，全市实现生产总值810.7亿元（同比增长10.1%），财政总收入92.6亿元（增长15.7%），其中公共财政预算收入52.6亿元（增长15%），城镇居民人均可支配收入39950元（增长11.9%），农村居民人均纯收入19107元（增长12%），综合实力位居浙江省十强。

诸暨是中国袜业之都，年产袜子170多亿双，产量占全世界

① 沈锡权、岳德亮、商意盈：《构建和谐劳动关系的浙江之道》，《今日浙江》2011年第7期。

② 与此相关的研究成果也不多，其中较有代表性的研究成果是徐小洪的《浙江模式劳动关系——自行协调、走向两利》一文，载《浙江社会科学》2008年第11期 。

③ 主要摘自《市情简介》，“中国诸暨”网站，http：//www.zhuji.gov.cn：7001/aboutzhuji.jsp？catalog_ id＝20040303000002。

的60%以上；是中国珍珠之都，淡水珍珠产量约占全世界的74%，全国的84%；是中国香榧之都，香榧年产量达700吨左右，占全国总产量的60%以上。全市拥有袜业、珍珠、铜加工及新型材料、机电装备制造、纺织服装、环保新能源等工业产业集群；拥有规模以上企业3000多家（都是非公有制企业），上市企业13家。

诸暨是全国科技、教育、文化、卫生和体育工作先进县（市），也是浙江省首批教育、科技、卫生、体育强市。作为毛泽东亲笔批示"枫桥经验"[①]的发源地，诸暨市实现了"浙江省平安县市"创建八连冠，并成为全省唯一的全国社会管理创新综合试点县（市）。

### （二）调查研究过程

本研究始于笔者主持的中国政法大学校级人文社会科学研究项目（2009年6月正式立项）。该课题想要调查研究的主要问题是：近20年来，在劳资关系比较和谐的私营企业里，存在哪些协调劳资关系的有效机制？劳资矛盾、劳资冲突是如何被预防、缓解甚至化解的？或者说，该课题旨在调查研究近20年来我国私营企业协调劳资关系的主要经验。做了一年多的理论准备之后，在中华全国总工会法律工作部张智君先生、绍兴市总工会副主席杨柏勇、绍兴市总工会法律工作部部长樊建国、诸暨市总工会主席戚志军、诸暨市总工会副主席叶淑秀、诸暨市总工会权益保障部部长楼伟广等的大力推荐和热心帮助下，笔者于2010年11月上旬第一次[②]前往诸暨市，对那里的私营企业劳资关系状况进行了初步的调查了解，并初步形成了下一步的调查方案。经过约四个月的准备之后，2011年3月2～11日，在诸暨市总工会叶淑秀副主席、楼伟广部长等的具体帮助下，笔者

---

① 对"枫桥经验"及其演变历程的介绍，见第四章之附录。

② 这次调查得到了笔者指导的硕士研究生向楠和吴丹的协助。

第二次[①]前往诸暨市，先后对万安集团、盾安集团、海亮集团、步森集团、浙江齐鲤机械有限公司、浙江四通纺织服饰有限公司等企业协调劳资关系的经验进行了深入调查（包括问卷调查和访谈调查），并去这些企业（总部）所在的店口镇和枫桥镇的有关党政部门收集了不少文献资料。紧接着，2011 年 3 月 23～26 日，在诸暨市总工会叶淑秀副主席、楼伟广部长等的具体帮助下，笔者第三次前往诸暨市，又对浙江安丽工贸有限公司、宏磊集团、天洁集团、海讯集团等企业协调劳资关系的经验进行了深入调查。

随着调查研究的深入，笔者越来越感觉到：那些私营企业协调劳资关系的基本经验，在很大程度上是地方政府统一调控私营企业及其劳资关系的发展的结果。于是，笔者将调查研究的基本问题调整为：地方政府是如何调控私营企业的劳资关系的？其运作机制与效果如何？2011 年 10 月，笔者以《地方政府对劳资关系的软性调控及其效果研究——以浙江省为例》为题申请了 2012 年度教育部人文社会科学研究规划基金项目，后来，这个项目被正式批准立项。2011 年 11 月 7～10 日，按照这个课题的研究思路，在诸暨市总工会叶淑秀副主席、楼伟广部长等的具体帮助下，笔者第四次[②]前往诸暨市，专门去中共诸暨市委、市政府有关部门收集了大量资料（主要是有关文件）。2013 年 1 月 7～11 日，笔者指导的硕士研究生邱悦兰为了完成与本课题有关的毕业论文，在诸暨市总工会副主席叶淑秀等的具体帮助和协调下，前往诸暨市总工会、枫桥镇政府和步森集团做了进一步的调查，又收集了一些文献资料和访谈资料。在具体研究过程中，笔者还从相关网站收集了大量的有关资料。2013 年 10 月 31 日至 11 月 4 日，书稿初步完成之后，笔者再次（第五次）前往诸暨市，在诸暨市总工会副主席丁光飞、诸暨市总工会权益保障部副部长王银佳等的具体帮助下，

---

① 这次调查得到了笔者指导的硕士研究生吴丹和邱悦兰的协助。

② 这次调查得到了笔者指导的硕士研究生董博的协助。

就书稿内容与有关党政部门的负责人进行了交流，并去菲达集团、富润控股集团、八方控股集团收集了一些有关的资料。根据交流意见和新收集的资料，笔者再次对书稿进行了补充、修改。

## 四 研究思路与本书的内容编排

如前所述，本研究将以浙江省诸暨市的调查为基础，试图回答以下三个基本问题：一是（自 2003 年以来）地方政府采取了哪些软性调控措施来协调当地私营企业的劳资关系；二是这些软性调控措施的运作机制是怎样的；三是这些软性调控措施的效果如何。本书的基本内容将围绕上述三个基本问题的研究而展开。不过，在具体论述之前，需要首先介绍一下党和政府调控私营企业及其劳资关系发展的三个阶段，以便阐明 2003 年以后主要软性调控措施出台的历史、社会背景。这就是第二章的内容。

接下来，将逐一论述七类主要的软性调控措施，它们分别是：将党组织融入非公有制企业（第三章），将社会治安综合治理网络延伸到民营企业（第四章），开展创建劳动关系和谐企业活动（第五章），开展强化职工生活后勤保障活动（第六章），对非公有制经济代表人士进行政治安排与综合评价（第七章），要求工会“服务大局”（第八章），进一步预防和化解劳资纠纷（第九章）。这些软性调控措施是笔者解读大量的有关资料之后概括出来的，它们虽然并未穷尽所有的软性调控措施，但足以反映地方政府软性调控劳资关系的基本做法。以上七类软性调控措施还可以进一步细分：将党组织融入非公有制企业和将社会治安综合治理网络延伸到民营企业代表一种调控类型，即将党和政府的触角直接伸进企业并开展相关的活动；开展创建劳动关系和谐企业活动与开展强化职工生活后勤保障活动则代表另一种调控类型，即一些党政部门以及工会组织深入企业联合开展有关的评比活动。这四类调控的主要目的在于引导、约束、整合雇主及其代理者。对非公有制经济代表人士进行政治安排与综合评价的做法则更是如此。也就是说，在七类软性调控措施中，有五类主要是针对雇主及其代理者的，只有第六类调控（要求工会“服务大局”）属于引导、约束、整合雇员及其代表，其基本做法是通过党领导工会来消除雇主（资方）可能的对立面，并让工会在企业内部开展多种多样的活动来“服务大局”。当然，即使采取上述软性调控措施，也不一定能够取得理想的调控效果，因此，还需要进一步采取有关的软性调控措施来预防、化解劳资纠纷并协调劳资关系，这就是第九章论述的内容。

对上述软性调控措施的论述，本研究注意了以下三点：①将地方政府视为一个整体。对地方政府作用的分析，存在三种分析单位，即政府官员、政府部门和整体的政府。[①]本研究选择后者作为分析单位，认为地方政府具有相对独立性，具有相对独立的利益追求，其调控劳资关系的总的目标主要有两个：一是追求经济发展或GDP的增长，二是追求社会和谐稳定。具体到各个企业，则追求企业的劳动生产率、经济效益的增长和生产秩序的和谐稳定。因此，即使有些调控措施是个别或少数几个党政部门联合出台的，它们也体现了整体意义上的地方政府的意志。②将诸暨市置于浙江省甚至全国的整体之中。对上述软性调控措施的论述，本研究基本上采取了从上往下的叙述方式，即首先介绍中央政府（以及党中央、全国总工会）对有关调控措施的启动，然后介绍浙江省政府（以及浙江省委、省总工会）和绍兴市政府（以及绍兴市委、市总工会）对有关调控措施的贯彻、落实或启动，最后才介绍诸暨市政府（以及诸暨市委、市总工会）对有关调控措施的贯彻、落实或启动。换句话说，本研究并不是孤立地研究诸暨市，而是将诸暨市置于浙江省乃至全国发展的大背景之下来研究。③本研究所论及的软性调控措施基本上出台或执行于2003年至2012年。具体论述时，考虑到了各项软性调控措施的历时演变及其相互影响。

---

① 参见Ma, Shu-Yun (2000), Understanding China's Reform: Looking beyond Neoclassical Explanations. *World Politics*, Vol. 52, No. 4。

论述了七类主要的软性调控措施之后，第十章将论述软性调控的运作机制。地方政府要对私营企业劳资关系进行软性调控，在具体运作当中将面临两个主要问题：一是如何从上往下动员有关的党政官员积极投身到这种调控中来；二是如何引导被调控者积极配合甚至主动接受有关的调控。这里所说的“运作机制”就是指动员党政官员的运作机制与引导被调控者的运作机制，后者是本章论述的重点。第十一章将论述软性调控的四种综合性效果，它们分别是：分化、整合了私营企业主，在员工中制造了新的认同，促使了私营企业“类单位化”，促使了私营企业劳资关系的转型。

值得强调的是，本研究只在描述（descriptive）和分析（analytical）的层次上，而不在规范的（prescriptive）的层次上使用“软性调控”概念。专注于地方政府对劳资关系的软性调控，主要是笔者的学术兴趣与所选择的观察角度使然，并不意味着笔者刻意倡导什么，也并不意味着将劳方和资方都视为被动的被调控的对象。

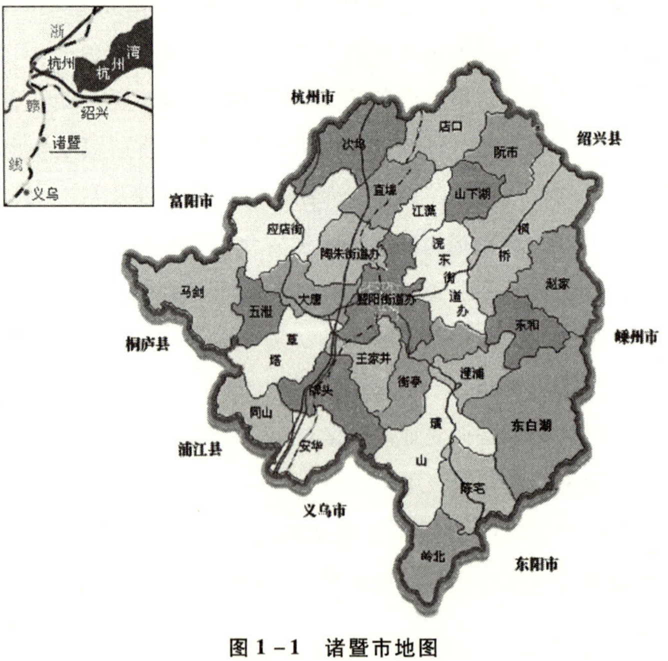


图 1-1 诸暨市地图

资料来源：人民网，http://unn.people.com.cn/BIG5/22220/55773/55776/3890808.html。

第二章

# 党和政府调控私营企业及其劳资关系发展的三个阶段

本章旨在阐明 2003 年以后主要软性调控措施出台的历史、社会背景。20 世纪 50 年代完成对资本主义工商业的社会主义改造以后，我国大陆上的私营企业及其劳资关系就不复存在，一直到 1979 年以后才得以重新出现，相应地，党和政府重启了调控私营企业及其劳资关系发展的进程。我们可以把这个调控的复杂过程简化为三个阶段。

## 一　从 1979 年到 1991 年

1979 年以后，我国的私营企业是在恢复和发展个体经济的基础上重新出现的。1979 年 9 月 29 日，叶剑英在庆祝中华人民共和国成立三十周年大会上的讲话中指出："目前在有限范围内继续存在的城乡劳动者的个体经济，是社会主义公有制经济的附属和补充。"① 1980 年 8 月，中共中央转发的全国劳动就业会议议定的文件《进一步做好城镇劳动就业工作》要求"有关部门对个体经济要积极予以支持，不得刁难、歧视"。1981 年 7 月 7 日出台的《国务院关于城镇非农业个体经济若干政策性规定》再次强调了恢复和发展城镇非农业个体经济的重大意义，要求各地政府和

① 叶剑英：《在庆祝中华人民共和国成立三十周年大会上的讲话》，新华网，http://news.xinhuanet.com/ziliao/2005-02/05/content_2549765.htm。

有关部门给予支持和方便，并规定："个体经营户，一般是一人经营或家庭经营；必要时，经过工商行政管理部门批准，可以请一至两个帮手；技术性较强或者有特殊技艺的，可以带两三个最多不超过五个学徒。"该《规定》第十六条还规定"上述规定，原则上适用于农村中的非农业个体经营户"。[①]此后，非农业个体经济就在全国城乡迅速得到恢复并发展起来。

1982 年 12 月，第五届全国人民代表大会第五次会议通过的《中华人民共和国宪法》第十一条规定："在法律规定范围内的城乡劳动者个体经济，是社会主义公有制经济的补充。国家保护个体经济的合法权利和利益。"从此，取得了合法地位的个体经济的发展更加迅猛，其中一些个体工商户因为请了超出规定数量的"帮手"或带了超出规定数量的"学徒"而成为了"雇工大户"。

如何看待雇工经营现象，其性质、特点、利弊、发展趋势如何，应该采取什么对策，当时的观点并不统一。[②] 1983 年 4 月，中共中央在《当前农村经济政策的若干问题》中指出："农村个体工商户和种养业的能手，请帮手、带徒弟，可参照《国务院关于城镇非农业个体经济若干政策性规定》执行，对超过上述规定雇请较多帮工的，不宜提倡，不要公开宣传，也不要急于取缔，而应因势利导，使之向不同形式的合作经营发展。"[③]这种不提倡、不公开宣传、不急于取缔的"三不"政策实际上默许了私人雇工经营现象的存在和发展，雇工经营的私营企业就在这种默许之下不断涌现了出来。

1987 年 10 月，中共十三大报告指出："实践证明，私营经济一定程度的发展，有利于促进生产，活跃市场，扩大就业，更好地满足人们多方面的生活需求，是公有制经济的必要的和有益的

---

① 参见劳动部劳动科学研究所、全国总工会劳动工资社会保障部编《中国劳动、工资、保险福利政策法规汇编》，海洋出版社，1990，第 106 页。

② 参见徐焕章、刘鹏、柳影萍编《雇工问题研究——文献、资料、论文汇编》第五章，中共中央党校科研办公室发行，1986。

③ 见《人民日报》1983 年 4 月 10 日。

补充。”该报告还强调：“目前，全民所有制以外的其他经济成分，不是发展得太多了，而是还很不够。对于城乡合作经济、个体经济和私营经济，都要继续鼓励它们发展。”该报告还提出：“必须尽快制订有关私营经济的政策和法律，保护他们的合法利益，加强对它们的引导、监督和管理。”

1988 年 4 月，第七届全国人民代表大会第一次会议通过的《中华人民共和国宪法修正案》第十一条增加规定：“国家允许私营经济在法律规定的范围内存在和发展。私营经济是社会主义公有制经济的补充。国家保护私营经济的合法的权利和利益，对私营经济实行引导、监督和管理。”从此，在国家的根本大法中确立了私营经济的法律地位和经济地位。1988 年 6 月，国务院颁布了《中华人民共和国私营企业暂行条例》（自 1988 年 7 月 1 日起施行）。该《条例》“所称私营企业是指企业资产属于私人所有、雇工八人以上的营利性的经济组织”，它被分为独资企业、合伙企业和有限责任公司三种类型。该《条例》第三条规定：“私营经济是社会主义公有制经济的补充。国家保护私营企业的合法权益。”从此，私营企业的发展和管理被纳入了法制轨道。

从 1988 年下半年起，由于通货膨胀等原因，国家开始治理经济环境、整顿经济秩序，经济环境明显地由宽松变为偏紧。1989 年 6 月以后，政治环境、意识形态宣传、社会舆论等方面也有所变化，讲私营经济的“弊”的多了，讲其“利”的少了。与此同时，国家加强了对私营经济的管理，在全国范围内开展了针对个体户、私营企业的税收大检查。在检查过程中，对一些个体户、私营企业给予了过重的惩罚，甚至把不够拘留条件的个体户和私营企业主也拘留了。在这种情况下，1989 年下半年以后，在私营经济中便出现了把私营企业无偿奉献给集体、把私营企业改变为国营企业或集体企业、减少雇工、缩小规模、有意停业等现象，使登记注册的私营企业的数量暂时有所减少。1989 年底，全国登记注册的私营企业为 9.06 万户，到 1990 年 6 月底下降至 8.8 万户，以后又缓慢回升，至 1990 年底和 1991 年底分别增加至9.8万户和10.8万户。[①]

在这个时期，党和政府还没有就如何协调私营企业的劳资关系出台专门的法律法规，只在相关的文件或法规中涉及了这方面的内容。例如，在前述1981年7月出台的《国务院关于城镇非农业个体经济若干政策性规定》中，规定“请帮手、带学徒，都要订立合同，规定双方的权利、义务、期间和报酬等。合同要经当地工商行政管理部门鉴证”。在前述《中华人民共和国私营企业暂行条例》中，第五章（“私营企业的劳动管理”）对私营企业劳动合同的内容、劳资争议的处理、劳动保护、社会保险、劳动时间等做了初步规定。1989年9月21日，劳动部颁布的《私营企业劳动管理暂行规定》又对私营企业用工和劳动合同、工资待遇、保险福利、劳动安全与卫生、劳动争议等内容进行了比较具体的规定。不过，鉴于当时政治、经济与社会环境，这些尚不健全的政策、法规基本上只能停留在纸面上，无法落实在私营企业里。因此，可以认为，此时党和政府对私营企业的劳资关系基本上持放任自流的态度。

在通常情况下，这种放任自流意味着党和政府偏袒资本一方。[②]不过，我国的情况比较特殊——即使放任自流或不予直接干预，党和政府长期积累起来的威望却仍在发挥作用。这是因为，三四十年来，党的教育和社会主义建设的实践，使得社会主义的一些基本原则，诸如按劳分配原则、人与人之间的平等互助关系、社会主义的道德标准等，已经深入人心，与这些原则偏离过大的现象往往难以被社会成员接受，从而形成一种对私营企业主行为的约束力。私营企业主通常能够以平等的态度对待雇工并照顾到雇工合理的经济利益，比如参照当地国营企业和集体企业职

---

① 张厚义、刘文璞：《中国的私营经济与私营企业主》，知识出版社，1995，第49~53页。

② 海曼认为：国家不干预（经济活动）并不意味着中立。实际上，“自由主义”意味着雇主剥削与工人被剥削的自由。国家的不干预是偏袒资本的不干预。参见Hyman, R.（1975）, *Industrial Relations: A Marxist Introduction*. p. 132. London and Basingstoke: The Macmillan Press Ltd.。

工的工资标准来确定雇工的工资水平，甚至还参照当地国营企业和集体企业职工的劳保和福利标准来确定雇工的劳保和福利待遇，一些规模比较大、效益比较好的私营企业还修建了职工宿舍和其他生活服务设施。这些做法有助于建立较为和谐的劳资关系。[①]因此，我们可以认为，尽管这个时期党和政府并没有出台健全有力的调控私营企业劳资关系的政策，但党和政府过去三四十年的所作所为所形成的政治、经济和社会环境构成了对私营企业主的一种巨大的约束力，这种约束力好比另一只“看不见的手”，约束着私营企业主对待雇工的态度与行为。

## 二 从1992年到2002年

如果说在1991年之前，我国的私营经济尚处于自发发展阶段，那么，1992年以后，则迅速转入了由各级党委和政府大力推动的发展阶段。这种推动可以分为两个层次，一是中共中央和中央政府的推动，二是地方党委和政府的推动。

中共中央和中央政府的推动主要表现在以下几个方面：①1992年初邓小平视察南方谈话从政治观念上突破了对私营经济姓“社”姓“资”问题的争论困境，为理论探讨和私营经济的发展提供了一个宽松的环境。[②]②1992年10月召开的中共十四大确定我国经济体制改革的目标是建立社会主义市场经济体制，强调要加快改革开放的步伐。③1993年4月，国家工商行政管理局推出了《关于促进个体经济、私营经济发展的若干意见》。④1997年9月召开的中共十五大的报告指出：个体经济、私营经济等非公有制经济是社会主义市场经济的重要组成部分，应当继续鼓励、引导，使其健康发展。⑤1999年3月九届全国人大二次会议通过了《中华人民共和国宪法修正案》，把宪法第十一条中关于

① 晓亮主编《私营经济论》，四川人民出版社，1993，第234~235页。

② 郑红亮、吕建云：《中国私营经济发展30年：理论争鸣和改革探索》，《管理世界》2008年第10期。

个体经济、私营经济是社会主义公有制的补充，修正为“在法律范围内的个体经济、私营经济等非公有制经济，是社会主义市场经济的重要组成部分”。⑥2002 年 11 月召开的中共十六大的报告重申：个体、私营等各种形式的非公有制经济是社会主义市场经济的重要组成部分，必须毫不动摇地鼓励、支持和引导非公有制经济的发展。

地方党委和政府的推动则更为具体。在 1992 年以后的几年里，各级地方党委和政府纷纷召开了进一步发展个体私营经济的会议，出台了一系列鼓励、支持和加快个体私营经济发展的政策措施，并纷纷成立了个体私营经济领导小组。有的地区甚至要求各级党委和政府要拿出抓公有制经济的胆量、抓乡镇企业的劲头、抓“三资”企业的热情、抓计划生育的魄力来抓个体私营经济。[①]

在上述政策的大力扶持下，我国的私营企业异军突起。从 1993 年到 2002 年，登记的私营企业户数由 23.8 万户增加到 243.5 万户，增长了 9.2 倍；从业人数由 372.6 万人增加到 3409.3 万人，增长了 8.1 倍；注册资本金由 680.5 亿元增加到 24756.2 亿元，增长了 35.4 倍；工业总产值由 421.1 亿元增加到 15339.0 亿元，增长了 35.4 倍；缴纳的工商税收由 10.5 亿元增加到 945.6 亿元，增长了 89.1 倍。[②]与此同时，一大批私营企业主迅速成长起来，他们日益受到党和政府的关怀和重视，一些私营企业主还成为了各级人大代表和政协委员。

具体到浙江省，1993 年初，中共浙江省委办公厅、浙江省人民政府办公厅联合出台了《关于促进个体、私营经济健康发展的通知》。此后，浙江省的非公有制经济不断发展壮大，在一些地区，非公有制经济迅速成为了区域经济的重要支柱。1997 年 12 月，中共浙江省委、浙江省人民政府又联合出台了《关于大力发展

---

① 对这些现象的描述，参见游正林《日益活跃的私营企业与私营企业老板》，《北京工人报》1996 年 11 月 5 日第 3 版。

② 张厚义、刘平青：《私营企业发展进入新的历史阶段》，《中国党政干部论坛》2003 年第 11 期。

个体私营等非公有制经济的通知》。该《通知》要求从以下7个方面“完善政策，为非公有制经济创造公平竞争的环境”：①除国家法律和政策明令禁止的以外，允许非公有制企业自主选择经营范围和经营方式；②国有商业银行要加大对非公有制企业的信贷投入，支持非公有制企业的合理资金需要，遵循公平、公正和诚信的信贷原则发放贷款，逐步提高对非公有制企业信贷投入的比重；③财税部门要努力支持非公有制经济发展；④计划、经贸、土管、电力等部门要积极为非公有制企业的发展创造条件；⑤组织、人事、科技、劳动、民政、公安等有关部门要制定鼓励支持非公有制经济发展的政策和措施；⑥切实重视非公有制企业经营管理者队伍的培育和建设；⑦坚决制止“三乱”，切实减轻非公有制企业负担。该《通知》最后还强调：“各级党委、政府要从调整和完善所有制结构，推动浙江经济和社会发展全局的高度，重视非公有制经济的发展。要把发展个体、私营等非公有制经济纳入当地国民经济和社会发展总体规划，摆上党委和政府工作的重要位置。要加强同个体工商户、私营企业家的联系，帮助他们解决企业发展中的困难。各有关部门要切实履行职责，规范行为，搞好服务。”在上述政策的大力扶持下，浙江省的个体私营经济得到了迅猛发展，无论是经济总量，还是增长速度，在全国都始终处于领先地位。到2003年底，浙江的私营企业和个体工商户就分别达到了24.73万户和152.88万户，其从业人员总数达679.6万人，如果再加上外出经营人员300多万，实际从业人员已近1000万。2003年，浙江个体私营经济的总产值、销售总额、社会消费品零售额、出口创汇额、全国民营企业500强企业户数等五项指标都位居全国第一。①

与此形成鲜明对比的是，对有关维护私营企业工人的合法权益、协调私营企业的劳资关系的问题却并没有引起各级党委和政府的足够重视，致使在私营企业主面前，私营企业工人（主要是

① 赵玉阁：《建设有浙江特色的私营经济》，《经济师》2005年第2期。

农民工）更加处于弱势地位，他们的合法权益经常被企业主及其代理者侵犯。徐小洪于1996年对浙江省的调查显示，相当多的地方政府官员尚未认识到正确处理私营企业劳资关系、维护职工（工人）合法权益的重要性和紧迫性，他们甚至不依法办事、有意袒护私营企业主，并持以下似是而非的看法：一是认为劳动者的某些权益受到侵害是经济、社会发展不得不付出的历史代价；二是认为只有发展到一定程度以后，才有财力、能力来保证劳动者的权益；三是认为本地区还处于资本的原始积累阶段，原始积累就是残酷的；四是认为现在的关键是解决就业、吃饭问题，而要解决这一问题，就要吸引投资、开办工厂、增加就业岗位；五是认为劳动者能够承受现行的劳动待遇；六是认为私营企业具有劳动用工、工资分配等方面的自主权，政府不应该管这些方面的事情。基于以上论调，许多地方政府官员对私营企业劳动关系问题或是“睁一只眼、闭一只眼”，放任自流；或是置若罔闻；或是直接进行偏袒私营企业主的干预。①有关调查显示，到2003年末，浙江各级政府在治理劳资关系上仍然不作为或作为不力，主要表现在以下四个方面：一是调整劳资关系的法律法规的供给存在着制度性短缺；二是劳动执法监察力量的供给严重短缺；三是地方政府在保护劳动权方面作为不足的现象比较普遍；四是省政府对下级政府的目标、行为偏差缺乏有效的制约。这些问题的存在，导致私营部门存在大量违反《劳动法》、损害劳动者权益的现象，相应地，劳资矛盾急剧增加。②有关统计数据表明，从1994年到2003年，浙江省的劳动争议案件是逐年增加的，其中，仲裁委立案的数量由841件增加到12263件，案外调解的数量由581件增加到5263件。从1994年到2001年，全国劳动争议案件年均递增34.86%，而浙江则年均递增52.30%，其中，民营经济

① 徐小洪：《中国私营企业劳动关系论》，杭州市新闻出版局出版，1998，第224～225页。

② 夏小林：《经济增长的背后——解读浙江省的劳资关系、协调机制和宏观背景》，《经济研究参考》2004年第44期。

的劳动争议案件的增长速度更快。[①]

在这个时期，浙江的一些私营企业发生的劳资冲突事件常常被媒体曝光，其中最引人注目的是发生于2000年10月18日的诸暨市李字集团公司数百名员工集体坐卧铁轨事件。该事件致使浙赣铁路中断运行累计达3个多小时。地处诸暨市牌头镇的李字集团是一个生产蚊香的私营企业，创建于1988年，当时它只是一个注册资本27万元、员工一二十人的家庭作坊式企业。经过十余年的快速发展，到2000年该事件发生之前，它已成为拥有固定资产1.6亿元、厂区占地面积近480亩、职工2179人（其中外来民工1866人，主要来自安徽阜阳和河南郸城）的国内规模最大的蚊香生产企业。1999年，李字集团实现产值7亿元，销售6.88亿元，利润6788万元，税金4059万元。[②]然而，在企业管理上，李字集团却没有跟上企业快速扩张的步伐，而是一直采取家族式的"工头管理"模式[③]，甚至"对工人实行惨无人道的'监狱式管理'"[④]，最终导致该事件的发生。该事件的发生，引起了各级政府的高度重视。诸暨市有关部门当即遣返了909名安徽籍闹事民工；接着，10月20日晚上，诸暨市委、市政府又采取通宵联合行动，调集警力、资金和车辆，分30辆大客车，由公安将950多名河南籍员工护送回原籍。该事件平息后，诸暨市委、市政府迅速派出了由主要领导带队的工作组进驻李字集团，并做出了对李字集团进行全面整顿的决定。[⑤]

类似这样的劳资冲突事件不但影响了企业的生产秩序，也对当地的投资环境、经济发展和社会稳定带来了负面影响。因此，

---

① 姚先国：《民营经济发展与劳资关系调整》，《浙江社会科学》2005年第2期。

② 王祖强：《劳资关系与员工权益——基于浙江私营企业的调查与分析》，第七章案例2，中国经济出版社，2007。

③ 沈锡权：《从坏变好：两种管理思路 两种不同结果》，新华网，http://news.xinhuanet.com/fortune/2001-12/04/content_145982.htm，2001-12-04。

④ 阿计：《当代"包身工"呼唤法律保护》，《妇女生活》2002年第2期。

⑤ 王祖强：《劳资关系与员工权益——基于浙江私营企业的调查与分析》，第七章案例2，中国经济出版社，2007。

党和政府再也不能对有关问题坐视不管了。

## 三　2003 年以后

2003 年以后，我国的私营企业仍然保持了快速发展的势头（见表 2－1），与此同时，党和政府加大了调控劳资关系的力度。之所以如此，除了上述原因，还有另外两个重要因素：一是一些私营企业迅速发展壮大，相应地，一些私营企业主也越来越财大气粗、胆大妄为，这不但影响了企业劳资关系的和谐，也影响了党和政府对经济、社会、政治等的宏观调控。因此，党和政府不得不想方设法引导他们、约束他们、整合他们。二是在沿海地区开始出现“民工荒”现象，影响了企业的正常生产，并且越来越严重，各级党委和政府不得不对此进行调控或干预。

**表 2－1　2003～2011 年全国私营企业发展基本情况表***

| 年份 | 户数（万户） | 增长率（%） | 从业人数（万人） | 增长率（%） |
|---|---|---|---|---|
| 2003 | 328.72 | 24.6 | 4299.1 | 32.4 |
| 2004 | 402.41 | 22.4 | 5017.3 | 16.7 |
| 2005 | 471.95 | 17.3 | 5824.0 | 16.1 |
| 2006 | 544.14 | 15.3 | 6586.4 | 13.1 |
| 2007 | 603.05 | 10.8 | 7253.1 | 10.1 |
| 2008 | 657.42 | 9.0 | 7904.0 | 9.0 |
| 2009 | 740.15 | 12.6 | 8607.0 | 8.9 |
| 2010 | 845.52 | 14.2 | 9417.6 | 9.4 |
| 2011 | 967.68 | 14.4 | 10353.6 | 9.9 |

注：表中历年户数均包含分支机构数量。

资料来源：马夫、张久荣、赵莉《2011 年全国个体私营经济发展基本情况》，载黄孟复主编《中国民营经济发展报告 No.9（2011～2012）》，社会科学文献出版社，2012。

党和政府采取强力措施来调控私营企业的劳资关系，始于“政府为农民工讨薪”，其标志性事件是，2003 年 10 月 24 日国务院总理温家宝在重庆视察时，曾帮助云阳县一农妇讨要包工头拖欠她丈夫的2240元工钱。此后不久（2003年11月），国务院办公厅下发了《关于切实解决建设领域拖欠工程款问题的通知》，紧接着（2003年12月），建设部等六部委召开了电视电话会议，贯彻这个《通知》精神。2004年1月，国务院又召开了全国清理拖欠工程款电视电话会议，要求一定要在春节前抓紧兑付2003年拖欠的农民工工资。在此后一年左右里，在中央政府的干预下，全国各地加大了清查拖欠农民工工资的力度，因而在全国范围内掀起了一场“政府为农民工讨薪”的热潮。

2006年3月，国务院出台了《关于解决农民工问题的若干意见》。该《意见》指出：“农民工面临的问题仍然十分突出。主要是：工资偏低，被拖欠现象严重；劳动时间长，安全条件差；缺乏社会保障，职业病和工伤事故多；培训就业、子女上学、生活居住等方面也存在诸多困难，经济、政治、文化权益得不到有效保障。这些问题引发了不少社会矛盾和纠纷。解决好这些问题，直接关系到维护社会公平正义，保持社会和谐稳定。”该《意见》要求“各地区、各部门要认真贯彻国家关于解决农民工问题的各项法律法规和政策规定，按照本文件的要求，结合实际抓紧制定和完善配套措施及具体办法”。此后不久，2006年10月，中共十六届六中全会审议通过了《中共中央关于构建社会主义和谐社会若干重大问题的决定》。该《决定》强调要发展和谐劳动关系，完善劳动关系协调机制，维护劳动者特别是农民工的合法权益。

此后，各级党委和政府陆续出台了一些调控私营企业劳资关系的措施。如第一章所述，这些调控措施可以大致分为硬性调控措施与软性调控措施两种类型。在笔者看来，与硬性调控措施相比，软性调控措施更加具有中国特色，也可能更加容易取得调控的效果。遗憾的是，学界至今很少有人对它们进行深入细致的调查研究。

第三章

# 党组织融入非公有制企业

党和政府对私营企业劳资关系最有力度的软性调控也许莫过于将党组织融入私营企业（或曰非公有制企业，简称“非公企业”），并通过党组织对企业进行全方位的改造。

截至2010年底，全国非公企业中已有党员350多万名、党组织近30万个，符合组建条件的非公企业99.6%建立了党组织，规模以上非公企业96%建立了党组织。[①]也就是说，几乎所有符合组建条件的非公企业以及绝大多数规模以上非公企业都已建立了党组织。

在非公企业党建工作方面，浙江省一直走在全国前列。到2012年9月，在全省326435家非公企业中（共有从业人员1334.97万人，其中党员54.04万名），292170家已建立了党组织，组建率达89.50%。其中，有党员的非公企业（共292170家）已全部建立了党组织；有3名以上正式党员、条件成熟的非公企业（共35288家）已全部单独建立了党组织。[②]诸暨市在非公企业党建工作方面亦不甘落后，到2011年8月底，从业人员50人以上和年营业收入500万元以上的非公企业的党组织覆盖率都

① 李源潮：《以改革创新精神加强非公企业党的建设》，《党建研究》2012年第4期。

② 据中共浙江省委新经济与新社会组织工作委员会编《浙江省新经济与新社会组织党建工作情况通报》第43期（2012年9月12日），浙江两新党建网站，http：//zjnews. zjol. com. cn/05zjnews/system/2012/10/15/018874911. shtml，2012年10月15日。

达到了100%。[①]

考虑到党组织对于非公企业来说具有外在性，彼此之间原本缺乏制度性的联系，本章将要探讨的基本问题有两个：一是党组织是如何逐渐融入非公企业的；二是党组织逐渐融入非公企业之后试图给企业的发展带来什么影响。笔者试图通过解读近十余年来中共中央、中共浙江省委、中共诸暨市委出台的有关文件来回答上述问题。对第一个问题的回答，将主要基于对中共中央和中共浙江省委出台的有关文件的解读；对第二个问题的回答，将主要基于对中共诸暨市委出台的有关文件的解读。

## 一　党组织逐渐融入非公有制企业的过程

《中国共产党章程》规定：在企业等基层单位，凡是有正式党员三人以上的，都应当成立党的基层组织。因此，这里对党组织逐渐融入非公企业的过程的探讨，并不涉及应不应该在非公企业中成立党组织的问题，而主要是涉及以下三个依次递进的问题：一是如何在非公企业中发展党员，其焦点是私营企业主（企业出资者）能否入党；二是成立党组织之后如何处理党组织与私营企业主之间的关系，其焦点是党员私营企业主能否担任党组织书记；三是成立党组织之后如何处理党组织活动与企业经营管理活动之间的关系，其焦点是是否使党组织成为经营管理机构的有机组成部分而发挥作用。只有全部解决了以上三个焦点问题，党组织才算融入了非公企业。

浙江是全国最早关注非公企业党建工作的为数不多的省份之一。早在20世纪80年代初，浙江就把如何改善党对非公企业政治领导的问题提到了议事日程。进入90年代以后，浙江的

① 陈发宝：《听党的话，跟党走——浙江诸暨市民营企业抓党建促发展》，《经济日报》2011年10月10日。

各级党委便开始有组织、有步骤地加强非公企业的党建工作。1993 年 6 月，浙江省委在全省基层党组织建设工作会议上提出，浙江要适应改革开放的新形势，要大力加强股份制企业、个体私营企业等经济组织的党建工作。1995 年初，浙江省委在贯彻中共十四届四中全会精神的文件中，对非公企业党建工作的目标、重点提出了明确的要求。1999 年下半年，浙江省委专门组织了两个调查组，对 4 市 8 县的非公企业党建工作进行了全面调查。①

2000 年 1 月 7 日，“为加强非公有制企业党建工作，促进非公有制经济健康发展”，中共浙江省委出台了《关于加强非公有制企业党建工作的若干意见》②。该《意见》提出，今后几年的工作重点是“解决较大规模企业没有党员和没有建立党组织的问题。经过三年努力，争取 50 名以上职工的企业有党员，100 名以上职工的企业 80% 建立党组织”。对于发展党员的问题，该《意见》规定：“要把发展党员的重点放在企业生产经营、科技骨干和一线优秀工人上。对 50 名以上职工没有党员的企业，要加强指导，重点帮助，可采取选派党的工作员等办法，有计划地做好积极分子培养和发展党员工作。……要严肃执行中央关于‘不能吸收私营企业主入党’的规定。”这里提及的中央规定，是指 1989 年 8 月 28 日中共中央出台的《关于加强党的建设的通知》。该《通知》规定：“我们党是工人阶级的先锋队。私营企业主同工人之间实际上存在着剥削与被剥削的关系，不能吸收私营企业主入党。”③不过，当时人们对这个规定的看法并不一致④，实际上，它也并未得到很好的落实。有些党的基层组织甚至连这个文

① 黄其军：《浙江省非公有制企业党建工作情况调查》，《资料通讯》2000 年第 12 期。

② 该《意见》全文见《今日浙江》2000 年第 3、4 期。

③ 中共中央文献研究室编《新时期党的建设文献选编》，人民出版社，1991，第 456 页。

④ 参见程浩《关于私营企业主能否入党问题争论的综述》，载黄卫平主编《当代中国政治研究报告（I）》，社会科学文献出版社，2002。

件也不敢传达，怕得罪那些“财神爷”。[①]或者，变相地吸收私营企业主入党，“即私营企业主实际上仍在经营他的企业，却辞去总经理之类头衔，由他的亲属或亲信戴上，自己进入党内。”[②]也许正因为如此，该《意见》才强调“要严肃执行”这个规定。对于党组织书记的选配问题，该《意见》规定：“企业党支部书记应由企业中政治素质好、组织能力较强、懂经营管理、善于做思想政治工作的党员担任。党员私营企业主一般不宜提名担任企业党支部书记。企业中一时没有合适支部书记人选的，可以采取组织推荐、双向选择的办法，从企业外物色合适的人员。”时任中共浙江省委书记的张德江阐述了“党员私营企业主一般不宜提名担任企业党支部书记”的理由。他认为：“非公有制企业的资产所有制性质，决定了企业经营管理等重大问题的决策权集中于资产所有者手里。在这种情况下实行企业行政和党的领导职务‘一肩挑’，在实际运作中很容易把党组织变成业主的工具和附庸。”[③]该《意见》还规定了企业党组织的主要任务，即：“宣传贯彻党的路线、方针、政策，引导、监督企业遵守国家的法律、法规，依法经营；支持经营者依法行使职权，对企业发展的重大问题提出意见和建议；围绕生产经营开展活动，团结带领职工群众完成各项任务，促进企业发展；做好党员教育、管理和发展工作，发挥党员的先锋模范作用；领导工会、共青团等群众组织，维护职工的合法权益，协调各方关系；开展思想政治工作和职工教育工作，培养‘四有’职工队伍，推进企业精神文明建设。”也就是说，党组织是带着诸多任务进入非公企业的。不过，此时非公企业党建工作考虑的重点是如何让外在的党组织嵌入非公企业，而不是如何将党组织融入非公企业，因此，此时的企业党组织恐怕

① 宋平：《坚持和发展马克思主义建党原则，把我们党建设得更好》（1990 年 10 月 17 日），载中共中央文献研究室编《十三大以来重要文献选编》（中），人民出版社，1991，第 1272 页。

② 王滨河：《私营企业主不能入党》，《真理的追求》1994 年第 11 期。

③ 张德江：《加强非公有制企业党建工作需研究解决的几个问题》，《党建研究》2000 年第 4 期。

还难以完成上述“主要任务”。

2000 年 9 月，“为了加强非公有制经济组织中党的建设，促进非公有制经济健康发展”，中共中央组织部下发了《关于在个体和私营等非公有制经济组织中加强党的建设工作的意见（试行)》。该《意见》首先强调要充分认识加强非公有制经济组织党建工作的重要性和紧迫性，接着，提出了在非公有制经济组织中开展党建工作所要坚持的四项原则：一是必须遵循党章规定；二是必须把加强非公有制经济组织党的建设与促进非公有制经济的发展有机结合起来；三是必须把关心和维护职工合法权益作为非公有制企业党组织的一项重要工作；四是必须注重工作实效。该《意见》还规定了党组织的八项具体职责，分别是：“①宣传贯彻党和国家的路线方针政策，引导和监督企业遵守国家的法律、法规，依法经营，照章纳税。②关心企业生产经营的重大问题，提出意见和建议，支持和促进企业发展。③加强党员的教育管理，做好发展党员工作，发挥党员的先锋模范作用。④做好职工思想政治工作，团结和依靠职工群众，关心和维护职工的合法权益。⑤加强社会主义精神文明建设，建设有理想、有道德、有文化、有纪律的职工队伍。⑥协调企业内部各方面的关系，坚持原则，化解矛盾，维护企业和社会的稳定。⑦领导工会、共青团等群众组织，支持他们依照法律和各自章程独立自主地开展工作。⑧完成上级党组织交办的任务。”我们可以认为，党组织如果真的履行这些职责，则意味着对非公企业进行多方面的改造。对于发展党员的问题，该《意见》没有提及要执行中央关于“不能吸收私营企业主入党”的规定，而是强调要“加强对入党积极分子的培养教育，及时吸收符合条件的优秀职工入党”。对于党组织负责人（书记）的选配问题，该《意见》规定“党组织的负责人，应由企业中认真贯彻党的路线方针政策，党的观念强，思想政治素质好，善于做群众工作的党员担任。具备条件的中、小型企业，党组织负责人和工会主席可由一人担任”，而没有强调“党员私营企业主一般不宜提名担任企业党支部书记”。因此，可以认为，此时中央已经默许私营企业主入党，也默许党员私营企业主担任党组织负责人。对于党组织的活动经费，该《意见》规定："非公有制经济组织中党组织的活动经费，可通过多种渠道解决。党员交纳的党费可大部分或全部返还给企业党组织，作为活动经费。活动经费确有困难的，上级党组织应从分管的党费中适当拨补一部分。"可见，它虽然认为"可通过多种渠道解决"，但并没有明确要求企业方面为党组织活动提供经费或其他必要条件。可以认为，与前述浙江省委出台的《关于加强非公有制企业党建工作的若干意见》类似，该《意见》所考虑的重点也是如何让外在的党组织嵌入非公企业，而不是如何将党组织融入非公企业。或者说，该《意见》所设计的企业党组织仍然外在于企业行政，尚未成为企业经营管理机构的有机组成部分。

2001 年 7 月 1 日，江泽民在庆祝中国共产党成立八十周年大会上的讲话中表示："能否自觉地为实现党的路线和纲领而奋斗，是否符合党员条件，是吸收新党员的主要标准。来自工人、农民、知识分子、军人、干部的党员是党的队伍最基本的组成部分和骨干力量，同时也应该把承认党的纲领和章程、自觉为党的路线和纲领而奋斗、经过长期考验、符合党员条件的社会其他方面的优秀分子吸收到党内来。"①相应地，2002 年，中共十六大修改了党章，将党员发展对象中的"其他革命分子"修改为"其他社会阶层的先进分子"。这样，党的大门正式向属于"其他社会阶层的先进分子"的私营企业主打开，前述第一个焦点问题得以顺利解决。

迪克森（B. J. Dickson）认为，党允许私营企业主入党（或者说将私营企业主整合进入现行的政治体制）的动机有两个：一是为了更好地发展与私营企业主之间的合作关系，因为需要依靠他们来推动经济增长，创造更多的就业机会；二是为了先发制人

① 江泽民：《在庆祝中国共产党成立八十周年大会上的讲话》（二〇〇一年七月一日），载何毅亭主编《光辉的历程，庄严的使命——学习江泽民同志在庆祝中国共产党成立八十周年大会上的讲话辅导》，研究出版社，2001。

地阻止他们成为有组织的反对派。[①]从后来的实际进程来看，党对私营企业及私营企业主的调控并不仅仅停留于此，允许私营企业主入党仅仅是将党组织融入私营企业的第一步。

2003 年 9 月，“为全面贯彻落实‘三个代表’重要思想和党的十六大精神，进一步加强非公有制企业党建工作，促进非公有制经济快速健康发展”，中共浙江省委组织部出台了《浙江省非公有制企业党组织工作暂行规定》，就党组织的设置、党组织与企业生产经营管理、党组织与企业文化建设、党员队伍建设等方面的事宜进行了规定。其中，第六条规定：“企业党组织书记应由企业中认真贯彻党的路线方针政策、思想政治素质好、懂经营管理、党务工作经验比较丰富、善于做群众工作的党员担任。”与前述中央组织部出台的《关于在个体和私营等非公有制经济组织中加强党的建设工作的意见（试行）》中的相关规定相比，这个规定延续了前述浙江省委出台的《关于加强非公有制企业党建工作的若干意见》中的相关规定精神，即要求企业党组织书记“懂经营管理”。这个规定无疑会鼓励“懂经营管理”的党员私营企业主兼任党组织书记。对于发展党员问题，第二十八条规定“要把企业中层以上管理人员和技术骨干作为重点培养对象，优先发展”。这个规定对于党组织逐渐融入非公企业具有重要意义，因为它可能会导致“企业中层以上管理人员和技术骨干”中党员所占的比重逐渐提高，从而可能使党组织对企业经营管理活动的影响逐渐加大。第三十条规定：“企业党组织的活动经费，应在企业内部妥善解决。确有困难的，可向上级党组织申请补拨。”它虽然没有明示“在企业内部妥善解决”具体应该如何解决，但按常理推断，除了使用党员交纳的党费，主要就是由企业出钱来解决。很自然地，企业会将这方面的开支计入经营管理成本，这意味着将党组织视为经营管理机构的一部分。

---

① Dickson, B. J. (2007), Integrating Wealth and Power in China: The Communist Party's Embrace of the Private Sector. *The China Quarterly*, No. 192.

2005年10月修订通过、2006年1月1日起施行的《公司法》第十九条规定："在公司中，根据中国共产党章程的规定，设立中国共产党的组织，开展党的活动。公司应当为党组织的活动提供必要条件。"至此，终于有法律明确规定党的基层组织所在单位（公司）负有"为党组织的活动提供必要条件"的义务。法律赋予公司这种"义务"，势必使公司党组织逐渐融入所在公司。

"为支持企业党建工作，切实解决当前加强企业党建工作中面临的经费保障问题"，2007年10月23日，浙江省地方税务局决定："企业为本单位中国共产党组织活动提供必要条件的支出，允许在发生年度据实税前扣除。"[①]这个决定消除了党组织融入非公企业的一个重大障碍。

2010年9月30日，中共浙江省委创先争优活动领导小组、中共浙江省委组织部出台了《关于在创先争优活动中全面推进非公有制企业发展强、党建强"双品牌"建设的指导意见》。[②]该《意见》不但强调要把企业党组织建设成为服务型基层党组织，即服务企业科学发展、服务企业和谐稳定、服务群众生产生活、服务党员干事创业，而且强调："企业党组织要制订具体工作计划，采取切实举措，把企业中的党员培养成优秀人才、把优秀人才培养成党员、把党员中的人才培养成企业经营管理干部，将党员生产经营技术骨干推荐为企业班组长和中层管理人员，将党员中层骨干推荐到企业决策层，最大限度地把优秀人才聚集到党内来，不断提升企业党组织的战斗力、影响力。"该《意见》还进一步明确规定："非公有制企业党建工作经费应列入企业年度财务计划，按照职工工资总额的5‰至8‰的标准予以税前扣除。"这些"意见"的意图很明显，就是要把党组织融入非公企业，使之成为企业经营管理机构的有机组成部分。

---

① 见《浙江省地方税务局关于企业党建活动支出税前扣除问题的通知》，纳税服务网，http://www.cnnsr.com.cn/jtym/fgk/2007/20071023000000203956.shtml。

② 浙江两新党建网站，http://zjnews.zjol.com.cn/05zjnews/system/2011/11/09/017982877.shtml，2011年11月9日。

2012年5月，中共中央办公厅印发了《关于加强和改进非公有制企业党的建设工作的意见（试行）》。该《意见》首先强调了加强和改进非公企业党的建设工作的重要性，认为这“是坚持和完善我国基本经济制度、引导非公有制经济健康发展、推动经济社会发展的需要，是加强和创新社会管理、构建和谐劳动关系、促进社会和谐的需要，是增强党的阶级基础、扩大党的群众基础、夯实党的执政基础的需要，是以改革创新精神提高党的基层组织建设科学化水平、全面推进党的建设新的伟大工程的需要”。接着，该《意见》给非公企业党组织规定了六项“主要职责”：一是宣传贯彻党的路线方针政策；二是团结凝聚职工群众；三是维护各方合法权益；四是建设先进企业文化；五是促进企业健康发展；六是加强自身建设。对于扩大党的组织覆盖，该《意见》提出要“加大在非公有制企业生产一线职工、专业技术骨干及经营管理人员中发展党员的工作力度，重视在农民工中发展党员，注意培养发展符合条件的企业出资人入党。企业规模和社会影响较大的出资人，可由县以上党组织做好教育、引导和培养工作”。可见，此时中央已经明确强调要注意培养发展符合条件的企业出资人入党了。该《意见》强调要“加强党员教育培训，注重把党员培养成生产经营骨干，把生产经营骨干培养成党员”。这项规定势必使生产经营骨干中党员的比重逐渐提高，或者说，势必使生产经营骨干党员化，从而逐渐使党员与生产经营骨干融为一体，其直接后果是党组织将逐渐成为经营管理机构的有机组成部分。对于党组织书记的选配，该《意见》规定：“党组织书记一般从企业内部选举产生，注意从生产、经营、管理骨干中推荐人选……规模大、党员数量多的企业主要出资人担任党组织书记的，应配备专职副书记。提倡不是企业出资人的党组织书记、副书记通过法定程序兼任工会主席、副主席；也可以由党员工会主席通过法定程序担任党组织书记、副书记。”这项规定主要体现出两重含义：一是默许甚至鼓励企业出资人尤其是“规模大、党员数量多的企业主要出资人”担任党组织书记；二是要求党组织与工会合二为一，融为一体。该《意见》还强调要加强经费保障，规定：“将非公有制企业党组织工作经费纳入企业管理费用，建立并落实税前列支制度。”这项规定更是将党组织视为企业管理机构的组成部分。可以认为，该《意见》确认了浙江省开展非公企业党建工作的很多做法。它的出台，标志着在制度设计上彻底解决了前面提及的第二个和第三个焦点问题。至此，至少从制度设计上讲，党组织已融入非公企业。

**图 3－1　“中共海亮集团有限公司委员会”等牌匾**

**图 3－2　八方水泥有限责任公司党总支活动室**

## 二 党组织对非公有制企业的软性改造

将肩负着众多职责的党组织融入非公企业，这本身就是对非公企业的一种改造。不仅如此，从实际进程来看，党组织逐渐融入非公企业的过程，其实也是地方各级党委（尤其是县委）相继出台有关文件从而试图进一步对非公企业（尤其是它们的劳资关系）进行软性改造的过程。下面将采取解读中共诸暨市委出台的有关文件的方式具体地描述这个改造过程。

早在 2000 年 1 月中共浙江省委出台《关于加强非公有制企业党建工作的若干意见》之前，中共诸暨市委就已高度重视非公企业党建工作，比如将 1999 年确定为私有企业党建工作提高年。2000 年 2 月，诸暨市委组织部出台了《诸暨市 2000～2002 年私营企业党建工作规划》，提出了如下党组织建设的具体目标："到 2002 年，全市固定职工 100 人以上的私营企业全部建立党组织，50 人以上的有 90% 建立党组织；固定职工 50 人以上的私营企业都有党员，私营企业发展党员数占全市发展党员数的比例达到 15%。"在谈及发展党员工作时，该《规划》强调"要重视经营管理层骨干的发展工作，提高决策管理层中的党员比例，为党组织影响决策、发挥作用打下基础"，可见其试图通过党组织影响企业决策或改造企业的意图十分明显。

2000 年底，诸暨市委正式成立了负责全市企业党建工作的专门机构——企业工作委员会，它与市委组织部合署办公，下设企业党建科。此后，市委组织部、市委企业工作委员会（以下将这两个部门简称为"两部门"）联合出台了一系列文件，试图通过企业党组织对非公企业进行全方位的改造。下面将要解读的文件主要就是"两部门"联合出台的有关文件。①这些文件的发文对象

① 这些文件基本上都刊载于中共诸暨市委组织部、中共诸暨市委企业工作委员会于 2010 年 10 月编辑的《凝聚——诸暨市非公有制企业党建工作十年历程》一书（非正式出版物）。下面对这些文件的引用，将不再一一注明出处。

一般都包括市级规模企业[①]党组织。

“两部门”联合出台的第一份文件是于2001年4月6日出台的《关于创建诸暨市非公有制企业党建示范点的意见》。该《意见》对非公企业党建示范点提出了五点基本要求：一是班子精干高效；二是党员形象突出；三是促进发展有力；四是政治优势明显；五是自身建设扎实。该《意见》要求：镇乡、部门党组织要根据实际选择2~3家经济发展潜力大、党建工作基础好的企业作为党建工作示范点培育对象；对列为示范点培育对象的企业，要精心培植，加强指导；对列为示范点培育对象的企业党组织负责人和党务工作人员要定期组织培训，帮助他们提高党建理论水平、政策法律水平和组织领导水平。

2002年1月，“为进一步加强企业党的建设，改进领导方式和工作方法，推进基层民主政治建设，促进企业健康、持续发展”，“两部门”联合出台了《关于在企业中推行民主恳谈会和党员议事会制度的意见》，决定在全市企业中推行民主恳谈会和党员议事会两项制度，首先在党建工作四星级[②]以上企业、市级以上党建工作示范点企业和市级规模企业中推行。企业民主恳谈会一般每年召开两次，安排在年中和年底进行。参加对象一般是具有参政议政能力的一线职工代表、党员代表和管理层人士代表。民主恳谈会的内容有二：一是通报企业生产经营情况；二是双向交流。党员议事会一般每季组织一次，每个党员都参加。党员议事会的内容主要包括：分析经济形势，研究企业生产经营中出现

---

① 大约从2001年起，诸暨市每年都组织评选市级规模企业，由市委市政府统一命名授牌，并选择一批成长性强、发展潜力大的企业入选市级“苗子”企业，作为第二梯队进行重点培养。这些市级规模企业和市级“苗子”企业都享受一定的优惠政策。关于市级规模企业和市级“苗子”企业的评定标准，可参见第十章第三节。

② 2000年4月，诸暨市委组织部出台了《关于在全市私营企业中开展党建工作星级管理活动的实施意见》，决定开展以有党员、有组织、有活动阵地、有地位作用和有工作制度等“五有”为主要内容的企业党建工作星级管理活动。这“五有”也就是五颗星，每达到一个方面的内容要求的企业就可得到一颗星。

的新情况、新问题，提出决策参考意见；总结分析企业前一阶段党建工作成绩与不足，提出下一阶段党建工作思路要求；开展党员政治理论知识、市场经济知识、法律科技知识等的培训教育。

“为了深入贯彻江泽民同志‘三个代表’重要思想，切实加强党员队伍建设，充分发挥党员的先锋模范作用”，2002 年 7 月，“两部门”联合出台了《关于在企业党员中开展“三高一流”活动的意见》，决定在全市企业党员中开展“高觉悟、高技能、高业绩，建一流党员队伍”（简称“三高一流”）活动，首先在党建工作四星级以上企业和市级规模企业中推行。该《意见》认为，思想觉悟高，是党的先进性的最全面、最鲜明的体现，是对党员基本的要求；业务技能高，是充分发挥党员先锋模范作用的重要保证；工作业绩高，是衡量党员先锋模范作用的重要标志。“三高”是对党员个体而言的，“一流”则是对党员群体而言的。只有每个党员做到了“三高”，才能形成“一流”的党员队伍。该《意见》强调要把“三高一流”贯穿生产经营活动的全过程，把党员先锋模范作用的发挥渗透到生产经营的重点和难点之中。

“为进一步加强非公有制企业党建工作，促进非公有制经济的健康发展”，2003 年 10 月 24 日，诸暨市委出台了《关于进一步加强非公有制企业党建工作的意见》。该《意见》提出了以下工作目标：通过三年的努力，使全市非公有制企业党组织达到“领导班子好、党员队伍好、工作机制好、发展业绩好、群众反映好”的总体要求。为了实现上述工作目标，该《意见》提出了以下六个“强化”措施。①强化党的组织覆盖和党的工作覆盖。强调要采取切实有效的措施，加大应建未建党组织的组建力度，不断扩大党的工作的覆盖面，及时把职工中的优秀分子吸收到党内来，不断壮大党的力量。②强化企业党务工作者和党员人才队伍的建设。其相应的措施有四：一是要切实选好配强企业党组织书记。强调“党组织书记的经济待遇可参照企业经营管理层副职的标准”。二是要建立非公有制企业党务工作者人才库。三是要培育优秀党员人才队伍。强调要大力实施“双向培养”工作，即努力把优秀人才培养成党员、把党员培养成优秀人才。具体来说，就是要努力把技术骨干和经营管理骨干培养成党员，把党员培养成技术骨干和经营管理骨干。四是要加强对党员业主的教育培养，充分发挥他们的带头示范作用。③强化先进企业文化的培育。强调要通过开展劳动竞赛、技术比武、合理化建议、社会公益事业和健康向上的文体活动，把企业职工的力量、智慧和行为集中到企业共同的发展目标上，使企业职工树立以企业为中心的共同价值观和对企业的认同感、归属感、自豪感。④强化企业党组织的作用发挥。强调重点要在提高五个“力”上下功夫：一是企业发展的推动力；二是政策法规的宣传力；三是团结职工的凝聚力；四是合法权益的保护力；五是自身形象的带动力。⑤强化非公有制企业党建工作示范点的创建。⑥强化党组织、工会、共青团一体化建设，强调要在思想上促动、工作上带动、组织上推动、作用上联动。不难看出，推行以上六个“强化”措施，意味着对非公企业进行全面改造。其中，以下三个方面的改造尤其值得关注：一是关于党组织书记的经济待遇。当时中央、省委尚无这方面的具体规定。该《意见》认为“可参照企业经营管理层副职的标准”，这不但直接干预了非公企业内部的工资分配，而且可能导致“经营管理层副职”兼任党组织书记，或者党组织书记兼任“经营管理层副职”。长此以往，可能逐渐导致非公企业内部“党政不分”，使党组织逐渐成为企业经营管理机构的有机组成部分。二是关于“双向培养”，即把技术骨干和经营管理骨干培养成党员，把党员培养成技术骨干和经营管理骨干，这势必使技术骨干和经营管理骨干中党员的比重逐渐提高，从而使党员与技术骨干、经营管理骨干逐渐融为一体。三是关于党组织、工会、共青团一体化建设。当时，非公企业既是党建工作的新领域，也是工会、共青团建设的新领域，开展这种“一体化建设”，可以取得相互促进的效果。

紧接着上述市委的《意见》，2003 年 10 月 29 日，“两部门”联合出台了《关于在全市非公有制企业党组织中开展“双育双强”活动的方案》。该《方案》所说的“双育双强”指培育先进企业文化、培育优秀党员人才队伍，企业党组织发挥作用强，企业发展势头强。在培育先进企业文化方面，该《方案》提出“企业党组织要以培育和建设先进企业文化为载体，自觉地把党的工作与企业内部管理、精神文明建设融为一体”。在培育优秀党员人才队伍方面，该《方案》也强调要大力实施“双向培养”工作，并具体地提出：“把党员培养成优秀人才，培养的比例不少于60%；把优秀人才培养成党员，培养的比例也不少于60%。……从而形成把优秀人才培养成党员、在党员人才中提拔任用干部的良性机制，不断提高企业领导层和关键岗位上党员的比例。”该《方案》还提出：“要建立党组织工作与人力资源开发管理一体化工作机制，企业党组织要参与人才的引进、培养、使用工作，做好企业人才引进和提拔任用中的考察评价工作，为企业聘用提供依据。”换句话说，党组织要“管”非公企业的人才。2002 年 12 月，中央召开了全国组织工作会议，会上提出了“党管人才”原则。从此，非公企业党组织可以名正言顺地“管”所在企业的人才。

“为进一步加强新形势下非公有制企业党的建设，确保非公有制经济的健康运行和快速发展”，2004 年 5 月 12 日，“两部门”联合出台了《关于进一步加强非公有制企业党组织书记队伍建设的意见》。该《意见》提出了如下“目标要求”：“通过 3 ~ 5 年的努力，基本建设一支素质较高、数量充足、相对稳定的非公有制企业党组织书记队伍。市级规模企业党组织书记配优配强，基本达到思想政治素质过硬，经营管理能力较强，党建工作业绩突出，成为企业发展的有力‘促进者’；中小企业党组织书记相对稳定，基本做到热心党建工作，能围绕企业发展开展党的各项工作，成为企业发展的‘内当家’。同时，培养一批思想素质较好，文化水平较高，发展潜力较大，党建工作意识较强的企业党务工作者。”该《意见》提出了党组织书记的工作职责，共 7 项，分别是："①宣传贯彻党和国家的路线方针政策，引导和监督企业遵守国家的法律法规，诚实守信，依法经营，照章纳税。②抓好党组织自身建设，做好党员发展工作，加强党员教育管理，发挥党员的先锋模范作用；规范党组织工作制度，按期做好党组织换届，创新党组织作用发挥的载体，创造性开展工作，不断增强党组织的凝聚力、影响力。③服从服务于企业发展大局，对企业发展和生产经营重大问题提出意见和建议；协调和维护企业、业主和职工各方的合法权益，及时化解矛盾，推进企业民主管理，关心职工，维护企业和社会稳定。④积极参与企业文化建设，确保企业与职工之间思想同心、目标同向、工作同步，不断增强企业的凝聚力，促进企业快速健康发展。⑤参与企业人力资源的开发管理工作，做好企业各类人才的推荐、培养，优化人才激励、培养、保障机制。⑥着力构建大党建格局，加强对企业工会、共青团等群众组织的领导，做到职位共兼、优势互补、遇事共商、活动联办、资源共享。⑦完成上级党组织交办的任务。"赋予企业党组织书记这么多的工作职责，无疑会进一步促使企业主亲自兼任党组织书记或由自己的亲信来担任党组织书记。该《意见》还提出："非公有制企业党组织书记一般实行交叉任职，符合任职条件的，可兼任相应的企业行政职务。党组织书记的经济待遇一般不低于行政管理副职水平。"与半年前的"可参照企业经营管理层副职的标准"的规定相比，这个规定提高了党组织书记的经济待遇。经济待遇的提高以及"交叉任职"的要求可能进一步促使行政管理副职及以上职务者兼任党组织书记，或由党组织书记兼任行政管理副职及以上职务，也可能进一步促使企业主兼任党组织书记。该《意见》还要求"企业要为党组织提供必要的活动经费，并按规定规范使用。凡是单独建立党组织的企业应创造条件拥有相对固定的党员活动室。企业须提供党组织书记开展党务工作的时间，党组织书记参加重大的组织活动，不影响考勤和评优评奖"。对企业提出这些要求，尤其是要求"为党组织提供必要的活动经费"，无疑会进一步促使党组织融入非公企业。

“为进一步加强企业经营者队伍建设、继续深入实施素质提升工程”，2005 年 5 月 18 日，“两部门”联合出台了《关于在全市企业经营者中开展“内涵提升、科学发展”主题教育活动的通知》。该主题教育活动的主要内容是：重点引导企业经营者做到五个方面的提升，对新生代企业经营者突出“扬传统、树形象”教育。五个方面的“提升”分别是指经营理念、管理能力、战略运筹能力、人力资源开发能力和自主创新能力的提升。对新生代企业经营者的“扬传统、树形象”教育主要是教育引导新生代发扬“四种精神”、树立“四种形象”，即发扬艰苦创业精神，树立锐意进取的开拓者形象；发扬敬业爱岗精神，树立勤奋踏实的实干家形象；发扬刻苦钻研精神，树立谦虚好学的求知者形象；发扬乐于奉献精神，树立有责任感的奉献者形象。

“为贯彻落实绍兴市非公企业党建工作会议精神，进一步推进以‘双育双强’为重点的‘凝聚力工程’建设，构建党员先进性建设长效机制”，2006 年 3 月 17 日，“两部门”联合出台了《关于在全市企业中进一步深化“凝聚力工程”建设的意见》。该《意见》所说的“凝聚力工程”指以下三个“凝聚”：①凝聚党员，即提高企业党组织的内聚力。它提出要深入开展“333”党员人才培养工程，即市级重点培养 30 名、镇乡（街道）和企业主管部门重点培养 300 名、企业重点培养 3000 名优秀党员人才；强调要及时把企业优秀党员选拔到企业经营管理重要岗位。②凝聚人才，即增强企业党组织的吸引力。它提出要通过政治培养和职业培养相结合的方式，吸引优秀人才向党组织靠拢；要积极探索党组织参与企业人才总体规划的制定、参与企业人才选拔考察评价推荐、参与人事安排讨论的“三参与”工作机制，做好企业经营管理人才选拔、任用的把关推荐工作。③凝聚职工，即以企业文化建设为抓手，不断构建企业和谐发展环境，增强企业党组织的外聚力。它强调要按照“计划共订、遇事共商、职位互兼、活动联办”的要求，构建党组织、工会、共青团一体化运行机制。

主要根据上述《意见》，2006年5月11日，“两部门”联合出台了《关于进一步推进企业党员人才工程的通知》。“企业党员人才工程”的重点培养对象为“在市级规模企业和苗子企业生产一线、科研技术及经营管理岗位上，有发展潜力，年纪较轻的各类党员和非党员人才”。其培养的目标任务为：“市级重点培养30名、镇乡（街道）和部门重点培养300名、企业重点培养3000名经营管理、科研技术、生产一线岗位上的党员和人才，通过2~3年努力，进一步成为思想觉悟高、业务技能高、工作业绩高、能够担当重任的优秀党员人才。”该《意见》提出了四点要求，其中包括：“企业重点培养的党员和人才数一般应不少于企业党员数的50%，培养对象的名单和计划要上报镇乡（街道）、企业主管部门。镇乡（街道）、企业主管部门重点培养的党员和人才数，一般应不少于企业党员总数的10%，培养对象的名单和计划要上报市委组织部。”

2007年6月，“两部门”又出台了《关于在全市企业中开展“构建三个和谐、打造百年企业”主题活动的实施意见》。所谓“三个和谐”，是指企业“与社会发展相和谐，与企业发展相和谐，与员工发展相和谐”。在活动安排上，该《意见》强调：“要围绕市委、市政府中心工作和当前企业发展实际，开展多层次的学习研讨活动。在经营者层面，组织赴北京、内蒙古等大企业学习考察，开展‘创新·和谐·发展’研讨活动，发倡议书，举办企业沙龙，切实增强企业‘构建三个和谐，打造百年企业’的紧迫感。在新生代经营者层面，组织‘创新·责任·成长’等系列研讨活动，搭建学习交流的平台，提升新生代经营者的综合素质。在高级经营管理人才层面，开展‘创新·奉献·合作’等教育活动，培育一支政治素质高、创新意识强、发展理念新的职业经理人队伍。在企业员工层面，围绕‘我和我的企业故事’、‘我为打造百年企业做些什么’等内容，深入开展大讨论活动，鼓励员工想办法、出点子、谈感想、表内心，集思广益，群策群力，共同促进主题活动的顺利开展。”

2008年下半年出现了国际金融危机。“为积极应对严峻的经济形势，加快经济转型升级，充分发挥基层党组织的战斗堡垒作用和党员的先锋模范作用，进一步突出学习实践科学发展观活动的实践特色”，2009年6月4日，“两部门”联合出台了《关于在全市企业党组织中开展“克难攻坚当先锋”行动的通知》。该“行动”的主要内容为：①强组织规范，增企业应对挑战活力。通过巩固和扩大企业党组织覆盖面，全力夯实企业科学发展、应对挑战的组织基础。②强党员示范，增企业克难攻坚动力。围绕企业发展所急，积极搭建党员活动平台、业绩创造舞台，不断发挥党员的先锋模范作用和突击攻关作用。③强人才培育，增企业科学发展能力。以引才、育才、用才、留才为核心，积极探索党管人才原则的方法和途径。④强企业文化，增企业和谐稳定合力。按照“计划共订、职位互兼、活动联办”的要求，努力构建企业党组织、工会、共青团一体化运行机制，着力增强企业整体素质，不断提升企业核心竞争力和综合竞争力。与此同时，“为进一步加强企业经营者队伍建设，提高企业经营者应对挑战、抢抓机遇的信心和能力，扎实推动转型升级，有效实现科学发展”，2009年6月5日，“两部门”又联合出台了《关于在全市企业经营者中开展“实践科学发展，推动转型升级”主题教育活动的意见》。开展这项活动的主要目的在于引导企业经营者树立四个方面的观念：一是树信心、保增长；二是抓项目、促转型；三是育人才、强活力；四是重党建、促和谐。该《意见》认为，应对金融危机，推动科学发展，党建是保障。企业要落实科学发展观，必须要与党的建设相结合。

“为深入贯彻省委组织部、绍兴市委组织部等部门关于在非公有制企业中开展‘双强争先’活动文件精神，不断推进我市非公有制企业创先争优活动，促进企业健康持续较快发展”，2010年11月10日，中共诸暨市委办公室、市人民政府办公室联合出台了《关于在全市非公有制企业中深化“双育双强”、推进“双强争先”活动的实施意见》（市委办［2010］125号）。前面已经介绍过，“双育双强”是指培育先进企业文化、培育优秀党员人才队伍，企业党组织作用发挥强、企业发展势头强。这里所说的“双强争先”则指争当“发展强、党建强”先进企业。该《意见》提出的“工作目标和创建标准”为：“通过推进‘双强争先’活动，努力实现企业党建与企业发展相互促进、协调共赢，进一步打响诸暨非公企业党建品牌，培育一批‘发展强、党建强’先进企业。推进党的组织覆盖和工作从规模以上企业向规模以下企业延伸，规模以上企业党组织组建达到单建率100%，努力做到职工50人以上企业建立党组织、职工20人以上企业有党员，其他企业都实现党的工作覆盖。”具体来说，要做到以下“六个好”：生产经营好；发展成效好；劳动关系好；文化建设好；履行社会责任好；党组织自身建设好。相应地，该《意见》提出了以下八项“主要举措”：①积极推进企业转型升级。②大力培育领军企业。③加强企业经营管理者队伍建设。④加强企业党务工作者队伍建设。⑤积极实施“优先开发企业人才”战略。其中包括深化“党员人才工程”，实施“三培养”，即把党员培养成优秀人才，把优秀人才培养成党员，把党员人才培养成生产经营骨干。⑥深入实施“企业文化繁荣工程”。⑦积极推进非公有制企业党的组织和工作覆盖。其中包括“强化经费保障，落实企业党建工作经费按本企业职工工资总额的8‰在税前列支”。⑧完善党群一体化工作机制。以上举措以前基本上都实施过，这次只是“加强”“深化”“深入实施”而已。在此值得一提的是第7项举措，从前面的叙述可知，省里的规定是非公企业党建工作经费按照职工工资总额的5‰至8‰的标准予以税前扣除，诸暨市采用了这个税前扣除标准的上限。

2012年5月3日，中共诸暨市委组织部出台了《关于加快推进非公企业党建工作全覆盖建设的通知》（诸组通［2012］25号）。该《通知》提出的目标要求是：“按照‘扩面提质、固网强基’的总体要求，着力解决非公企业党建工作的突出问题，消除覆盖盲区，增强组织活力，强化工作保障，积极构建党建工作全覆盖的有效机制，力争在今年5月底前基本实现全覆盖目标，推动我市非公党建工作继续走在全省前列。”其具体要求为以下六个方面。

（1）党的组织全覆盖。有党员的非公企业，全部建立党组织；有3名以上正式党员、条件成熟的企业，全部单独建立党组织；固定从业人员30人以上的非公企业，全部有党员。

（2）党的工作全覆盖。暂时没有党员的非公企业，通过参加区域党组织、选派党建工作指导员、联系结对党组织、发展入党积极分子、建立群团组织等办法，实现党的工作全覆盖。

（3）理顺关系全覆盖。非公企业党组织和党员隶属关系清晰；通过区域性、行业性党组织或联合党组织等实现覆盖的，有完备的组织和联络网络；流动党员动态掌握，及时纳入党组织进行经常性教育和有效管理。

（4）区域化党建全覆盖。在非公企业相对集中的区域，建立健全区域性党组织，将区域内的企业全部纳入党的工作范围，起到“蓄水池”和“兜底”作用。按照“一区域一中心”要求，建好用好党员服务中心，确保区域内每一家企业都能就近就便开展党群活动。

（5）有效活动全覆盖。非公企业党组织组织生活制度健全完善，“双强六好”创建活动深入开展，党组织标准化建设全面推进，党群活动一体化和党组织结对共建活动有效推开，党组织和党员作用充分发挥，所有党员都能正常参加组织生活。

（6）工作保障全覆盖。非公企业党建工作领导体制和工作机制全面构建，工作经费和人员编制落实到位；非公企业党组织活动经费有效落实，党务工作者特别是党组织书记的薪酬待遇得到较好保障，党组织有固定的活动场所。

接着，“为切实提升非公企业党组织建设的整体水平，充分发挥企业党组织和党员的实质作用”，2012年6月25日，中共诸暨市委组织部、中共诸暨市委新经济与新社会组织工作委员会联合出台了《关于推行“五五”工作模式，推进非公企业党建工作标准化建设的实施意见》（诸组〔2012〕17号）。该《意见》所说的“五五”指五个“五个”：第一个“五个”指切实发挥“五个引领”作用，进一步加强非公企业党组织领导班子建设；第二个“五个”指开展争当“五个先锋”活动，进一步加强非公企业党员队伍建设；第三个“五个”指实施“五个科学化”，进一步加强非公企业党建制度建设；第四个“五个”指落实“五个保障”，进一步健全非公企业党建保障机制建设；第五个“五个”指充分发挥非公企业党组织作用，为企业创造“五个优势”。该《意见》提出了实施标准化建设的具体步骤，并制定了《非公企业党建工作标准化分类建设标准》。

我们可以把上述文件所体现的试图对非公企业的改造进一步概括为以下三个主要方面：首先是试图改造非公企业主（出资者）。除了吸收他们入党并兼任党组织书记之外，还对他们开展了“内涵提升、科学发展”“实践科学发展，推动转型升级”等主题教育活动，以便提升他们的经营管理水平。其次是试图改造技术骨干和经营管理骨干。所采取的基本方法是“双向培养”，即把技术骨干和经营管理骨干培养成党员，把党员培养成技术骨干和经营管理骨干。这样，逐渐使技术骨干和经营管理骨干党员化，从而使党员与技术骨干、经营管理骨干逐渐融为一体。最后是试图改造企业文化，旨在调动职工的工作积极性，增强他们对企业的认同感和归属感，构建和谐的劳动关系。所采取的基本方法有三：一是在企业党员中开展“三高一流”等活动，以便发挥党员的先锋模范作用；二是在全体职工中开展劳动竞赛、技术比武、合理化建议等活动；三是构建党组织、工会、共青团一体化运行机制。

上述文件所体现的对非公企业的改造具有以下三个基本特点。

首先，改造的初衷是为了引导、促进非公企业健康发展，而不像20世纪50年代对资本主义工商业的社会主义改造那样，旨在限制甚至消灭非公企业。

其次，改造的启动者是市委，尤其是“两部门”，启动之后，再通过党组织从上往下推行，最后落实在企业里。由于通常只有规模较大的企业才建立了党组织，因此，其改造的对象主要是规模较大的企业，比如市级规模企业和市级“苗子”企业。

最后，改造的依据是软性的有关文件，而不是硬性的有关法律，因此，这种改造不属于硬性的或强制性的改造，而可以称之为软性改造。

需要强调的是，这种软性改造并不是一个单向的过程，而是一种互动，或者说，是一种双向改造。一方面，党组织试图对非公企业进行软性改造；另一方面，非公企业也会试图改造企业中的党组织。尽管限于研究的视角，本章关注的是前者，但我们也不可忽视后者。

## 三 小结

通过解读近十余年来中共中央、浙江省委、诸暨市委出台的有关文件，本章论述了党组织逐渐融入非公企业并试图对非公企业进行软性改造的过程。

党组织融入非公企业之后，不但改变了非公企业内部的治理结构，而且改变了党与非公企业之间的关系的性质。在党组织未融入非公企业之前，非公企业对党组织来说具有一定程度的外在性，党组织可能需要采用“统战”手段才方便与企业发生联系；党组织融入非公企业之后，二者之间就建立了一种党内的组织关系。这种组织关系的建立对进一步调控非公企业及其劳资关系的发展具有十分深远的意义。

# 第四章 “综合治理”进入民营企业

这里所说的“综合治理”是指“社会治安综合治理”，它常被进一步简称为“综治”。地方政府软性调控劳资关系的另一项重大举措是将社会治安综合治理网络延伸到私营企业（或曰民营企业），也即在民营企业里开展社会治安综合治理工作（简称“综合治理进民企”或“综治进民企”）。

本章将首先介绍全国社会治安综合治理的基本历程；然后，分别介绍浙江省开展的建设“平安浙江”和建立乡镇（街道）综合治理工作中心的活动，在此基础上，再介绍“综合治理”进入民营企业的过程并探讨其意义。

开展建设“平安浙江”、建立乡镇（街道）综合治理工作中心和“综合治理”进民企等活动均被视为创新发展“枫桥经验”的做法。本章还将以“附录”的形式对“枫桥经验”的产生与发展情况做一扼要介绍。

## 一　全国社会治安综合治理的基本历程

1981 年 5 月，中央政法委员会召开了北京、天津、上海、广州、武汉五大城市整顿治安座谈会。同年 6 月，中共中央批转了这次会议的《座谈会纪要》。该《纪要》强调：解决社会治安问题，必须各级党委来抓，全党动手，实行全面“综合治理”。于是，社会治安综合治理方针得以正式确立。①

---

① 华乃强：《社会治安综合治理概念源头考》，《公安学刊（浙江警察学院学报）》2009 年第 3 期。

1991 年 1 月 15～21 日，在烟台举行了全国社会治安综合治理工作会议，这是新中国成立后第一次召开全国性的社会治安综合治理工作会议。同年 2 月 19 日，中共中央、国务院作出了《关于加强社会治安综合治理的决定》；紧接着，3 月 2 日，七届全国人大常委会第十八次会议通过了《关于加强社会治安综合治理的决定》。与此同时，为了加强对社会治安综合治理工作的领导和具体指导，1991 年 3 月 21 日，中共中央成立了中央社会治安综合治理委员会。①

前述中共中央、国务院出台的《关于加强社会治安综合治理的决定》②指出："社会治安综合治理的基本任务是：在各级党委和政府的统一领导下，各部门协调一致，齐抓共管，依靠广大人民群众，运用政治的、经济的、行政的、法律的、文化的、教育的等多种手段，整治社会治安，打击犯罪和预防犯罪，保障社会稳定，为社会主义现代化建设和改革开放创造良好的社会环境。"该《决定》认为"落实'谁主管谁负责'的原则，是实现社会治安综合治理的核心"，并要求"各机关、厂矿、学校、企事业单位和人民团体，都要'管好自己的人，看好自己的门，办好自己的事'，切实加强内部人员的思想教育和各项安全防范工作"。该《决定》还要求层层建立社会治安综合治理目标管理责任制，"地方各级党政领导之间，党政领导和各部门、各单位之间，厂长、经理和车间、班组负责人之间，都要层层签订责任书。要把社会治安综合治理的任务、要求分解为若干具体目标，制定出易于执行检查的措施，建立严格的检查监督制度、定量考核制度和评比奖惩制度。要把社会治安责任制同经济责任制、领导任期责任制结合起来，将社会治安综合治理目标管理同责任人的政治荣誉、政绩考核、职级提升和经济利益挂钩，同评选文明单位、企

① 2011 年 9 月，该委员会更名为"中央社会管理综合治理委员会"，并调整了职能。

② 中国经济网，http：//www.ce.cn/xwzx/gnsz/szyw/200706/17/t20070617_ 11786835.shtml。

业晋级挂钩，实行社会治安综合治理一票否决权制。落实责任制要定期检查考核，每年进行认真的总结评比，表彰先进，形成比学赶帮的热潮。”

为了贯彻落实上述两个《决定》的精神，有关部门又相继出台了多个相关文件。比如：1991 年 12 月 25 日，中央社会治安综合治理委员会颁布了《关于社会治安综合治理工作实行“属地管理”原则的规定（试行）》以及《关于实行社会治安综合治理一票否决权制的规定》；1993 年 11 月 14 日，中央社会治安综合治理委员会、中共中央纪律检查委员会、中共中央组织部、中华人民共和国人事部、中华人民共和国监察部等部门联合颁布了《关于实行社会治安综合治理领导责任制的若干规定》；1996 年 9 月 19 日，中央社会治安综合治理委员会颁布了《关于加强社会治安综合治理基层基础工作的意见》。其中，《关于社会治安综合治理工作实行“属地管理”原则的规定（试行）》[①]规定：“社会治安综合治理工作实行‘条块结合，以块为主’的属地管理原则，由各级党委和政府统一领导，社会治安综合治理领导机构组织实施，各部门、各单位各负其责”；“各部门下属的企业、事业单位，在社会治安综合治理工作中，既要执行上级主管部门的部署，又要服从所在地党委、政府的统一领导和所在地社会治安综合治理领导机构的组织、指导、协调、督促和检查。”《关于实行社会治安综合治理领导责任制的若干规定》[②]规定：“各级党委、政府都要建立社会治安综合治理的领导责任制。要把抓好社会治安综合治理工作，确保一方平安，作为各级党委、政府和各部门党政领导干部的任期目标之一，并同党政领导干部的政绩考核、晋职晋级和奖惩直接挂钩。党政领导干部要把开展社会治安综合治理工作作为年度工作计划和述职报告的一项重要内容”；“各级党委、政府在研究决定各地区、各部门党政领导干部的任免、奖

① 找法网，http：//china. findlaw. cn/fagui/xz/27/185193. html。

② 中顾法律网，http：//news. 9ask. cn/fagui/zyfgk/201003/364422. html。

惩等问题时，要把干部本人抓社会治安综合治理工作的能力和实绩作为一个重要条件。干部本人或其所负责的地区、单位受到社会治安综合治理领导机构一票否决的，在这些地区、单位的治安面貌改变之前，取消干部本人评先受奖、晋职晋级的资格”。

2001 年 9 月，中共中央、国务院又出台了《关于进一步加强社会治安综合治理的意见》①。该《意见》提出：当前和今后一个时期，要突出抓好以下几个方面的工作：一要深入开展矛盾纠纷排查调处工作；二要认真落实各项安全防范措施；三要深入持久地开展基层安全创建活动；四要切实加强对流动人口的管理；五要进一步加强对刑满释放、解除劳教人员的安置、帮教工作；六要加强法制和道德教育，进一步落实预防青少年违法犯罪的工作措施。该《意见》强调：“乡镇（街道）的综合治理工作，是将社会治安综合治理各项措施落到实处的关键，是维护社会秩序和社会稳定的基础性工作。乡镇（街道）党委、政府的主要领导要强化政权意识，大力加强乡镇（街道）的社会治安综合治理工作。进一步加强乡镇（街道）综治委（办）建设，配齐、配强专职干部，确保这项工作有人抓、有人管。”“企事业单位包括非公有制经济组织在社会治安综合治理工作中，要按照‘属地管理’的原则，自觉服从所在地党委、政府的统一领导，接受社会治安综合治理机构的指导、协调和监督，加强单位内部的治安管理和防范工作，防止违法犯罪案件的发生。同时，要积极参与所在地区的社会治安综合治理工作。”

2003 年以后，全国各地陆续开展了“平安建设”活动。在此基础上，2005 年 12 月 4 日，中共中央办公厅、国务院办公厅转发了《中央政法委员会、中央社会治安综合治理委员会关于深入开展平安建设的意见》（见中办发［2005］25 号）②。该《意见》认为：“平安建设作为新形势下加强社会治安综合治理工作的新

① 中华人民共和国中央人民政府网站，http：//www. gov. cn/gongbao/content/2001/content_ 61190. htm。

② 西北工业大学网站，http：//gongan. nwpu. edu. cn/info/1022/1272. htm。

举措，是构建社会主义和谐社会、促进经济社会协调发展的保障工程，是维护广大人民群众根本利益、为人民群众所期盼的民心工程，是提高党的执政能力、巩固党的执政地位的基础工程。”平安建设的目标任务：“一是对敌对势力的渗透破坏活动以及‘法轮功’等邪教组织的非法活动发现得早、控制得住、处置得好，防止严重危害国家安全和政治稳定的情况发生。二是从源头上预防和减少矛盾纠纷，努力化解不和谐因素，防止严重危害社会稳定的重大群体性事件发生。三是维护城乡社会治安秩序，使突出治安问题和治安乱点得到有效整治，防止严重危害群众安全感的重大治安问题发生。四是预防和减少重特大安全生产事故，防止严重危害人民群众生命财产安全的群死群伤事故发生，努力把人员伤亡、财产损失和负面影响降到最低程度。五是依法查处经济犯罪案件，及时消除经济领域的不稳定因素，防止严重危害社会主义市场经济秩序的经济案件发生。”该《意见》强调：“平安建设工作由各级党委和政府统一组织实施。各级党委和政府要提高认识，加强领导，把平安建设纳入本地经济社会发展总体规划。各级党政主要领导是平安建设第一责任人，分管领导是直接责任人，其他领导承担分管工作范围内平安建设的责任。各级党政主要领导要切实把平安建设作为‘一把手’工程来抓，严格履行保一方平安、维护一方稳定的政治责任，定期研究本地区平安建设工作，解决平安建设中的突出问题，推动平安建设深入开展。”

## 二　建设“平安浙江”与“平安企业”

2004 年 1 月，在中共浙江省委理论中心组学习会上，省委首次提出了“平安浙江”这个概念。不过，当时的“平安浙江”，主要是针对社会治安综合治理这一层面。2004 年 4 月，省委进一步提出，“平安浙江”建设必须按照经济社会全面协调可持续发展的要求，针对存在于政治、经济、文化、社会各个领域的不稳定因素和安全隐患，开展“宽范围”“大纵深”的“平安浙江”建设工作。2004 年 5 月，省委十一届六次全会审议通过了《中共浙江省委关于建设“平安浙江”促进社会和谐稳定的决定》（浙委［2004］11 号）。这次全会指出：“平安浙江”中的“平安”，不是狭义的“平安”，而是涵盖了政治、经济、文化和社会各个方面的宽领域、大范围、多层面的广义的“平安”。2004 年下半年，省委专门组织课题组，对如何按照和谐社会要求，深化“平安浙江”建设问题，进行了广泛深入的调查研究，就此对“平安浙江”建设的总体目标、方法步骤、重点工作、建设机制、考核体系、组织领导等进行了调整、充实、完善，形成了范围更广、内涵更深、机制更严、指标更科学的“平安浙江”建设体系。①

“平安浙江”建设的基本做法是开展“平安市、县（市、区）”和“平安乡镇（街道）”建设活动。为此，浙江省制定了《浙江省平安市、县（市、区）考核办法》和《全省平安乡镇（街道）考核评审办法》，并出台了《浙江省建设“平安浙江”专项经费使用管理办法》等相关制度。2004 年试行的《浙江省平安市、县（市、区）考核办法》规定：“平安市、县（市、区）”考核与社会治安综合治理目标管理责任制、信访工作责任制和安全生产责任制的考核一起组织实施，每年进行一次。申报平安县（市、区）的条件为：①当年未发生下列重大事项：严重危害国家安全的事件；重大群体性事件；特大恶性刑事犯罪案件；严重影响经济秩序的案件；特大安全生产事故；重大公共安全事件。②按照《浙江省平安县（市、区）评审条件》自查自评后，经市级建设平安领导小组考评，得分在合格分以上。③辖区内的平安乡镇（街道）达到 80% 以上。申报平安市的条件为：①本辖区未发生被中央部门查处在全国有重大影响的社会不稳定事件。②本辖区平安县（市、区）达到 80% 以上。③人民群众安全感满意率达到 85% 以上。考核合格的，经省委建设“平安浙江”

① 吴建明、吴坚：《平安建设造福浙江》，《今日浙江》2007 年第 7 期。

领导小组会议审议，并在省级有关新闻媒体公示后，由省委、省政府审定命名为平安市、县（市、区）。对命名为平安市的或所辖县（市、区）达标率位于前列的市，以及命名为平安县（市、区）的，予以通报表彰。市一级由省给予奖励，县一级由各市给予奖励。[①] 2005 年，浙江省第一次对平安建设进行了全面考核，全省有 68 个县（市、区）获得了平安称号，占全部 90 个县（市、区）的 75%；4 个设区市获得了平安市称号，占 11 个设区市的 36%。[②]

相应地，中共诸暨市委、市政府出台了《关于深化创新“枫桥经验”、创建“平安诸暨”的实施意见》，决定开展创建“平安诸暨”活动，并成立了建设“平安诸暨”领导小组。2005 年，中共诸暨市委办公室、市政府办公室出台了《关于开展平安“八创建”活动的实施意见》（市委办［2005］71 号），决定在全市开展以“平安村”“平安社区”“平安企业”“平安校园”“平安医院”“平安市场”“平安矿山”“平安路段”等为内容的“八创建”活动，其目标之一是：争取通过 2～3 年的创建，全市 90% 以上的企业达到“平安企业”标准。该《意见》规定，“平安企业”的创建，重点是抓好“四个强化”：“一是强化治安保卫，落实‘五统一’保安派驻制度，加强治安巡逻和内部保卫工作，及时排查化解矛盾纠纷，确保企业内部不发生刑事案件和群体性事件；二是强化安全生产，严格落实安全生产责任制，不断提高安全生产管理水平，不发生安全生产事故；三是强化依法经营，无生产销售假冒伪劣产品、偷税漏税等违法犯罪行为；四是强化教育维权。严格执行各项劳动用工管理制度，及时签订劳动合同，不发生无故拖欠和克扣职工工资行为。定期对员工进行法律、安

---

① 据《浙江省平安市、县（市、区）考核办法》，科易网，http：//zc.k8008.com/html/zhejiang/shengjingxinwei/2011/0815/37580.html。

② 到 2010 年，全省 11 个设区市全部获得了平安称号，在全部 90 个县（市、区）中则有 89 个县（市、区）获得了平安称号。参见夏宝龙《一以贯之地抓好“平安浙江”建设》，《今日浙江》2010 年第 10 期。

全、技能等方面的教育培训，提高员工的综合素质。”随后，建设“平安诸暨”领导小组制定下发了“八创建”活动考核细则。对“平安企业”的考核，涉及很多指标。以2009年的考核为例，其考核指标多达19个，涉及“组织领导”“宣传教育”“控制发案”“安全防范”“化解矛盾纠纷”“基础工作”六个方面（详见《诸暨市“平安企业”考核表》）。我们可以认为，这种对“平安”的强调与考核也是对企业劳资关系的一种调控。

## 诸暨市“平安企业”考核表[①]

一、组织领导（10分）

（1）建立健全平安创建工作领导小组和“五位一体”[②]综治工作组，做到年度平安创建工作有计划有部署有检查，有专门负责创建工作的人员（组织不健全扣2分，工作无计划、无部署、无检查各扣2分，无专门负责创建工作的人员扣1分）。

（2）落实治安保卫工作领导责任制，层层签订治安保卫责任书，并纳入年度考核（未签订责任书、未纳入考核的各扣3分）。

二、宣传教育（10分）

（1）建有固定的宣传栏（窗）等设施，配备宣传员，每月更新宣传内容（无宣传栏［窗］扣2分，无宣传员扣2分，宣传内容每少一次扣1分）。

（2）每年开展以平安创建为主要内容的普法宣传教育活动不少于4次（每少一次扣1分）。

三、控制发案（25分）

（1）不发生可防性治安、刑事案件（发生一起扣3分）。

（2）不发生群体性事件。如发生群体性事件能及时报告、协助有关部门妥善处置（发生一起扣5分。不及时报告、不妥善处

① 原为表格形式。

② “五位一体”是指将计划生育、工会、共青团、妇女代表会议和综合治理五个方面的工作融为一体。——笔者注

置各扣 3 分）。

（3）依法经营，无生产销售假冒伪劣产品、偷税漏税等违法犯罪行为（发生生产假冒伪劣产品和偷税漏税案件每起扣 5 分）。

四、安全防范（25 分）

（1）治保会、调解委、护厂队等组织健全，工作规范（治安保卫组织每少一个扣 2 分）。

（2）护厂队能坚持开展夜间值班巡逻，工作有制度、有检查、有记录（值班巡逻不到位扣 3 分，工作无制度、无记录、无检查每项扣 2 分）。

（3）企业安全保卫的重点、要害明确，安全防范措施落实，在重点要害部位安装技术防范设施（未确定重点、要害扣 3 分，确定不正确扣 2 分，重点、要害部位未安装技术防范设施每处扣 3 分）。

（4）严格执行各项劳动用工管理制度，及时签订劳动合同，不发生无故拖欠和克扣职工工资行为（劳动合同签订率每年下降一个百分点扣 2 分，发生无故拖欠和克扣职工工资行为，每人次扣 2 分）。

（5）安全生产责任制落实，规章制度健全，管理到位。每季开展一次防火、防盗、防爆炸、防灾害事故等安全检查，及时整改安全隐患。重大隐患整改率达到 100%，一般隐患整改率达 90% 以上，检查、整改等记录齐全。不发生安全生产事故（安全生产责任制不落实、规章制度不健全各扣 2 分；安全检查每少一次扣 3 分，安全隐患整改率每下降 1% 扣 1 分。检查、整改无记录扣 2 分；发生安全生产事故每起扣 5 分）。

五、化解矛盾纠纷（15 分）

（1）每月排查、上报一次企业内部矛盾纠纷，对发生的矛盾纠纷做到及时化解，调处率达到 100%，成功率 95% 以上。不发生“两转”案件（排查每少一次扣 2 分，调处率成功率每下降 1% 扣 1 分，发生“两转”案件每起扣 5 分）。

（2）调处的矛盾纠纷及时登记，制作的协议书内容齐全、规范、按要求装订保管（少登记一件或少制作一份协议书各扣 2

分，档案管理不规范每件扣1分）。

（3）“三访”①得到有效控制，不发生集体上访事件（发生一起扣5分）。

六、基础工作（15分）

（1）外来人口管理组织、人员落实，外来人口底数清、变动登记及时，有50名以上外来人口的单位实行集中居住管理（管理组织、人员不落实扣2分，底数不清、变动不及时登记扣3分。该集中居住未集中居住的扣5分）。

（2）年内不发生“法轮功”等邪教组织成员赴省进京滋事事件（发生一起扣5分）。

（3）归正人员、监改人员等帮教、管理组织健全，管理工作到位，不发生重新犯罪情况（帮教、管理组织人员不落实扣2分，发生重新犯罪每人扣3分）。

（4）平安创建和治安保卫工作等档案管理制度健全、工作规范，符合有关规定要求（档案管理不符合要求扣3分）。

## 三　建立乡镇（街道）综合治理工作中心

2003年，中央综治委、中编办出台了《关于加强乡镇、街道社会治安综合治理基层组织建设的若干意见》。该《意见》规定：“要按照‘属地管理’的原则，进一步健全完善乡镇、街道社会治安综合治理委员会。委员会不仅要有县（市、区）政法部门、行政执法部门派驻机构和乡镇、街道有关部门的负责人参加，辖区内一些主要的企事业单位也要派有关负责人参加。为增强乡镇、街道社会治安综合治理委员会在维护稳定、维护社会治安工作中的组织、协调力度，委员会主任应由乡镇、街道党（工）委、政府（办事处）的主要领导担任。乡镇、街道社会治安综合治理委员会办公室主任应由党（工）委副书记担

① “三访”是指群体上访、越级上访和反复上访。——笔者注

任，办公室要配齐、配强专职干部，确保这项工作有人抓、有人管。公安派出所所长、司法所所长、人民武装部部长等可兼任副主任。要建立健全乡镇、街道综治委、办的各项工作制度，完善工作机制，加强干部的教育培训，提高干部素质。当地政府在安排财政预算时，对乡镇、街道社会治安综合治理的经费要予以保证，并随着经济、社会的发展逐步增加，使乡镇、街道社会治安综合治理工作正常开展。”该《意见》还规定，乡镇、街道综治委、办应在以下六个方面的工作中充分发挥自身的职能作用：①认真分析社会治安形势，有针对性地加强社会治安综合治理工作。②认真排查矛盾纠纷，指导和督促有关部门充分发挥人民调解、行政调解、司法调解的作用，积极开展调处工作，努力把矛盾纠纷化解在基层，化解在萌芽状态。③深入开展基层安全创建活动。积极组织、协调公安派出所、人民法庭、司法所等基层政法部门参与创建工作。④着力解决影响社会治安的深层次问题。要组织协调有关部门和单位落实社会治安综合治理的防范、教育、管理、建设、改造的各项措施，预防违法犯罪。⑤推动有关部门加强对公安派出所、人民法庭、司法所等基层政法组织及村（居）委会、治保会、调委会等基层组织的建设，加强教育培训，提高人员素质。⑥检查辖区内各部门、各单位的综合治理工作，对工作成效明显的进行表彰奖励，总结推广他们的经验；对存在问题的提出整改意见，督促他们进行整改；对发生严重危害社会稳定的重大问题的，要协助上级综治委、办进行调查，并严格实施领导责任查究和社会治安综合治理一票否决。

浙江省认真落实上述《意见》的主要做法之一，就是全面建立乡镇（街道）社会治安综合治理工作中心。①

---

① 2012 年 2 月 28 日，浙江省社会管理综合治理委员会下发《关于乡镇（街道）社会治安综合治理工作中心更名为乡镇（街道）社会服务管理中心的通知》，决定将乡镇（街道）社会治安综合治理工作中心统一更名为乡镇（街道）社会服务管理中心。

2004年初，全国首家乡镇社会治安综合治理工作中心在杭州市余杭区乔司镇成立。该中心集综治办、信访办、司法所、巡防队、流动人口管理办公室等七个部门于一体，既是一个便民服务中心，也是乔司镇的矛盾调处中心、民情信息的收集中心和社会治安综合治理的指挥中心。①

2005年9月，中共浙江省委办公厅、浙江省人民政府办公厅转发了省社会治安综合治理委员会出台的《关于加强乡镇（街道）社会治安综合治理工作中心建设的意见》②。该《意见》强调：乡镇（街道）社会治安综合治理工作中心（简称"综治工作中心"），"是由乡镇（街道）党（工）委、政府（办事处）领导，综治办牵头协调，各有关部门（组织）协作联动，集综治工作、维护稳定、平安建设为一体的工作平台。建立乡镇（街道）综治工作中心，是应对稳定工作新情况新问题的有力举措，是我省创新发展'枫桥经验'的重要成果，是深化'平安浙江'建设的重要抓手，也是社会治安综合治理理论在基层的生动实践，对于加强协调联动，充分整合资源，健全组织网络，确保综治工作措施落实到基层，形成综治工作特色，夯实构建社会主义和谐社会的基层基础具有重要意义。"该《意见》规定：综治工作中心的主要职能是负责协助党（工）委、政府（办事处）组织、协调、督促、指导辖区部门、单位和广大群众开展基层综合治理、维护稳定和平安创建等工作，具体承担以下任务：①贯彻执行上级有关社会治安综合治理、维护社会稳定和平安建设工作的方针、政策和总体部署，认真分析形势，及时报告工作情况，提出工作建议；②组织开展社会不安定因素和矛盾纠纷排查调处工作，统一受理、调解、处理各类矛盾纠纷和群众来信来访，协调处置各类突发性和群体

① 金国娟：《"枫桥经验"在新时期的丰富与创新》，《今日浙江》2005年第18期。

② 觅法网，http：//www.34law.com/lawfg/law/1797/3293/law_462534093424.shtml。

性事件；③积极参与配合专项斗争，组织排查、协调整治治安混乱地区和突出治安问题；④指导、督促本辖区社会治安防控措施的落实，组织做好流动人口管理服务、预防青少年违法犯罪、归正人员安置帮教、铁路护路联防、海事渔事纠纷调处、国家安全人民防线建设和反邪教等工作；⑤组织指导辖区内的村、社区、企事业单位积极开展基层平安创建活动；⑥组织开展法制、综治、平安建设等宣传活动，做好基层综治干部和群防群治队伍的教育、管理和培训等工作；⑦督促检查社会治安综合治理目标管理责任制执行情况，兑现考核奖惩措施；⑧完成党（工）委、政府（办事处）和上级有关部门交办的其他相关工作任务。

在具体做法上，浙江省主要采取了以下两种措施：一是推进综治工作中心规范化建设。从2004年开始，省委、省政府连续三年召开现场会来推动这项工作，并把综治工作中心建设列入平安市县和综治目标管理考核体系，每年提出不同的目标进行考评。省人大新修订的综治《条例》把发挥乡镇（街道）综治工作中心作用纳入立法内容，着力推进综治工作中心建设走向法制化轨道。明确标准，强化保障，狠抓综治工作中心规范化建设。比如，省里明确规定，综治工作中心按照欠发达地区不少于30平方米、其他地区不少于80平方米的标准，落实集中办公的场所，并配备必要的通讯、电脑、交通等办公设施。截至2006年底，全省乡镇（街道）综治工作中心建成率已达到98%以上。二是着力提升协调联动的整体效能。乡镇（街道）综治工作中心是在同级党委、政府领导下，综治办牵头协调，各有关部门协作联动，集综治工作、维护稳定、平安建设为一体的工作平台。按照这一职能定位，在不改变部门属性和垂直管理格局的前提下，通过综治工作中心，有效整合基层综治、信访、公安、司法、人民调解，以及流动人口服务管理、安全生产和公共安全管理、反邪教工作等“单兵种”的优势资源，组建维护社会和谐稳定的“集团军”，形成“合成作战”的工作格局。坚持“重在发挥部门职能作用、重在形成中心整体效能”的原则，明确综治工作中心各组成单位的职责任务，落实集中办公、工作例会、首问责任等制度，建立健全治安联防、矛盾联调、问题联治、事件联处、平安联创等“五联”机制，达到了方便群众、提高效能的目的。[①]

从地方政府调控劳资关系的角度来讲，建立乡镇（街道）综治工作中心的意义，不仅在于地方政府组建起了维护社会和谐稳定的“集团军”，形成了“合成作战”的工作格局，而且在于进一步加强了地方政府与企业之间的互动，增强了地方政府调控企业劳资关系的能力。

## 四 “综合治理”进入民营企业

有了前面的铺垫，现在可以论述本章的主题——“综合治理”进入民营企业了，也即在民营企业中开展社会治安综合治理工作。

这项工作始于2005年在平湖市的试点。据报道，平湖市领导在2004年底进行的一次调研中发现，随着农村劳动力的转移和外来务工人员的增加，企业中的不稳定因素、不安全问题，以及劳资纠纷、工伤事故等逐年上升，而大多数企业主对此缺乏足够的重视。于是，从2005年3月开始，平湖市先后在近700家民营企业中落实“谁经营、谁负责”的社会治安法人责任制，将综合治理（简称“综治”）网络延伸到民营企业。这些企业普遍建立综治室，与企业所在社区、村和乡镇综治机构联动，承担着企业治安保卫、安全生产、权益保障、矛盾化解等多种职能。一旦发现纠纷苗头，综治室能在第一时间作出反应，加上情况明、人员熟，真正做到了内部矛盾内部化解，有效避免了矛盾纠纷的扩

---

① 省综治办：《浙江省创新发展“枫桥经验”，扎实推进基层基础建设》，中共淳安县委政法委员会网站，http：//www.qdh. gov. cn/issue/root/sub/zfw_ zfw/zfw_ zfw_ tszs/20080321/8ac77f232c2029cc012c2f7-64e9363af/index. shtml，2008－03－21

大升级。[1]

2005 年 7 月，嘉兴市在平湖市召开了加强民营企业综治工作现场会。嘉兴市委副书记、市综治委主任刘冬生肯定了平湖市的试点工作，认为平湖市的民企综治工作为各地摸索了路子，提供了样板，具有实用性、可学性和可操作性，各地、各部门要从实际出发，认真学习借鉴。[2] 此后，这种“综治进民企”的做法迅速在嘉兴市境内推广。到 2006 年 4 月底，（嘉兴）全市已有 1869 家规模企业推行了“综治进民企”工作，占规模民营企业总数的 42%。嘉兴市综治委有关负责人认为，推进“综治进民企”工作，政府、企业、职工实现“多赢”，主要有六大好处：①企业治安法人责任进一步明确，参与社会管理的自觉性增强了；②通过开展各种有益的企业文化活动和教育，使民营企业职工中占较大数量的流动人口的教育、服务和管理，特别是法制教育得到改善，提高了职工的综合素质；③企业加强了人、财、物的投入，建立了治安巡防队、义务消防队、门卫保卫组等组织，有效地预防和减少了违法犯罪；④企业的综治组织既是企业的内部机构，同时也受所在镇、街道综治委管理，是当地党委、政府和企业之间沟通联系的桥梁，有效填补了政府对企业管理上的“空白”；⑤企业通过内部综治组织更好掌握职工的动态，及时协调好职工与职工间、企业与职工间的关系，不少企业根据自身特点，设立“谈心室”，与情绪有波动的员工谈心，将矛盾化解在萌芽状态；⑥企业综治组织不仅为企业服务，同时也为广大职工提供便利和帮助，使职工的合法

---

① 《平湖“综治进民企”保平安，企业盗窃发案下降 7.5%》，浙江在线新闻网站，http://zjnews.zjol.com.cn/05zjnews/system/2005/12/21/006411501.shtml，2005-12-21。

② 参见《嘉兴市加强民企综治现场会在平召开》，平湖民政信息网站，http://mzj.pinghu.gov.cn/readnews.asp?newsid=402&bigclassname=&smallclassname=，2005-07-25。

权益得到保障。[①]

案例：浙江景兴纸业集团拥有4个码头，每年吞吐煤、纸等货物数十万吨，有数以千计的船只进出，外来船员来往频繁。由于这些地方属于传统的治安“死角”，监管难度大，各种治安案件时有发生，企业和当地政府都十分头疼。“综治进民企”开展以来，景兴为了加强企业内部治安防控的科技含量，先后投入80余万元，在各子公司、码头的要害和重点部位安装了红外探头，实施了电子监控。很快，企业不仅有效杜绝了打架斗殴、小偷小摸等现象，还配合公安机关先后抓获违法犯罪人员5名，协助破获刑事案件1起。[②]

嘉兴市的这种“综治进民企”的做法得到了浙江省社会治安综合治理委员会领导的充分肯定。2006年5月26日，浙江省社会治安综合治理委员会出台了《关于大力推进企业治安综合治理工作的意见》[③]，同年6月12日，中共浙江省委办公厅、浙江省人民政府办公厅转发了这个《意见》。该《意见》认为，推进企业治安综合治理工作要把握以下五个原则：一是党政领导，协调推进；二是条块结合，属地管理；三是法人负责，落实责任；四是融合互动，增强实效；五是突出重点，分类指导。该《意见》提出了推进企业治安综合治理工作的六项内容：一是调处化解矛盾纠纷；二是落实治安防控措施；三是加强法律宣传服务；四是预防违法犯罪现象；五是开展平安创建活动；六是其他有关综治工作。该《意见》还提出了四项“保障措施”：一是提高思想认识，加强组织领导。它要求各级党委、政府和有关部门要把这项

---

① 陈嘉等：《“综治进民企”：嘉兴的创新之举》，《嘉兴日报》2006年5月10日。

② 蔡亮：《综治之花在平湖民企绽放》，《浙江法制报》电子版，http://fzb.zjol.com.cn/gb/node2/node802/node240379/node373346/node373347/userobject15ai5095458.html，2005-12-19。

③ 《浙江政报》2006年第26期。

工作摆上重要位置，纳入平安建设的总体部署，加强领导，落实保障，认真组织实施。二是健全责任体系，落实企业治安法人责任制。它强调要将企业治安综合治理情况与企业升级、信誉评估等综合性资质资格认定联系起来，与企业家的各种荣誉和实际利益挂起钩来。三是构建综治组织，建立健全长效工作机制。它要求规模企业应设立企业综治工作室（站）负责综治日常工作，并根据需要建立保卫、调解、帮教、安全生产、外来务工人员管理等专项配套组织，以及治安信息员、专职保安队、治安巡防队、消防队等群防群治队伍，确保企业综治工作有人管、有人干。四是做好企业综治工作的内外衔接工作，形成企业与地方互动的整体合力。它要求乡镇（街道）综治工作中心要加强与企业综治工作组织的联系与衔接，建立企业与政府及社会之间的联系枢纽和互动平台。

为了进一步推进“综治进民企”工作，2006 年 6 月 27 日，浙江省综治办、省总工会、省劳动保障厅联合浙江省企业家协会、省社会治安综合治理协会在杭州举办了“创建和谐企业、促进经济发展——‘综治进民企’”论坛。会上，省企业家协会会长、万向集团董事局主席鲁冠球代表省企业家协会、省社会治安综合治理协会向全省企业界发出倡议：大力推进企业治安综合治理，为建设“平安浙江”“法治浙江”，维护社会和谐稳定作贡献。参加本次论坛的 50 多名企业家在倡议书上签了名，表示积极响应这个倡议活动。①

具体到诸暨市，在省委办公厅、省政府办公厅正式转发《关于大力推进企业治安综合治理工作的意见》之前，中共诸暨市委办公室、诸暨市人民政府办公室于 2006 年 5 月联合出台了《关于加强全市民营企业社会治安综合治理工作的意见》（诸市委办[2006] 63 号）。该《意见》提出的总的工作目标是：“在全市民

---

① 《综治进民企》，浙江企联网站，http://www.zjqlw.com/jienen-detail.php?ID=1131，2006-06-30。

营企业中全面深入开展综治进民企工作，争取到 2008 年开展面达到 100%，实现企业发展、社会稳定、职工满意的‘三赢’目标。”其具体目标有以下四点。

（1）企业内部治安状况良好。综合治理各项措施全面落实，企业安全防范水平明显提高，多发性和可防性案件得到遏制，不发生造成重大危害或影响的恶性治安案件和恶性治安灾害事故，不发生职工吸毒、参与邪教活动等各类违法犯罪；员工国家安全意识明显提高，外向型企业国家安全人民防线建设得到巩固。

（2）企业内部关系和谐。及时排查、化解矛盾纠纷，调处率达到 100%，成功率 95% 以上，不发生“两转”案件；全员签订劳动合同，不发生无故拖欠和克扣职工工资行为，不发生企业职工群体访、越级访等影响较大的事件。

（3）企业内部环境安全有序。各类自然灾害和公共突发性事件防范及时，处置到位。重大隐患整改率达到 100%，一般隐患整改率达 90% 以上，杜绝“三合一”隐患，不发生重大安全事故、严重职业病危害和严重污染、破坏环境事故，易燃易爆物品、剧毒物品、易制毒化学品、精麻药品、放射源等管制物品管理规范，不发生泄露、爆炸和脱管失控事件；不发生因配合、控制不力导致传染病在厂区内扩大传染的事件；不发生较大职业中毒事件；食堂、餐厅不发生集体食物中毒事件。

（4）企业诚信经营，防范经营风险的能力明显提高。企业经营者诚信经营意识明显提高；企业在经营活动中自觉遵守国家的法律法规，遵守商业规则，不发生商业贿赂、偷漏税、生产假冒伪劣产品等扰乱、破坏社会主义市场经济秩序的违法犯罪案件；企业防范商业欺诈等经营风险的能力不断提高。

该《意见》提出，加强全市民营企业治安综合治理工作的重点是大力实施“8553”工程。其中，“8”指深入推进“八进民企”工作，即安全保卫进民企、人民调解进民企、外来建设者服务管理进民企、法律服务进民企、预防犯罪进民企、安全生产进民企、职工维权进民企和诚信经营进民企。第一个“5”指建立完善“五位一体”的综治工作机构，即在全市民营企业中分三个层次，按照计生、工、青、妇、综治“五位一体”的要求建立综治工作机构，开展综治工作。第一个层次是市级规模企业和苗子企业，原则上在企业党组织领导下建立综治工作组，由计生协会、工会、共青团、妇代会和办公室、人力资源部（外来建设者服务管理站）、治调会、保卫科、安全办等部门共同组成，组长由法定代表人担任。综治工作组日常办事机构设在保卫科。设有分厂、车间和班组的企业，分厂、车间设立综治联络员，班组设立综治信息员，接受综治工作组管理。企业综治工作组接受所在镇乡、街道综治工作中心统一管理。第二个层次是销售收入500万元以上企业，配备综治联络员，由党组织负责人或企业其他负责人担任，接受所在管理处综治工作分中心管理。第三个层次是销售收入500万元以下企业，综治工作接受所在村（居）综治工作组管理。第二个“5”指全面推行“五个统一”的保安派驻制，即企业保安由市公安局实行统一招聘、统一培训、统一派驻、统一服装，由企业所在地公安派出所统一管理。“3”指扎实开展“三方联动”的法制宣教活动。企业法制宣传教育实行司法、社区、企业三方联动，密切配合，全面推进“五五”普法和社会主义荣辱观教育，推动企业法制教育与道德教育、安全教育、文化技能教育等相结合，切实增强企业经营管理者、职工、外来建设者知法守法的自觉性，提高防范意识、维权意识和与违法犯罪行为作斗争的能力。该《意见》还提出了五点工作要求：一是要求切实加强组织领导；二是要求健全责任体系，全面落实企业综治法人责任制；三是要求齐抓共管，履行职责；四是要求广泛发动，树立典型；五是要求创新思路，求真务实。

图 4-1 步森集团社会治安综合治理工作站

## 五 “综合治理”进入民营企业的意义

有学者认为，“综治进民企”的特殊之处在于，把社会治安管理这一通常由政府部门实施的职能，延伸到企业这一微观层面，从而形成了社会治安管理的“中国特色”。①时任中共浙江省委副书记的夏宝龙认为，从全面落实科学发展观、构建社会主义和谐社会的高度来看，推进“综治进民企”具有以下四个方面的重要意义。

第一，推进“综治进民企”，是优化民营企业发展环境，实现我省民营经济新飞跃的有力保障。民营经济是我省经济的重要支柱。目前，全省生产总值中民营经济占 70% 以上。要推动我省经济又快又好发展，必须加快推进民营企业的制度创新、科技创新和管理创新，不断增强民营经济的综合实力和国际竞争力，实现民营经济新飞跃。在民营企业落实各项综治措施，有利于创造

① 姚先国：《“综治进民企”的经济学解读》，《今日浙江》2006 年第 15 期。

平安稳定的内外环境，为企业正常生产经营提供重要保障；有利于建立健全科学高效的管理机制，提升企业经营管理水平；有利于培育、树立和谐诚信的良好形象，增强企业的市场竞争优势。

第二，推进“综治进民企”，是扩大综治工作覆盖面，深化平安建设的有力举措。我省民营经济发达，涉及行业广，企业和职工数量众多，并呈现出高速增长的态势。迅猛发展、不断壮大的民营企业，对我省的经济发展、社会和谐稳定产生了广泛而深远的影响，对综治工作和平安建设的目标任务、组织网络、运行机制、责任保障等各方面提出了新的要求。在民营企业落实各项综治措施，有利于解决企业自身存在的突出问题，维护企业和谐稳定；有利于消除社会治安综合治理的盲点和死角，扩大综治工作的覆盖面；有利于推进基层平安创建的深入开展，真正把各项创建措施落实到各个方面、各个领域，积“小安”为“大安”，不断夯实“平安浙江”建设的基础。

第三，推进“综治进民企”，是完善社会管理体制，构建社会主义和谐社会的必然要求。构建社会主义和谐社会，必须加强社会建设和管理。加强对民营企业的管理和服务，是提高社会管理法治化水平的一项重要内容。目前，受管理理念、体制机制等因素的影响，对民营企业的管理仍是一个薄弱环节。在民营企业落实各项综治措施，能够发挥社会治安综合治理在宣传发动、组织协调、服务指导等方面的独特优势，教育引导企业主和员工增强社会责任感，共同维护企业和社会的良好秩序；整合有关职能部门力量实行协作联动，形成对民营企业管理监督的长效机制；加强对企业外来务工人员的管理服务，促进社会管理水平的提高。

第四，推进“综治进民企”，是坚持以工促农、以城带乡，加强社会主义新农村建设的有效途径。我省民营企业大多数在农村，经营者大多数是农民企业家，从业人员大多数是农民工。在民营企业落实各项综治措施，保障民营企业快速健康发展，有利于促进农业结构调整，推进农村劳动力向非农产业和城镇有序转移，有利于维护农民工的合法权益，有利提高企业员工的民主意识、法制观念和法律素质。这对于促进农村经济发展，维护农村和谐稳定，提高农民素质具有十分重要的作用，是落实以工促农、以城带乡，推进社会主义新农村建设的具体行动。[①]

姚先国所说的特殊性、夏宝龙所说的重要意义至少从理论上讲都是存在的。如果换个角度，从地方政府调控劳资关系的角度来讲，那么，“综治进民企”做法中最有意义的事情莫过于在规模以上民企中建立了综治工作室（站），从而架设好了乡镇（街道）综治工作中心与规模以上民企之间的联系枢纽和互动平台，为地方政府进一步调控劳资关系提供了便利条件。

截至2011年9月，浙江省已有96%的规模以上非公有制经济组织建立了综治工作室（站）[②]，这意味着，除了上一章所说的将党组织融入非公有制企业之外，地方政府又建立起了另一条调控规模以上非公有制企业发展的渠道。通过这个渠道，地方政府可以将治安防控、预防犯罪、法律服务、平安创建等调控措施送入非公有制企业。将这么多的调控措施送入企业，其影响和意义不可低估。

## 附录 “枫桥经验”的产生与发展

### （一）“枫桥经验”的产生

关于“枫桥经验”产生的经过，时任浙江省公安厅党组副书记、副厅长的吕剑光曾在《“枫桥经验”的前前后后》[③]一文中做过详细的叙述，兹摘录如下。

---

① 夏宝龙：《推进“综治进民企”工作，不断深化基层平安建设》，《今日浙江》2006年第11期。

② 中共浙江省委、省人民政府：《积极探索非公有制经济组织和社会组织服务管理新路子》，《法制日报》2011年9月30日。

③ 该文载《人民公安》1997年第19期。

1963年5月，毛泽东主席在浙江省杭州市主持召开了中央政治局会议，研究制订了《关于目前农村工作中若干问题的决定（草案）》（前十条）（以下简称《决定》），认为当时敌情严重，必须充分发动群众击退资本主义和封建主义两股势力的猖狂进攻，同时又强调要坚持教育人和改造人的方针。于是，同年6月19日，中共浙江省委根据《决定》的精神，重新部署农村社会主义教育运动。省委派出了省委书记处书记兼宣传部长林乎加率领的省委工作队，会同诸暨县委在枫桥区的枫桥等7个公社进行社会主义教育运动试点。

尽管社教运动试点工作处于以阶级斗争为纲的大气候中，但是，工作队领导根据省委的指示，规定在社教运动中除现行犯外，一律不捕人。1963年7月到9月，枫桥区7个社教运动试点公社各生产大队先后依靠和发动群众开展对敌斗争。7个公社6.5万人口中有四类分子[①]911名。这些四类分子主要是在60年代初期国家遇到暂时困难、国际上敌对势力反华叫嚣猖狂之时，特别是在1962年台湾国民党当局妄图武装侵犯大陆之时，记“变天账”、写反动诗、收回土改时已分给贫苦农民的房子等等，更多的是利用“酒、色、财、气”腐蚀拉拢个别基层干部。少数四类分子的这些活动被揭露后，激起了基层干部和群众的义愤，部分基层干部和群众积极分子提出要对四类分子“武斗（即打骂体罚）一遍，逮捕一批”。运动开始，试点的7个公社的部分干部和群众积极分子就要求逮捕45名四类分子。针对上述情况，省委工作队深入群众，组织基层干部和群众学习党和国家的有关政策和法律，引导他们敞开思想，展开辩论，用回忆对比的方法，总结土地改革以来对敌斗争的经验，回答群众提出的问题：是“文斗”（即摆事实，讲道理的说理斗争）好还是“武斗”好？少捕好还是多捕好？主要依靠群众专政还是单纯依靠公安司

---

① “四类分子”是对地主分子、富农分子、反革命分子和坏分子这四类人的统称。——笔者注

法部门专政？通过讨论，大多数基层干部和群众认识到“‘武斗’斗皮肉，外焦里不熟；文斗摆事实，讲道理，以理服人，才能斗倒敌人，擦亮社员眼睛。”

在初步统一干部、群众思想的基础上，以生产队为单位依靠群众先对四类分子进行全面评审。根据他们的表现实行区别对待，对于守法的给予适当鼓励；对于基本守法的指出他好的地方，批评他不好的地方；对于有一般违法行为的，给予严厉批评。之后，只对个别有严重违法行为、在评审中又不低头服法的，才列为重点对象，依靠群众进行说理斗争。为了坚持“文斗”，省委工作队规定如果在评审中出现“武斗”就要推倒重来。有的四类分子，在参加评审会前，做好了“护膝垫”，准备罚跪，到会一看，不仅不打，不罚跪，表现好的还得到鼓励，就坦白了自己的违法活动。有的四类分子说，这次评审是“明镜高悬，好坏分明”，表示要“悬崖勒马，重新做人”。7个公社有67名四类分子列为重点对象，斗争会上干部、群众坚持摆事实、讲道理，不打不骂，并且允许斗争对象申辩，没有捕一个人，就把四类分子制服了。

1963年10月下旬，当时的公安部部长谢富治在杭州向毛泽东主席汇报诸暨县枫桥区在社教运动中，通过依靠群众说理斗争制服了四类分子，没有捕人的情况时，毛泽东主席说：这叫做矛盾不上交，就地解决。并且指示要好好总结枫桥的经验。

同年11月20日，在公安部向第三届全国人民代表大会第四次会议拟作的《依靠广大群众，加强人民民主专政，把反动势力中的绝大多数改造成为新人》的发言稿上，毛泽东主席批示：“此件看过，很好。讲过后，请你们考虑，是否可以发到县级党委及县公安局，中央在文件前面写几句介绍的话，作为教育干部的材料。其中应提到诸暨的好例子，要各地仿效，经过试点，推广去做。”11月22日，毛泽东主席同当时的公安部副部长汪东兴谈话，说：……从诸暨的经验看，群众起来之后，做的并不比你们差，并不比你们弱，你们不要忘记动员群众。群众工作做好了，可以减少反革命案件，减少刑事犯罪案件。我们的公安工作，历来是与苏联不同。诸暨县的经验要好好总结一下，整理一个千把字的材料批发下去，回答两个问题：(1) 群众是怎样懂得这样做的；(2) 依靠群众办事是个好办法。材料要短一点，长了没人看，短了就有人看。你们要经常蹲点，做这种工作。

遵照毛主席的指示，枫桥区 7 个公社在社教运动中对敌斗争基本告一段落后，省委领导责成我组织参加社教的省公安厅干部组成专门班子对枫桥这次对敌斗争试点工作进行初步总结。省公安厅办公室写了个初稿，大约有两千多字。我送给当时到杭州检查工作的周总理办公室分管政法工作的李波人同志审阅。他看后说：“这个稿子，食之无味，弃之可惜，需要修改。”经反复修改后，省公安厅派我带办公室主任、秘书于 10 月底到公安部，向谢富治作了详细汇报。同年 11 月上旬，公安部派了凌云副部长等人来到枫桥协助浙江省公安厅蹲点干部进一步研究和修改枫桥区社教运动中进行的对敌斗争的经验，经过公安部和浙江省委领导的讨论，形成了以中共浙江省委工作队和诸暨县委署名的《诸暨县枫桥区社会主义教育运动中开展对敌斗争的经验》一文。

1964 年 1 月 14 日，中共中央向各中央局、省、市、自治区党委发出《关于依靠群众力量，加强人民民主专政，把绝大多数四类分子改造成为新人的指示》，并转发了“枫桥经验”。

“枫桥经验”首先在浙江省社教运动中推广，逐步在全省、全国掀起学习和推广“枫桥经验”的热潮。1964 年 2 月公安部召开了第十三次全国公安会议，研究农村社教运动中对敌斗争的政策问题，提出在全国推广“枫桥经验”。同年 10 月，浙江省公安厅根据省委的部署，从厅直机关抽调了 109 名干部，分别由省公安厅党组书记、厅长王芳和我带领参加了省委的诸暨、上虞等社教工作团。浙江省委诸暨社教工作团，从同年 11 月开始，在 26 个公社的 465 个生产大队先后开展对敌斗争，依靠群众共计评审了 4716 名四类分子。在评审中全面体现了党和国家对四类分子的政策。对 299 名有严重违法行为的四类分子，通过群众说理斗争予以制服，对707名一贯表现守法的四类分子给以摘掉“帽子”成为公民。并且纠正和平反了117起冤假错案。群众发动起来后，还查出了46名暗藏的反革命分子，收缴隐藏的长短枪8支和子弹1000多发。运动中仅依法逮捕了1名负有血债的反革命分子和1名现行犯，反革命、刑事案件大幅度下降，一般治安事件也很少发生。

浙江全省推广“枫桥经验”取得了明显成效。1964年和1965年，全省刑事案件发案率为万分之二点七和万分之二点三；捕人率为万分之零点五三和零点二五，出现了“捕人少，治安好”的安定局面，也是中华人民共和国成立以后发案率和捕人率最低的两年。公安部在向中央的报告中也说，1964年是中华人民共和国成立以来捕人最少的一年，治安情况比历年都好。

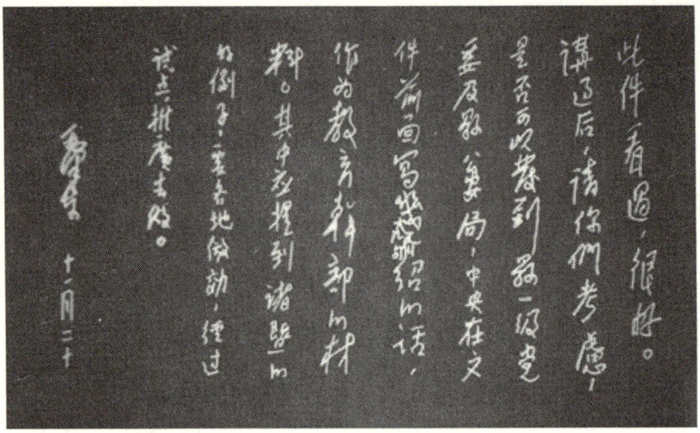


图4－2 毛泽东关于“枫桥经验”的批示（1963年11月20日）

### （二）“枫桥经验”的发展

史济锡①认为，“枫桥经验”诞生后，至今已经历了推广、发展和创新三个发展阶段。

---

① 史济锡：《创新“枫桥经验”，推进法治建设，构建和谐社会》，《政策瞭望》2006年第9期。

——“枫桥经验”之推广。“文化大革命”时期，“枫桥经验”被污蔑为“修正主义的黑样板”、“资产阶级人性论”的“典型”，推广工作一度中断。但枫桥的干部群众始终坚信自己的做法和毛泽东同志的批示是正确的，坚持做教育、挽救、转化人的工作，坚持对“四类分子”实行思想教育、生产劳动和监督管理，同时还创造出了就地改造流窜犯、帮教失足青年和一般违法人员的成功做法。十年动乱结束后，又在全国率先对“四类分子”评审摘帽，为全国范围开展这项工作提供了范例。1979 年 2 月 5 日，《人民日报》发表题为《摘掉一顶帽，调动几代人——记诸暨县枫桥区落实党对四类分子的政策》的长篇通讯，再一次肯定和推广“枫桥经验”。

——“枫桥经验”之发展。进入 80 年代，随着社会的变革、体制的转型、利益的调整和观念的更新，人民内部矛盾大量增多，民间纠纷大量产生，如果处理不好，将直接影响社会治安和稳定。针对新的时代背景和历史任务，枫桥的干部群众在合力推进经济发展的同时，大力加强社会治安综合治理工作，坚持“组织建设走在工作前、预测工作走在预防前、预防工作走在调解前、调解工作走在激化前”，创造了“党政动手，各负其责，依靠群众、化解矛盾、维护稳定，促进发展，做到小事不出村，大事不出镇，矛盾不上交”的成功经验，实现了“矛盾少、治安好、发展快、社会文明进步”的良好局面。“枫桥经验”发展成为社会治安综合治理的一个典范。

——“枫桥经验”之创新。进入新世纪，我国进入了全面建设小康社会、加快推进社会主义现代化的新时期。随着改革的深入和社会主义市场经济的发展，一些体制性、结构性的深层次矛盾和问题开始显现，群众的民主意识不断增强，维护自身合法权益的诉求日益强烈。为此，枫桥及绍兴各地坚持“枫桥经验”基本精神，突出“以人为本”这一理念，靠富裕群众减少矛盾，靠服务群众化解矛盾，靠组织群众预防矛盾，不断发展创新“枫桥经验”，不断赋予“枫桥经验”以新的科学内涵和时代特征，“枫桥经验”逐渐成为维护社会和谐稳定的典型经验。

“枫桥经验”之所以经久不衰，历久弥新，一个重要原因在于地方各级党委、政府（尤其是浙江省委、省政府）对“枫桥经验”的不断总结、推广和创新。

1993 年 11 月 22 日，浙江省在诸暨举行了纪念毛泽东同志批示“枫桥经验”30 周年大会，要求全省各地、各部门勇于探索，敢于创新，积极实践，丰富和发展“枫桥经验”。

1998 年 11 月 22 日，浙江省在诸暨举行了纪念毛泽东同志批示“枫桥经验”35 周年大会，要求全省各地、各部门认真学习和总结推广新时期“枫桥经验”，更好地维护农村稳定，促进农村发展。

1999 年 4 月 20 日至 21 日，浙江省委、省政府在诸暨召开了学习推广“枫桥经验”现场会，要求各地、各部门采取有力措施，动员、组织和引导城乡基层单位，掀起学习推广“枫桥经验”的新高潮。

2003 年 11 月 25 日，中央社会治安综合治理委员会、浙江省委在诸暨市召开了纪念毛泽东批示“枫桥经验”40 周年暨创新“枫桥经验”大会。中共中央政治局常委、中央社会治安综合治理委员会主任罗干出席会议并讲话。罗干在讲话中说，“枫桥经验”充分发挥党的政治优势，根据不同时期的社会特点，就地解决社会矛盾，最大限度地把问题解决在基层，解决在当地，解决在萌芽状态，维护了社会治安和社会稳定。他强调，各级党委、政府要从实践“三个代表”重要思想的高度，认真学习、创新“枫桥经验”，正确处理新时期人民内部矛盾，将矛盾化解在基层，为全面建设小康社会创造良好的社会治安环境。①

2004 年，时任中共浙江省委书记的习近平在全国社会治安综

① 罗干：《在纪念毛泽东同志批示“枫桥经验”40 周年大会上发表的讲话》，党务服务中心网站，http：//www. tjdjw. cn/system/2003/11/28/000021817. shtml。

合治理工作会议上的讲话中指出：“目前，全省上下正在积极抓好建设‘平安浙江’各项工作的落实。……‘平安浙江’建设的一项重要内容，就是强化基层基础工作，进一步总结、推广和创新‘枫桥经验’。‘枫桥经验’凝聚了我省广大干部群众在社会治安综合治理工作实践中的创造，是我省加强基层基础工作，推进社会治安综合治理的有效载体。”①

2008 年 11 月 24 日，中央社会治安综合治理委员会、浙江省委在绍兴市召开了纪念毛泽东批示“枫桥经验”45 周年大会。中共中央政治局常委、中央政法委书记、中央社会治安综合治理委员会主任周永康出席会议并讲话。周永康在讲话中指出：“几十年来，‘枫桥经验’在推广应用中不断丰富发展，焕发出蓬勃生机和旺盛活力，成为全国政法综治战线的一面旗帜。……回顾总结‘枫桥经验’产生发展的历程，尽管不同时期有不同的特点，但其基本内涵和精神实质始终没有改变。这就是发挥政治优势，相信依靠群众，加强基层基础，就地解决问题，减少消极因素，实现和谐平安。这是我们的宝贵财富，要一以贯之坚持，不断丰富发展，与时俱进创新。”对于如何坚持并发展“枫桥经验”，周永康提出以下六点要求：一要更加重视保障和改善民生，努力从源头上预防和减少社会不稳定因素；二要毫不动摇地走群众路线，充分发挥人民群众在平安建设中的主体作用；三要最大限度地化消极因素为积极因素，努力创造团结和谐的社会环境；四要不断适应新形势新任务的要求，切实加强社会服务与管理工作；五要切实履行维护稳定的第一责任，努力把矛盾纠纷解决在基层和萌芽状态；六要进一步加强基层夯实基础，筑牢维护社会和谐稳定的第一道防线。②

2009 年 6 月 9 日至 10 日，浙江省委、省政府在诸暨市召开

---

① 习近平：《创新“枫桥经验”，建设“平安浙江”——在全国社会治安综合治理工作会议上的讲话（节选）》，《今日浙江》2004 年第 12 期。

② 周永康：《在纪念毛泽东同志批示“枫桥经验”45 周年大会上的讲话》，中国法院网，http：//www. chinacourt. org/article/detail/2008/11/id/333044. shtml，2008 - 11 - 25。

了全省坚持和发展“枫桥经验”、深化基层平安建设现场经验交流会。会议期间，中共浙江省委书记、省人大常委会主任赵洪祝接受了记者的专访。记者问：在新形势下，浙江省委将继续采取哪些措施，进一步坚持和发展“枫桥经验”呢？赵洪祝回答说：在新形势下，要深入学习实践科学发展观，围绕“八八战略”“创业富民、创新强省”总战略和“保增长、保民生、保稳定”这一主线，深入学习贯彻周永康同志关于坚持和发展“枫桥经验”的重要讲话精神，充分运用“枫桥经验”的基本精神，不断赋予“枫桥经验”新的时代内涵，不断创造新的经验，扎实推进基层平安建设，最大限度激发社会创造活力，最大限度增加和谐因素，最大限度减少不和谐因素，确保人民安居乐业，确保社会和谐稳定。具体要坚持五个方面的经验，推进五个方面的工作：一是坚持就地解决问题的经验，充分运用“小事不出村、大事不出镇，矛盾不上交”的核心内涵，做到预防在先、疏导在先、排查在先、调解在先，进一步增强化解社会矛盾的针对性和时效性。二是坚持专群结合的经验，进一步加强社会治安综合治理，提高驾驭社会治安局势的能力。三是坚持整合力量资源的经验，进一步推进平安建设工作向基层末端延伸，特别是把坚持和发展“枫桥经验”与深入抓好乡镇（街道）综治工作中心建设结合起来，与全面推广基层“和谐促进工程”结合起来，与深化基层平安创建活动结合起来，与加强流动人口等重点群体的服务管理结合起来。四是坚持立足基层组织的经验，进一步增强基层政法综治单位的实力、活力和战斗力。五是坚持发挥党的政治优势的经验，进一步推动基层平安建设各项任务落到实处。从完善社会治安综合治理、安全生产、信访工作目标管理责任制入手，建立健全“分层次、分系统、分责任”的目标管理责任体系，形成抓基层、打基础的良好氛围。①

---

① 陈东升（法制网记者）：《浙江省委书记赵洪祝披露“枫桥经验”出台内幕》，法制网，http://www.legaldaily.com.cn/0801/2009-06/12/content_1104333.htm，2009-06-12。

2010 年 7 月，诸暨市被列为全国社会管理创新综合试点单位，其试点的主要内容是着重建立健全六个方面工作体系（共有 25 个试点项目），其中包括“多元化的社会矛盾化解体系”。

2011 年 7 月，中共诸暨市委出台了《关于坚持发展“枫桥经验”加强和创新社会管理的决定》（市委［2011］37 号）。该《决定》指出，要以坚持发展“枫桥经验”为主线，以解决影响社会和谐稳定的突出问题为突破口，以维护群众利益为根本，以体制机制创新为动力，以加强基层基础建设为保障，努力率先形成具有时代特征、诸暨特色的社会管理体系。

2012 年 5 月，中共诸暨市委、诸暨市人民政府印发了《2012 年全市社会管理创新 20 项重点任务分解落实方案》（市委［2012］41 号）。在总结前阶段社会管理创新综合试点经验做法和前两年社会管理实施 25 个项目的基础上，该《方案》确定 20 个项目为 2012 年全市社会管理创新重点任务。该《方案》最后强调：“上述工作要围绕一个主题，即坚持和发展‘枫桥经验’，并为‘枫桥经验’的理论和实践提供支持。为此，要启动‘枫桥经验’创新发展两年规划，筹备成立‘枫桥经验’研究会，加强课题研究与工作调研，不断赋予‘枫桥经验’新的理论内涵、实践要求和时代特征，使之在社会管理工作中更具普适性和推广价值。”

2013 年 10 月，在毛泽东同志批示“枫桥经验”50 周年前夕，中共中央总书记、国家主席、中央军委主席习近平就坚持和发展“枫桥经验”作出重要指示强调，各级党委和政府要充分认识“枫桥经验”的重大意义，发扬优良作风，适应时代要求，创新群众工作方法，善于运用法治思维和法治方式解决涉及群众切身利益的矛盾和问题，把“枫桥经验”坚持好、发展好，把党的群众路线坚持好、贯彻好。习近平指出，50 年前，浙江枫桥干部群众创造了“依靠群众就地化解矛盾”的“枫桥经验”，并根据形势变化不断赋予其新的内涵，成为全国政法综治战线的一面旗帜。浙江省各级党委和政府高度重视学习推广“枫桥经验”，紧紧扭住做好群众工作这条主线，为经济社会发展提供了重要保障。2013 年 10 月 11 日，在浙江杭州召开了纪念毛泽东同志批示“枫桥经验”50 周年大会，中共中央政治局委员、中央政法委书记孟建柱出席会议并讲话。①

尽管在不同的历史时期，“枫桥经验”的内涵会与时俱进，但它依靠群众及时、就地化解基层的各种社会矛盾，从而实现社会和谐稳定的基本宗旨始终未变。

① 《习近平：把“枫桥经验”坚持好、发展好，把党的群众路线坚持好、贯彻好》，新华网，http：//news. xinhuanet. com/politics/2013 - 10/11/c_ 117677084. htm，2013 - 10 - 11。

# 第五章
# 创建劳动关系和谐企业

在全国范围内统一开展“创建劳动关系和谐企业”之类的活动始于2005年，基本做法是评选、表彰“劳动关系和谐企业”。根据行政层级，“劳动关系和谐企业”一般分为四个等级，即全国级、省（部）级、地区（地级市）级和县（县级市）级。

开展这项活动，实际上也是地方政府软性调控劳资关系的一种手段。本章将分别介绍评选、表彰全国、浙江省、绍兴市和诸暨市劳动关系和谐企业的基本做法。

## 一　评选全国劳动关系和谐企业

2005年6月，劳动和社会保障部、中华全国总工会、中国企业联合会/中国企业家协会联合出台了《关于做好创建和谐劳动关系先进集体、优秀个人暨和谐劳动关系模范企业推荐评选工作的通知》（劳社部函［2005］58号），决定联合开展创建和谐劳动关系先进集体、优秀个人暨和谐劳动关系模范企业评选表彰活动。其中，拟表彰和谐劳动关系模范企业100家，其评选条件是：“①认真贯彻执行党的路线方针政策，模范遵守《劳动法》、《工会法》等法律法规，自觉规范企业行为，规章制度合法。②全面实行劳动合同制度，劳动合同管理规范。建立了平等协商和集体合同制度，集体合同履约率高。职工代表大会或其他形式民主管理制度健全完善，作用显著。③工会组织、劳动争议调解组织、劳动法律监督组织、劳动保护监督检查组织健全且工作成绩突出。④近三年内没有重大工伤死亡事故、集体劳动争议和因劳动争议引发的群体性事件。⑤职工工资与企业经济效益同步提高，按时足额支付职工工资，为职工缴纳社会保险费。有完善的员工发展和培训工作制度。⑥职工满意度高，社会评价好。”2005 年 10 月，100 家企业被授予“全国创建和谐劳动关系模范企业”荣誉称号，其中包括总部设在诸暨市的富润控股集团有限公司。[①]

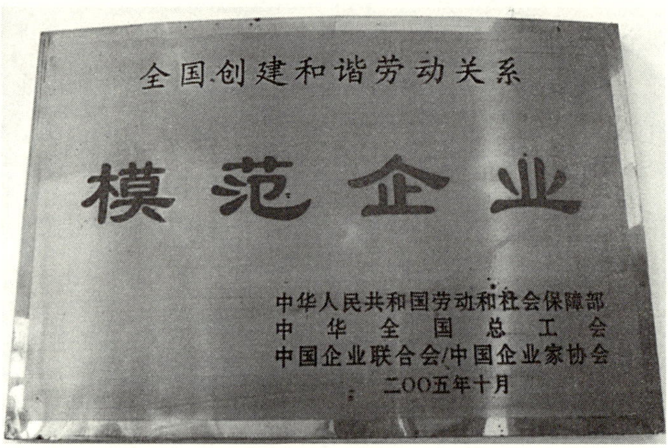


图 5-1 “全国创建和谐劳动关系模范企业”奖牌（摄于富润控股集团）

2006 年 3 月，中华全国总工会出台了《关于开展创建劳动关系和谐企业活动的意见》（总工发［2006］17 号），决定在全国开展创建劳动关系和谐企业活动（简称“创建活动”）。该《意见》提出：“创建活动的目标任务是：推动企业贯彻落实党的全心全意依靠工人阶级根本指导方针，依靠职工办企业；督促企业严格遵守《劳动法》、《工会法》、《公司法》等法律法规，依法保障职工合法权益，积极履行社会责任；促进企业完善经营管理，规范用工行为，建立起劳动关系自主协调机制；保护、调

① 中华人民共和国劳动和社会保障部、中华全国总工会、中国企业联合会/中国企业家协会：《关于表彰全国劳动争议仲裁和调解工作先进集体、优秀个人暨创建和谐劳动关系模范企业的决定》（劳社部发［2005］24 号）。

动、发挥好职工和企业经营者两个积极性，做到互利、互爱、双赢，达到‘共建和谐企业、共谋企业发展、共享发展成果’的目标。”该《意见》提出了8条“创建标准”。

(1) 严格依法执行劳动合同制度，劳动用工行为规范。企业依法与本企业全体职工（包括农民工）签订劳动合同；劳动合同内容合理、全面，管理规范、有效履行。

(2) 建立平等协商和集体合同制度。协商充分，程序规范，内容具体，标准量化，可操作性强，合同（协议）履行好。建立工资分配平等协商机制和职工工资正常增长机制。建立相应的职工参与、考核评价、监督检查和履约责任追究制度。

(3) 依法保障职工劳动经济权益。按时足额支付工资，依法为职工缴纳各项社会保险费，切实改善职工的生产生活条件，严格执行国家劳动安全卫生法律法规和政策，建立健全安全生产责任制，实施工会劳动保护监督检查制度，无重大伤亡和职业危害事故发生。

(4) 全心全意依靠职工群众办企业，坚持和完善职工代表大会和其他形式的企业民主管理制度；公司制企业建立职工董事制度和职工监事制度；坚持厂务公开，职工的民主选举、民主决策、民主管理、民主监督权利得到有效保障。

(5) 尊重和维护职工精神文化权益。积极开展“创建学习型组织、争做知识型职工”活动，注重提高职工队伍素质，保障职工的教育权、发展权，开展职工喜闻乐见的文化体育活动，满足职工的精神文化需求。

(6) 建立健全工会劳动保障法律监督组织和企业劳动争议调解组织。工作制度完善，化解矛盾及时，有效调解劳动争议，没有发生职工群体性事件。

(7) 维护女职工和未成年工的合法权益和特殊权益。女职工的平等劳动权利、社会保障和福利待遇及特殊劳动保护待遇等权利依法落实。没有招用童工、损害女职工和未成年工合法权益的行为。

(8) 建立健全工会组织，支持工会依照《工会法》和《中国工会章程》开展工作，依法拨缴工会经费。

这些“创建标准”虽然涉及的内容十分宽泛，但总体而言，都只是要求企业遵守有关的法律法规与国家的有关政策、依法保障职工的合法权益、及时化解劳动争议而已。问题是，在法律层面上，工会毕竟只是一种“群众组织”，而不是行政部门，更不是执法机构，它无法独自对企业履行这些“创建标准”的具体情况进行考核评价。

约4个月以后，2006年7月，为了促进发展和谐劳动关系，服务构建和谐社会的大局，国家协调劳动关系三方（劳动和社会保障部、全国总工会、中国企业联合会/中国企业家协会）联合下发了《关于开展创建劳动关系和谐企业与工业园区活动的通知》（劳社部发［2006］25号），决定共同在全国开展创建劳动关系和谐企业与工业园区活动（简称“创建活动”）。该《通知》提出的创建活动的目标任务是：“从2006年起，逐步在全国各类企业和工业园区（包括各类经济技术开发区、高新技术产业园区、科技园区以及其他产业集聚区等）开展创建活动，促进企业和工业园区建立健全劳动关系双方利益协调和劳动纠纷调处机制，全面落实劳动保障法律法规和各项政策规定，规范企业用工行为，保持劳动关系和谐稳定，实现企业良性发展，依法维护职工合法权益。”该《通知》提出了10条“劳动关系和谐企业的创建标准”。

(1) 全面执行劳动合同制度，劳动合同签订率达到100%，签订、变更、续签、解除、终止劳动合同程序合法，依法履行劳动合同。

(2) 企业规章制度符合法律、法规和国家政策规定。

(3) 严格执行国家工时、休假制度以及女职工和未成年工特殊劳动保护规定，没有违法使用童工。

(4) 按时足额支付职工工资，依法参加社会保险。

(5) 劳动保护措施和劳动安全卫生条件符合国家规定的标准，无重大伤亡和职业病危害事故发生。

(6) 依法建立工会组织，支持工会开展工作，保证工会依法履行维权的基本职责。

(7) 建立集体协商和集体合同制度，在充分协商的基础上签订内容具体、标准量化、操作性强的集体合同；开展工资集体协商，保证职工工资收入随企业经济效益同步增长。

(8) 建立职工代表大会制度，实行厂务公开或与企业相适应的其他民主管理制度。

(9) 工会教育职工遵守企业规章制度，保障企业正常运营秩序；引导职工爱岗敬业，积极参与企业文化建设并认同企业文化。通过组织职工开展劳动竞赛、合理化建议等经济技术创新活动，为促进企业发展献技出力。

(10) 建立健全企业劳动争议调解组织，有效预防和调解劳动争议，没有发生因劳动保障问题引发的群体性事件。

这些“创建标准”也基本上只是要求企业遵守有关的法律、法规与国家的有关政策，依法保障职工的合法权益，及时化解劳动争议而已。与前述全国总工会单方面提出的“创建标准”明显不同的是，它同时也给工会提出了要求，即第（9）条标准。该《通知》提出：“各地要定期组织开展劳动关系和谐企业与工业园区评审表彰活动。评审表彰工作一般应按申报、评审、公示、命名、表彰、公布6个阶段进行，由企业和工业园区按规定向负责评审的县级以上协调劳动关系三方会议办公室自荐申报，经评审合格并公示后未发现问题的，授予‘劳动关系和谐企业’和‘劳动关系和谐工业园区’称号，采取适当方式予以表彰激励，并通过新闻媒体向社会公布。”此后，全国各级协调劳动关系三方按照该《通知》的要求普遍开展了创建活动，并涌现出了一批先进单位。2007年8月30日，劳动和社会保障部、中华全国总工会、中国企业联合会/中国企业家协会决定，授予298家企业“全国模范劳动关系和谐企业”称号，其中，16家为浙江省的企业，包括总部设在诸暨市店口镇的海亮集团有限公司。①

按照国家协调劳动关系三方《关于推荐劳动关系和谐企业与工业园区的通知》（人社部明电［2010］49号）的要求，2011年8月，又有357家企业被授予“全国模范劳动关系和谐企业”称号，其中，20家为浙江省的企业，包括总部设在诸暨市枫桥镇的步森集团有限公司。

图5-2　2011年，步森集团被授予“全国模范劳动关系和谐企业”称号

## 二　评选浙江省劳动关系和谐企业

2006年4月21日，浙江省人民政府办公厅印发了《关于开展创建劳动关系和谐企业活动的意见》（浙政办发［2006］70号），决定在全省开展创建劳动关系和谐企业活动（简称“创建

① 劳动和社会保障部、中华全国总工会、中国企业联合会/中国企业家协会：《关于表彰全国模范劳动关系和谐企业与工业园区的决定》（劳社部发［2007］32号）。

活动”)。该《意见》没有提及上述全总的《意见》，也没有提及上述劳动和社会保障部、中华全国总工会、中国企业联合会/中国企业家协会联合下发的《通知》，这表明“创建劳动关系和谐企业活动”在浙江省已完全变成了一种政府行为。该《意见》就开展创建活动的指导思想、遵循的原则、基本内容、方法步骤和工作要求等提出了意见（详见附 5-1）。一周之后，浙江省成立了由副省长任组长、省总工会主席任副组长的浙江省创建劳动关系和谐企业活动领导小组。领导小组成员由 12 人组成，他们分别是省政府副秘书长、省经贸委副主任、省公安厅副厅长、省劳动保障厅副厅长、省卫生厅巡视员、省国资委副主任、省工商局副局长、省安全监管局副局长、省综治办副主任、省总工会副主席、省企业联合会/企业家协会副会长、省工商联/商会副会长。领导小组办公室设在省总工会，由省总工会的一位副主席兼任办公室主任。[①]由此可见浙江省人民政府对开展此项活动的重视程度。

### 附 5-1 关于开展创建劳动关系和谐企业活动的意见[②]

为建立企业和谐劳动关系，维护企业和职工的合法权益，促进企业健康发展，进一步推动我省经济、社会又快又好发展，合力推进“平安浙江”、“法治浙江”建设，努力构建社会主义和谐社会，省政府决定在全省开展创建劳动关系和谐企业活动（以下简称创建活动）。现就创建活动提出如下意见：

一、指导思想和原则

创建活动的指导思想：以邓小平理论和“三个代表”重要思想为指导，以科学发展观为统领，以建立规范有序、公正合理、

① 据《浙江省人民政府办公厅关于成立浙江省创建劳动关系和谐企业活动领导小组的通知》（浙政办发［2006］73 号）。

② 中国浙江网，http://www.zj.gov.cn/gb/node2/node50/node52/node68/node118/node1612/userobject11ai9826.html。

互利共赢、和谐稳定的新型劳动关系为重点，推进和谐企业建设。通过创建活动，推动企业贯彻落实全心全意依靠工人阶级的指导方针，认真执行《劳动法》等法律法规，完善经营管理，规范用工行为，健全诚信体系，积极履行社会责任，依法保障企业和职工的合法权益，促进企业健康发展，推进社会主义和谐社会建设。

创建活动遵循的原则：

——因地制宜，逐步推进。要从各地企业类型、企业规模的实际出发，组织企业积极参加创建活动，先易后难，逐步扩大企业范围，逐步完善创建内容。

——实事求是、公正公平。要真实反映企业劳动关系的现状，使创建活动过程和结果公开、透明，接受社会和群众的监督。

——注重实效，促进发展。要把健全机制、完善制度贯穿于创建活动的全过程，通过鼓励先进、督促后进，促进企业劳动关系和谐和企业发展。

二、基本内容

（一）企业依法与职工（包括农民工）签订劳动合同，认真履行劳动合同，无违约现象发生；依法实施集体合同制度。

（二）认真执行《劳动法》规定工时制度和作息休假制度，保障职工健康。

（三）认真执行最低工资制度，按时足额发放职工特别是农民工工资，按规定支付超时加班加点工资；依法开展工资集体协商制度并签订工资协议。

（四）不得非法使用童工，依法维护女职工特殊利益和未成年工合法权益。

（五）企业和职工依法参加各类社会保险，按规定缴纳社会保险费。

（六）建立健全安全生产规章制度，认真执行安全生产各项规程，企业安全生产“三基”工作扎实。

（七）建立劳动关系预警机制，健全劳动争议调解组织和制度，依法调解处理劳动争议，及时化解矛盾。

（八）依法建立工会组织及其相应的组织，依法拨缴工会经费，建立工会主动参与安全生产和职业卫生工作的机制。

（九）建立健全职工（代表）大会、厂务公开等制度，完善企业民主管理制度，有效保障职工的民主决策、民主管理、民主监督的权利。

（十）加强职工技能培训，落实职工培训教育经费；健全和落实职工生活保障和文体活动设施，开展经常性的职工文体活动，满足职工的精神文化需求。

各地可根据以上内容，结合本地实际，对创建活动的内容进行细化、补充，制定可实施操作的考核评价办法。鉴于我省中小企业数量多的特点，各地也可以根据企业规模和职工人数，划定企业不同类型，实行分类考核评价。省级劳动关系和谐企业的考核评价办法和申报标准，由省创建活动领导小组办公室另行制定。企业有以下情况发生的，实行一票否决：非法使用童工；发生重大安全生产责任事故；违反劳动保障法律法规的规定，发生影响社会稳定的事件。

三、方法步骤

全省创建活动由省创建活动领导小组统一组织，由各市、县（市、区）分别实施。2006 年参加创建活动的企业原则上不少于企业总数的 50%，具体范围由各市、县（市、区）确定，取得经验后再逐步扩大企业范围。省部属企业统一参加所在地县（市、区）的创建活动。

（一）组织发动（2006 年 6 月底前完成）。各地要根据省里的统一部署，广泛发动和动员企业参与到创建活动中来，要加强对劳动法律法规政策的宣传，使广大职工学法、懂法、守法；要督促企业按照劳动保障有关法律法规规定和创建活动的工作要求，加强管理，完善制度，及时发现和改进问题，把创建活动作为企业依法经营、促进企业健康发展的有效载体。

（二）自评申报（2006年12月底前完成）。各地参加创建活动的企业，要根据有关法律法规，建立健全各项制度，落实各项保障职工权益的措施，对照考核评价标准先进行自评。企业自评由企业以及有关部门负责人、工会代表和职工代表参加（其中工会代表和职工代表人数不少于2/3）。自评结果应按照厂务公开的要求进行公示或向职工（代表）大会报告后，向县（市、区）创建活动领导小组办公室申报。

（三）检查审核（2007年3月底前完成）。对企业的申报，各地创建领导小组办公室要组织有关部门和企业人员组成检查组进行抽查，对群众有举报的企业，要逐一检查核实。

（四）社会公示（2007年4月底前完成）。审核后拟评定为劳动关系和谐企业的，要通过新闻媒体向社会公示，接受社会监督。省级和市级劳动关系和谐企业必须在市级和县级劳动关系和谐企业中推荐产生，并由省、市分别向社会公示。

（五）通报命名（2007年5月至6月）。企业创建活动结果由县（市、区）向社会公布。

劳动关系和谐企业分别由省、市、县（市、区）授予称号。省级劳动关系和谐企业原则上每两年评选表彰一次，由省创建活动领导小组授予"浙江省劳动关系和谐企业"称号，并予以通报。

创建活动的结果将作为今后评定（授予）诚信企业、先进企业、五一劳动奖状和劳动模范、五一劳动奖章、优秀企业家等荣誉称号的重要依据之一。劳动关系和谐企业如发生有一票否决情况的问题，由原授予单位（组织）取消其称号。

四、工作要求

（一）加强工作领导。为加强对创建活动的组织领导，省政府决定成立由副省长、总工会主席和有关部门负责人组成的省创建劳动关系和谐企业活动领导小组，办公室设在省总工会。各地要建立相应的工作机构，加强组织领导，协调各有关部门加强配合，各司其职，共同做好创建活动。领导小组办公室要抓紧制定考核评价办法，供各地参考。

（二）精心组织实施。各地要根据本意见，结合当地实际，制定具体的实施方案以及具体的考核评价办法。要紧密结合本地实际，认真做好组织发动工作，调动企业和职工参与的积极性，形成工作声势。各市要在2006年6月底前，将创建活动方案报省创建活动领导小组办公室备案。

（三）强化监督管理。各有关职能部门、工会和协会要密切配合，加强协作，坚持高标准、严要求、创造性地开展工作，把创建工作落到实处。对创建活动中发现的共性问题和劳动关系问题突出的企业，要加强监督检查，有针对性地提出加强和改进的意见和措施，督促企业制订整改方案，健全制度，强化管理；对有法不依、严重侵害职工合法权益的，要严肃查处，责令整改。

（四）完善长效机制。省创建活动领导小组办公室要加强对各地创建活动的检查指导，及时总结各地的经验，不断完善创建活动的内容和方式，建立起促进企业劳动关系和谐的长效机制。

2006年9月，浙江省创建劳动关系和谐企业活动领导小组出台了《浙江省省级劳动关系和谐企业考核评价办法（试行）》（浙创和谐企［2006］3号）。该《办法》共设10个“考核项目”，每个“考核项目”下面又进一步划分2~7个比较具体的考核标准。此外，该《办法》还设置了2个“加分项目”和3种“一票否则”的情况（详见附5-2）。该《办法》不但设立了具体的评分标准，而且进行了“考评分工”，参与考评分工的单位包括省劳动和社会保障厅、省卫生厅、省安监局、省综治办、省公安厅、省经贸委、省国资委、省工商局，省总工会、省企业家协会/企业联合会和省工商联。这意味着，企业要想被评为“浙江省劳动关系和谐企业”，就得经过这些单位的一一考评，并获得不错的成绩。

## 附 5-2 浙江省省级劳动关系和谐企业考核评价办法（试行）[①]

一、企业依法与职工（包括农民工）签订劳动合同，认真履行劳动合同，无违约现象发生；依法实施集体合同制度。(15 分)

1. 企业依法与由其支付工资的职工签订劳动合同，合同签订率在 90% 以上（含 90%）的，得 5 分；合同签订率 80% ~90%（含 80%）的，扣 2 分；在 70% ~80%（含 70%）的，扣 4 分；签订率在 70% 以下的，不得分。

2. 劳动合同内容全面、合法，程序到位，劳动合同签订、续订、解除和终止等各个环节管理完善，得 5 分；劳动合同有空白条款的，扣 1 分；劳动合同有违法条款的，扣 2 分；企业续订、解除、终止劳动合同的程序不到位的，扣 2 分。

3. 依法推行集体合同制度，集体合同的内容合法、程序规范、续签及时的，得 5 分；签订集体合同程序不到位的，扣 2 分；没有协商会议记录的，扣 1 分；没有进行充分协商，合同内容没有企业特色的，扣 2 分。

二、认真执行《劳动法》规定工时制度和作息休假制度，保障职工健康。(10 分)

1. 企业执行每周 40 小时工作制或经批准实行综合工时制，加班加点严格按照《劳动法》规定程序执行的，得 5 分；每周工时制在 40 小时以上的，或实行综合工时制没有报批的，扣 3 分；加班加点不按程序执行的，扣 2 分。加班情况比较严重，近两年有职工投诉且情况属实的，该项考评不得分。

2. 企业应当关注职工身体健康，落实职业安全卫生设施与主体工程“三同时”制度；按规定组织职业健康体检，建立职工健康监护档案；按规定开展职业危害项目申报和发放个人劳动防护

① 原为表格形式，经转换后，略去了具体执行考评的单位。

用品的，得5分。上述三项工作有一项没有落实的，该项考评不得分。

三、认真执行最低工资制度，按时足额发放职工特别是农民工工资，按规定支付超时加班加点工资；依法开展工资集体协商制度并签订工资协议。(15分)

1. 按月足额发放职工工资，且不低于劳动合同约定的工资或当地最低工资标准，按标准支付加班工资并按月结算的，得10分：企业工资没有按月支付的，扣4分；加班工资没有按标准结算的，扣4分；加班工资不按月结算支付的，扣2分。正常生产情况下，职工工资达不到最低工资标准的，或近两年企业发生过无正当理由拖欠职工工资事件的，该项考评均不得分。

2. 依法开展工资集体协商并签订工资协议，职工工资随企业效益的提高合理增长，得5分：工资协议没有实质性内容，缺乏个性的，扣1分；工资协议不是至少每年协商一次的，扣1分；30%职工不清楚协议实质内容的，扣1分（以随机调查结果考评）；工资协议不能得到完全履行的，扣2分。

四、不得非法使用童工，依法维护女职工特殊利益和未成年工合法权益。(5分)

1. 没有签订女职工特殊权益保护专项集体合同或在集体合同中没有女职工特殊权益保护规定的，扣1分；

2. 企业没有按规定对女职工落实“四期”待遇的，扣1分；

3. 没有定期（每一至两年）对女职工和未成年工进行健康检查的，扣1分；

4. 安排女职工或未成年工从事过禁忌劳动的，扣2分。

五、企业和职工依法参加各类社会保险，按规定缴纳社会保险费。(15分)

1. 五大社会保险完全参保的，得6分：养老、医疗、失业有一项社会保险没有参保的，该项考评不得分；其他两项保险没有参保的，一项扣2分。

2. 职工参加养老、医疗、工伤保险，参保率均在90%以上（含90%），得6分：在70%～90%的（含70%），扣2分；在50%～70%的（含50%），扣4分；在50%以下，不得分。

3. 企业按时足额缴纳社会保险费的，得3分；近两年有欠缴社会保险费情况出现的，不得分。

六、建立健全安全生产规章制度，认真执行安全生产各项规程，企业安全生产“三基”工作扎实。(10分)

1. 企业应当建立安全生产责任制；按规定设立安全生产管理机构，配备安全生产管理人员；制定安全生产规章制度，建立安全工作台账；按规定提取和使用安全费用。上述四项制度有一项没有建立的，扣4分；

2. 没有经常查找生产安全隐患，隐患整改没有做到定人定时定措施的，扣1分；

3. 没有制定并落实新工人上岗前的三级安全培训教育制度的，扣1分；

4. 特种作业人员没有全部做到持证上岗的，扣1分；

5. 没有制定并演练事故应急救援预案的，扣1分；

6. 没有组织“安康杯”竞赛企业“五个一”和职工“五个一”[①]活动的，扣1分；

7. 没有成立工会劳动保护监督检查组织的，扣1分。

七、建立劳动关系预警机制，健全劳动争议调解组织和制度，依法调解处理劳动争议，及时化解矛盾。(10分)

1. 认真搞好综合管理，及时疏导化解企业内部各类矛盾纠纷，积极开展企地共建活动的，得4分；综合治理工作不达标

---

① 据《关于评选2006年度浙江省“安康杯”竞赛活动先进集体和先进个人的通知》（浙安赛［2006］1号）之附件1，企业“五个一”分别是：建立一套安全卫生工作台账，公示一次安全卫生经费的提取和使用情况，进行一次企业与职工的安全卫生工作的平等协商，组织一次职工（代表）巡视安全卫生工作，组织一次职工（代表）对企业的安全卫生工作评议。职工“五个一”分别是：提一条安全卫生建议，查一起事故隐患或违章行为，写一条安全卫生体会，接受一次安卫生产知识培训，忆一次事故教训。——笔者注

的，不得分。

2. 建立健全劳动争议调解组织和制度，依法及时调解处理劳动争议，得3分：劳动争议调解委员会（简称调解委）组织不健全，制度不完善，扣1分；调解委处理纠纷没有记录的，扣1分；调解委处理案件不及时，超过期限的，扣1分。

3. 职工没有因其劳动权益受侵犯而提起劳动争议仲裁、诉讼，无劳动保障监察部门立案查处的案件，企业中未发生严重影响社会稳定事件，得3分：劳动争议仲裁、诉讼案件，每年3起以上（包括本数），或涉案职工5人以上的，扣2分；年内有职工投诉，劳动行政部门查处企业违法情况属实的，扣1分；企业近5年来，发生过集体上访或群体事件的，不得分。

八、依法建立工会组织及其相应的组织，依法拨缴工会经费，建立工会主动参与安全生产和职业卫生工作的机制。(5分)

1. 依法建立工会组织及其相应组织，并及时、足额缴纳工会经费并独立建账，得3分：拨缴工会经费不及时不足额的，扣2分；没有独立建立银行账户和实行单独核算的，扣1分。

2. 建立查找隐患、平等协商、签订协议、跟踪落实、持续改进的企业工会主动参与安全生产机制的，得2分：不组织职工查找事故隐患的扣1分；不建立安全生产劳资双方平等协商组织并开展活动的，扣1分。

九、建立健全职工（代表）大会、厂务公开等制度，完善企业民主管理制度，有效保障职工的民主决策、民主管理、民主监督的权利。(10分)

1. 职工（代表）大会制度完善，职工（代表）民主参与意识强，大会有实效性的，得4分：每年不能保证至少召开1次会议的，扣1分；职工（代表）大会制度的职权落实不到位的，扣1分；职工（代表）大会程序不到位，扣1分；职工民主参与意识不强，大会没有实质内容的，扣1分。

2. 实施厂务公开，收到较好效果，职工满意的，得3分：厂务公开领导小组不健全的，扣1分；没有制定厂务公开实施办法的，扣1分；公开的效果不好，职工满意度达不到80%的（随机调查），扣1分；有制度，没有实施的，不得分。

3. 企业内部规章制度健全，制定程序、内容合法，得3分：制定涉及职工切身利益的制度没有征求职工和工会意见的、规章制度内容有不合法的、没有向职工公布的，均不得分。

十、加强职工技能培训，落实职工培训教育经费；健全和落实职工生活保障和文体活动设施，开展经常性的职工文体活动，满足职工的精神文化需求。(5分)

1. 开展“创建学习型组织、争做知识型职工”活动，职业技能培训工作富有成效，职工教育经费落实的，得3分：无“创争”活动和培训计划的，扣1分；对职工没有进行文化技能培训的，扣1分；提取的职工教育经费，没有按规定用于一线职工培训的，扣1分。没有提取职工教育经费的，该项考评不得分。

2. 重视职工生活保障和文体活动的，经常开展职工文化体育活动，活跃职工业余生活的，得2分：没有生活设施也不提供经济补助的，扣1分；没有职工活动场所也不开展职工文化体育活动的，扣1分。

加分项目

1. 重视职工生活保障工作，职工宿舍、食堂、浴室、阅览室等设施落实，管理制度健全，环境优美，卫生良好的，加1分；

2. 企业开展劳动竞赛、合理化建议等活动，职工积极，成效明显的，加1分。

注：凡发生以下情况之一的，实行一票否决。

1. 非法使用童工；

2. 发生重大安全生产责任事故和重大急性职业中毒事件；

3. 违反劳动保障法律法规规定发生影响社会稳定的事件。

2007年11月，浙江省创建劳动关系和谐企业活动领导小组决定，授予99家企业“浙江省创建和谐劳动关系先进企业”称号，其中包括总部设在诸暨市枫桥镇的步森集团有限公司。

## 三　评选绍兴市劳动关系和谐企业

根据上述浙江省人民政府《关于开展创建劳动关系和谐企业活动的意见》，2006 年 6 月 15 日，绍兴市人民政府办公室出台了《关于开展创建劳动关系和谐企业活动的实施意见》（绍政办发［2006］119 号）。该《意见》的体例、结构与上述省人民政府的《意见》相似。该《意见》也要求“各地要根据本意见，结合当地实际，制定具体的实施方案以及具体的考核评价办法”，并具体地要求“各地参加创建活动的企业原则上不少于企业总数的 50%，职工人数在 200 人以上的企业都应参加创建活动”。为了做好这次评选表彰工作，绍兴市政府也成立了创建活动领导小组。该领导小组的成员由市政府、市总工会、市委宣传部、市综治办、市经贸委、市公安局、市劳动和社会保障局、市卫生局、市安监局、市国资委、市工商局和市工商联的主要负责人组成，领导小组下设办公室，办公室设在绍兴市总工会，负责创建活动的实施及评选、表彰等具体工作。与该《意见》同时出台的还有《绍兴市劳动关系和谐企业评价标准》。该“评价标准”分为五大类共 24 个小类，另外再加五种“实行一票否决”的情况。其中，五大类标准分别是：依法规范劳动合同（15 分，又进一步分为 3 个小类标准）；依法遵守劳动保障法律法规（30 分，又进一步分为 7 个小类标准）；建立健全劳动关系协调机制（20 分，又进一步分为 6 个小类标准）；依法加强工会组织建设（15 分，又进一步分为 3 个小类标准）；提升职工技能，关爱职工文化生活（20 分，又进一步分为 5 个小类标准）。“实行一票否决”的情况分别是：非法使用童工；发生重大安全生产责任事故和重大急性职业中毒事件；违反劳动保障法律法规而发生影响社会稳定的事件；未推行工资集体协商、集体合同制度；未建立综治组织，未开展“综治进企业”工作。

2007 年 9 月 4 日，绍兴市人民政府办公室又出台了《关于深化创建劳动关系和谐企业活动的通知》(绍政办发［2007］144号)，并同时出台了《绍兴市市级劳动关系和谐企业考核评价办法(试行)》。该《通知》进一步要求："积极开展绍兴市级、县(市、区)级、镇乡(街道、系统)级劳动关系和谐企业创建工作，力争到2009年底，创建活动在已建工会企业的覆盖率达到80%；劳动关系和谐企业达标率达到40%。"该《通知》规定：对照《绍兴市市级劳动关系和谐企业考核评价办法(试行)》，凡是综合得分在90分以上(含90分)的企业可申报"绍兴市劳动关系和谐企业"。对获得"绍兴市劳动关系和谐企业"称号的企业，免于工商部门、劳动保障监察机构的日常巡查(有投诉举报的除外)，并作为单位或经营者个人评选劳动模范、五一劳动奖状和五一劳动奖章的必要条件。这次出台的《绍兴市市级劳动关系和谐企业考核评价办法(试行)》与2006年出台的《绍兴市劳动关系和谐企业评价标准》大体相同，不同之处主要有三：一是考评内容增加了一个大类，即"注重环境保护"，分值为10分；二是调整了一些考评内容的分值，比如将"依法遵守劳动保障法律法规"的分值由原先的30分提高到36分；三是增加了"实行一票否决"两种情况，即"发生重大环境污染事故"和"企业经营者违反计划生育政策生育，企业未依法履行计划生育职责或者计划生育工作不达标"。

2010年4月，中共绍兴市委办公室、绍兴市人民政府办公室联合发文(绍市委办发［2010］48号)，决定调整绍兴市创建劳动关系和谐企业活动领导小组组成人员，改由市委副书记任组长(原先由一位副市长任组长)，成员单位由原先的12个增加到16个。这些变化体现了绍兴市委、市政府对开展创建活动的重视。2010年11月申报第三批绍兴市劳动关系和谐企业时，市创建活动领导小组又对前述《考核评价办法》进行了修订，主要是增加了"企业党组织建设""诚信经营、依法纳税"和"开展公益慈善活动"方面的考评内容，并调整了一些考评内容的分值。这些变化表明，考核评价涉及的内容越来越多了。

## 四　评选诸暨市劳动关系和谐企业

根据上述浙江省人民政府《关于开展创建劳动关系和谐企业活动的意见》，2006 年 6 月 8 日，诸暨市人民政府办公室出台了《关于在全市开展创建劳动关系和谐企业活动的意见》（诸政办发［2006］107 号）。该《意见》的体例、结构与上述省人民政府的《意见》相似。该《意见》规定了开展此次创建活动的“方法步骤”，它包括组织发动、自查自评、初检申报、检查审核、社会公示和命名授牌等阶段。其中，对“初检申报”的规定为：“各镇乡（街道）、产业（系统）工会会同有关部门按照创建标准对企业自评情况进行初检，得分在 90 分以上的企业填写《诸暨市劳动关系和谐企业申报表》（附事迹材料）报市创建活动领导小组办公室，同时指导、督促申报企业做好改进完善工作。”该《意见》规定：创建活动的结果将作为今后评定（授予）诚信企业、先进企业、五一劳动奖状和劳动模范、五一劳动奖章、优秀企业家等荣誉称号的重要依据之一。与前述浙江省、绍兴市一样，诸暨市也成立了创建活动领导小组，由分管副市长任组长，领导小组成员为市政府办公室、市总工会、市劳动和社会保障局、市委企业工作委员会、市经贸局、市综治办、市公安局、市卫生局、市工商局、市安监局、市工商联和市企业家协会（共 12 个单位）的主要负责人。创建活动领导小组下设办公室，办公室设在市总工会，负责创建活动的日常组织、管理等工作。与该《意见》同时出台的还有《诸暨市劳动关系和谐企业创建标准（试行）》。该《创建标准》分为六大类共 26 个小类，另外再加 3 个“一票否决项”。六大类标准分别为“劳动合同规范”（15 分）、“劳动标准落实”（20 分）、“协调机制完善”（15 分）、“工会作用明显”（15 分）、“职工素质提升”（15 分）和“企业健康发展”（20 分）。3 个“一票否决项”分别是：近三年内有使用童工现象；近三年内发生重大工伤死亡或职业危害事故；近三年内发生集体劳动争议或因劳动争议引发的群体性事件。

2007 年 4 月，第一批诸暨市劳动关系和谐企业名单揭晓，海亮集团、菲达集团、万安集团、天洁集团、盾安控股集团、浙江安丽工贸、八方控股集团、步森集团、宏磊集团等 50 家企业获得了这一称号。

2006 年 11 月，诸暨市创建活动领导小组出台了《诸暨市创建劳动关系和谐企业活动领导小组工作规则》和《诸暨市创建劳动关系和谐企业活动领导小组成员单位职责任务分工》（诸创和谐企〔2006〕1 号）。前一文件对领导小组办公室的主要职责做了如下规定：①提出创建工作计划和有关政策、措施的建议；②督查落实领导小组会议议定事项；③收集掌握全市企业创建活动开展情况；④负责召开办公室成员会议，研究创建活动中的有关具体问题；⑤与办公室成员单位之间进行沟通与协调；⑥负责领导小组各类文件、材料的起草；⑦负责领导小组会议筹备；⑧承办领导小组交办的其他事项。后一文件给市总工会分配了 5 项职责，分别是：①负责创建劳动关系和谐企业活动的日常组织、管理工作。做好年度工作计划、总结；抓好目标实施和督导落实；深入基层调查研究，掌握整体工作状况；搞好上传下达和有关会议筹备；负责与有关部门沟通、协调，完成市领导小组交办的各项任务。②按照《劳动法》、《工会法》、《集体合同规定》、《浙江省劳动合同办法》要求，协助政府执法主体做好对有关各项工作的指导、监督、检查和考核工作。③负责企业工会组建、职代会建立、集体合同签订、工资平等协商、劳动争议调解委员会建立、“安康杯”竞赛、安全生产劳动保护监督等涉及职工权益方面工作的指导。④对全市各级工会组织推进创建工作的情况进行指导、检查和督促。⑤为市创建活动领导小组提供有关综合资料和数据、情况。由于创建活动领导小组办公室设在市总工会，上述规定的出台，实际上是把大量有关的日常组织、管理等工作交给了市总工会。

2007 年 10 月，中共诸暨市委办公室、诸暨市人民政府办公室联合出台了《关于深化创建劳动关系和谐企业活动的意见》

（市委办［2007］129 号），调整了市创建活动领导小组成员，成员单位由原先的 12 个增加到 14 个（新增加的两个单位分别是市计划生育委员会和市环保局），仍由分管副市长任组长。领导小组下设办公室，办公室仍然设在市总工会。

2008 年 8 月，在组织第二批劳动关系和谐企业申报工作时，市创建活动领导小组出台了《诸暨市劳动关系和谐企业创建标准及评分细则》（诸创和谐企［2008］1 号文件之附 1）。就所涉及的评价内容来讲，该《创建标准及评分细则》与前述《创建标准》基本相同，仍为六大类共 26 个小类，不同之处主要有五。一是调整了一些“大类”的分值，比如将“职工素质提升”的分值由原先的 15 分降低为 10 分，将“企业健康发展”的分值由原先的 20 分提高到 25 分；二是调整了“大类”之下具体的创建标准；三是增加了评分细则，有利于具体操作；四是增加了具体执行“考评”任务的单位或部门；五是增加了 4 个“一票否决项”，分别是：发生重大环境污染事故；未推行工资集体协商、集体合同制度；未建立综治组织，未开展“综治进企业”工作；企业经营者违反计划生育政策或企业计划生育工作不达标（详见附 5－3）。这些变化表明考核评价的方法越来越完善。

这次（第二批）申报工作按照自查自评、初检申报、检查审核、社会公示、命名授牌的程序进行。2009 年 4 月，第二批诸暨市劳动关系和谐企业名单揭晓，海讯集团有限公司、浙江齐鲤机械有限公司等 52 家企业获得了这一称号。

## 附 5－3　诸暨市劳动关系和谐企业创建标准及评分细则①

一、劳动合同规范（15 分）

1. 企业与职工依法签订劳动合同，实行全员劳动合同制。

---

① 据诸创和谐企［2008］1 号文件之附 1。原为表格形式，经转换后，略去了“考评分工”单位。括号中的内容为“评分细则”。

（分值4分。劳动合同签订率100%得4分。100%以下扣1分，95%以下扣2分，90%以下不得分）

2. 劳动合同内容合法、程序规范，企业劳动合同管理到位，合同文本发还职工本人。（分值4分。劳动合同内容全面合法、程序规范、环节管理到位得4分。劳动合同内容不规范的扣1分，企业续订、解除、终止劳动合同程序不到位的扣1分，劳动合同没有发还职工本人扣1.5分，企业劳动合同档案不齐全扣0.5分；劳动合同违法不得分）

3. 企业认真履行劳动合同，无违约现象发生。（分值4分。企业认真履行劳动合同，无违约得4分。企业违反劳动合同引起劳动争议或被劳动部门查处1起扣2分，2起以上不得分）

4. 无侵害女职工特殊利益和未成年工合法权益的现象。（分值3分。企业依法维护女职工特殊利益和未成年工合法权益得3分。没有女职工特殊权益保护规定的扣2分，没有按规定对女职工落实“四期”待遇的扣1分，没有定期［每1~2年］对女职工和未成年工进行健康检查的扣1分；安排女职工或未成年工从事禁忌劳动的不得分）

二、劳动标准落实（20分）

1. 按照《劳动法》规定执行工时和休息休假制度。（分值3分。企业按照《劳动法》规定执行工时和休息休假制度得3分。每周工时制在44小时以上或实行综合工时制没有报批的扣2分，没有实行年休假制度的扣1分；无休息休假制度、每日加班超过3小时或每月加班超过36小时的不得分）

2. 按时足额发放劳动者工资，严格执行政府规定的最低工资标准。（分值5分。企业按时足额发放职工工资，严格执行政府规定的最低工资标准得5分。企业工资没有按月支付的扣2分，职工工资达不到最低工资标准的扣3分；企业拖欠职工工资超过两个月的不得分）

3. 按规定支付超时加班加点工资，且加班加点按规定程序执行。（分值4分。企业按标准支付加班工资并按月结算，且加班加点按规定程序执行得4分。加班工资没有按标准支付的扣2分，加班工资没有按月结算的扣2分，加班加点不按程序执行的扣2分；不支付加班工资不得分）

4. 企业依法为职工办理养老、医疗、工伤、失业、生育等各项社会保险，按时足额缴纳社会保险费。（分值4分。企业和职工依法参加各类社会保险，按规定缴纳社会保险费，个人账户手册发放到职工本人得4分。五项保险平均参保率低于100%扣1分，低于90%扣2分，低于80%扣3分；五项保险有一项没参保或平均参保率低于70%的、当年欠缴社会保险费的不得分）

5. 严格执行国家劳动安全卫生规程和标准，组织开展“安康杯”竞赛活动，安全生产和劳动保护的基层组织、基本设施、基础管理等“三基”工作扎实。（分值4分。企业关注职工身体健康，严格执行国家劳动安全卫生规程和标准，开展“安康杯”竞赛活动，“三基”工作扎实，消防安全达标得4分。企业违反职业安全卫生设施与主体工程“三同时”原则的扣1分，企业没有按规定提取和使用安全经费的扣1分，企业没有组织“安康杯”竞赛活动的扣1分，企业没有为职工提供符合国家规定的劳动安全卫生条件和必要的劳动防护用品、没有对从事职业危害作业的职工定期进行健康检查、没有建立职工健康档案的扣1分；企业没有建立健全的安全生产责任制和规章制度、没有配备专［兼］职的安全生产管理人员、无安全工作台账的不得分）

三、协调机制完善（15分）

1. 依法实行集体合同制度，集体合同的内容合法、程序规范、续签及时。（分值4分。企业依法推行集体合同制度，内容合法、程序规范、履约到位、续签及时得4分。集体合同没有经职代会通过或无协商会议记录的扣1分，合同到期没有及时续签的扣1分，合同内容不合法或履约不到位的扣2分）

2. 依法推行工资集体协商制度，职工工资随企业效益的提高逐步增长。（分值3分。企业依法开展工资集体协商并签订工资协议，职工工资随企业效益的提高合理增长得3分。工资协议没

有实质性内容或内容不全扣 1 分，履约不到位扣 2 分）

3. 建立健全劳动争议调解组织和工作制度，设立劳动争议调解员，依法及时调解处理劳动争议。（分值 3 分。企业建立健全劳动争议调解组织和制度，依法及时调解处理劳动争议得 3 分。劳动争议调解委员会组织不健全、制度不完善扣 2 分，劳动争议没有及时处理扣 1 分；无劳动争议调解组织、因劳动争议处理不当引发上访，不得分）

4. 建立劳动关系预警机制，设立外来职工联络员，依法及时合理地处理职工群众反映的问题，努力把矛盾、问题解决在基层和萌芽状态，企业综治工作达标。（分值 3 分。企业建立劳动关系预警机制，设立外来职工联络员，及时疏导化解企业内部各类矛盾纠纷、综治管理工作达标，得 3 分。没有建立综治工作站［联络员］扣 1 分，没有设立外来职工联络员扣 1 分，没有及时处理群众反映问题扣 2 分；企业综合治理工作不达标不得分）

5. 建立企业安全生产联合委员会，工会主动参与企业安全生产和职业卫生工作。（分值 2 分。企业成立安全生产联合委员会，建立查找隐患、平等协商、签订协议、跟踪落实、持续改进的工会主动参与安全生产机制得 2 分。企业没有推行“一卡一书”工作法扣 1 分，没有组织职工查找安全隐患或隐患整改没有做到定人定时定措施的扣 1 分；企业没有建立职业安全卫生联合委员会不得分）

四、工会作用明显（15 分）

1. 企业党组织健全，依法建立工会组织和女职工、经审等配套组织，职工入会率 95% 以上。（分值 5 分。企业党组织健全，依法建立工会组织及其相应组织，职工入会率 95% 以上得 5 分。工会无经审会、女职委等配套组织扣 2 分，职工入会率 95% 以下扣 1 分，80% 以下扣 2 分，60% 以下扣 3 分；企业无党组织、职工入会率 50% 以下不得分）

2. 工会具有独立法人资格和必要的办公、活动场所，各项工作达到规范化要求，为三星级以上“示范基层工会”。（分值 4

分。工会工作达到规范化要求，为三星级及以上“示范基层工会”得4分。企业工会无法人资格扣2分，无工会办公和活动场所扣2分，工会工作制度不健全扣1分，工会工作没有建立台账扣1分，会议活动开展不正常扣1分，企业工会非三星级以上“示范基层工会”扣3分）

3. 企业支持工会工作，依法及时足额拨解工会经费，工会经费单独建账。（分值3分。基层工会经费单独建账，企业行政按职工工资总额的2%划拨工会经费，基层工会按40%的比例上解上级工会得3分。企业行政划拨工会经费少于职工工资总额2%的扣1分，少于1%的扣2分，划拨不及时的扣1分；基层工会上解经费少于40%的扣1分，少于20%的扣2分；基层工会不单独建账不得分）

4. 职工（代表）大会、厂务公开等民主管理制度落实。（分值3分。职工［代表］大会、厂务公开等民主管理制度完善，保障职工民主权利得3分。企业没有建立厂务公开领导小组扣1分，无职代会制度扣1分，无厂务公开栏扣1分）

五、职工素质提升（10分）

1. 开展“创建学习型班组，争做知识型职工”活动，职工劳动竞赛、职业技能培训富有成效。（分值4分。企业开展创争活动、劳动竞赛、技能培训有计划，成效明显得4分。企业无创争活动、劳动竞赛计划扣2分；企业无职工培训中心扣1分；企业没有对职工进行统一的文化技能培训，一线职工无技能等级证书扣1分；企业每年开展职工技能比武等活动少于1次扣1分）

2. 按职工工资总额1.5%以上提取职工教育经费，60%以上用于一线职工教育。（分值3分。职工教育足额提取并按规定用于一线职工得3分。职工教育经费提取少于工资总额1.5%扣1分，用于一线职工少于60%扣1分；没有提取职工教育经费或用于一线职工少于30%不得分）

3. 开展职工文化体育活动，达到企业文化建设“五个一”要求。（分值3分。达到企业文化建设“五个一”要求，每年至少开展2次以上文体活动得3分。企业精神、企业之歌、企业报、文艺骨干队伍、文体活动场所五项缺一项扣1分，全年开展文体活动少于2次扣1分，无活动不得分）

六、企业健康发展（25分）

1. 企业依法诚信经营，利税逐年增长，效益居于同行业较高水平。（分值5分。企业依法诚信经营，利税年增长率不低于5%，效益处于同行业领先地位得5分。企业利税年增长率每低于5%扣1分，企业有违法经营行为不得分）

2. 企业内部规章制度健全，内容合法、程序民主、公示告知。（分值5分。企业内部规章制度健全，内容合法、程序民主、公示告知得5分。涉及职工切身利益的制度没有征求职工和工会意见或未经职代会讨论、规章制度内容不合法或没有通过有效方式向职工公示告知均不得分）

3. 企业重视职工生活保障工作，设施完善、制度规范、职工满意。（分值5分。企业重视职工生活保障工作，设施完善、制度规范、职工满意得5分。职工宿舍、食堂、浴室等设施缺一样扣2分，没有申报“十佳职工食堂”或“十佳职工宿舍［生活区］”扣1分，没有建立住房公积金制度扣1分，没有建立职工互助保障和困难职工帮扶制度扣2分）

4. 企业注重环境保护，各项指标达到环保考核要求。（分值5分。企业注重环境保护，各项指标达到环保考核要求得5分。有污染的企业无环保组织网络扣2分，无环保设施及制度扣3分；环保考评不达标不得分）

5. 企业热心社会公益事业，积极参与慈善捐赠等活动，社会反响良好。（分值5分。企业热心社会公益事业，积极参与慈善捐赠等活动，社会反响良好得5分。企业无社会公益行为不得分）

七、一票否决项（两年内）

1. 非法使用童工；

2. 发生工伤死亡或重大职业危害事故；

3. 发生集体劳动争议或因劳动争议引发的群体性事件；

4. 发生重大环境污染事故；

5. 未推行工资集体协商、集体合同制度；

6. 未建立综治组织，未开展“综治进企业”工作；

7. 企业经营者违反计划生育政策或企业计划生育工作不达标。

2010 年 10 月，在组织第三批劳动关系和谐企业申报工作时，诸暨市又调整了市创建活动领导小组成员名单，成员单位由原先的 14 个增加到 16 个（新增加的两个单位分别是市委办公室和市财政局），并改由市委副书记任组长、一位副市长任副组长。领导小组下设办公室，办公室仍然设在市总工会。这次（第三批）申报工作仍然使用上述《诸暨市劳动关系和谐企业创建标准及评分细则》，并仍然按照自查自评、初检申报、检查审核、社会公示、命名授牌的程序进行。2011 年 4 月，第三批诸暨市劳动关系和谐企业名单揭晓，浙江海亮股份有限公司、浙江盾安人工环境股份有限公司、浙江四通纺织服饰有限公司、浙江诸暨八方水泥有限公司等 66 家企业获得了这一称号。

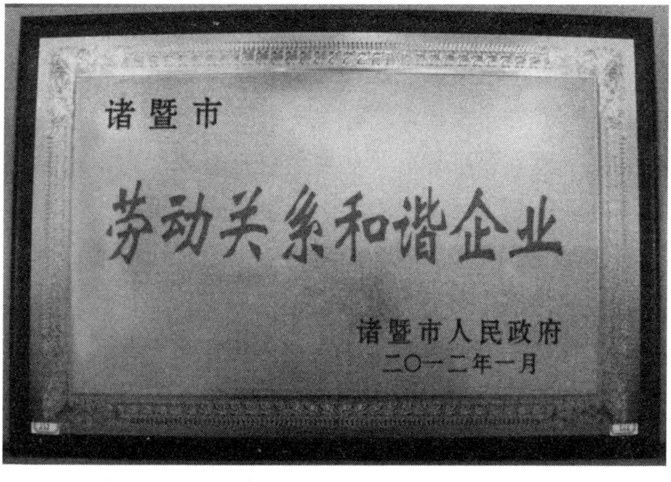


**图 5－3　“诸暨市劳动关系和谐企业”奖牌（摄于八方水泥有限责任公司）**

至此，诸暨市已评选、表彰过三批劳动关系和谐企业，全市已拥有全国劳动关系和谐企业4家、浙江省（或部）级劳动关系和谐企业10家、绍兴市级劳动关系和谐企业72家、诸暨市级劳动关系和谐企业168家。[①]

2010年11月30日，诸暨市创建活动领导小组办公室又进一步出台了《关于在劳动关系和谐企业中开展“最具亲和力企业”评选活动的通知》（诸创和谐企办［2010］3号）。该《通知》声称：“为加快党的十七大提出的要让广大人民群众‘学有所教，劳有所得，病有所医，老有所养，住有所居’目标实现，进一步提升我市劳动关系和谐企业在‘重职工民生，促社会和谐’中的引领作用，让广大职工群众能更多地共享改革发展的成果，决定在全市劳动关系和谐企业中开展‘最具亲和力企业’评选活动。”其评选对象为已获得市级及市级以上劳动关系和谐企业荣誉称号的单位。其申报条件有三，分别是：①遵守法律法规，保障职工权益。认真贯彻实施《劳动法》《工会法》等法律法规，履行劳动（集体）合同，重视职工劳动安全卫生，保证职工休息、休假，为职工建立“五险一金”制度，不断提高职工的工资福利待遇。②关心职工生活，化解职工困难。做到“食堂管理规范化、宿舍管理制度化、帮困扶贫经常化、文体活动普及化”，建立互助保障机制，适时组织职工参加健康体检和疗休养。③加强民主管理，提高职工素质。坚持职工（代表）大会制度，积极推行厂务公开，扩大职工的知情权、参与权和监督权。结合实际广泛开展职工培训教育、合理化建议、技术革新、发明创造、技能比武等活动。其评选步骤分为推荐申报、检查审核、组织投票和命名表彰四个阶段。最终，20家企业被评选为诸暨市“最具亲和力企业”。

2012年3月，诸暨市创建劳动关系和谐企业领导小组办公室

---

① 《我市已有全国劳动关系和谐企业4家》，“中国诸暨”网站，http://www.zhuji.gov.cn:7001/html/20040303000060/20120508019671.html。

又出台了《关于继续推进创建劳动关系和谐企业活动的若干意见》（诸创和谐企［2012］1号）。该《意见》提出了如下“目标任务”：“充分发挥和谐劳动关系先进企业的示范引领作用，以非公有制企业、中小企业为重点，不断扩大劳动关系和谐企业创建活动的覆盖面。已建工会的企业到2012年开展创建活动的要达到90%以上，到2013年实现创建活动全覆盖。通过开展创建活动，引导广大企业积极履行社会责任，严格执行劳动法律法规规章和政策，切实保障职工合法权益。”该《意见》还提出了以下“激励措施”。

（1）市财政拨出专项经费，对获得各级“劳动关系和谐企业”称号的企业实行奖励，全国级奖励20万元，浙江省级奖励5万元，绍兴市级奖励1万元，诸暨市级奖励0.5万元。

（2）企业评选五一劳动奖状、企业主要负责人评选劳动模范、五一劳动奖章等荣誉时，原则上须是获得市级劳动关系和谐企业以上称号的企业。

（3）各有关部门对涉及企业和经营者的各类评优评先活动中，把和谐劳动关系创建活动情况作为重要条件和依据，同等条件下优先推荐。

（4）各有关部门对获得市级劳动关系和谐企业以上称号的企业在办理有关行政许可事项时应提供绿色通道；对市级劳动关系和谐企业申报国家和省有关支持项目，在同等条件下优先推荐；财政专项资金管理部门对和谐企业申报的市级项目，在同等条件下优先给予支持。

## 五　小结

从以上叙述可知，这项“创建活动”具有两个基本特点：一是地方党委和政府对它十分重视，不仅由主要领导（如副市长、副书记）担任领导小组组长，而且有十多个党政部门参与。二是它的创建或考核标准涉及的内容十分宽泛，其基本宗旨是通过这种创建活动来引导、激励、督促资方及其代理者遵守有关的法律法规，落实相关政策并建立相关制度。也可以认为，开展这种创建活动实际上是依靠党和政府的力量来约束资方及其代理者的相关行为。

# 第六章

# 强化职工生活后勤保障

所谓强化职工生活后勤保障，主要是指改善企业职工就餐、居住和文化体育活动等方面的条件。在诸暨市，这种“强化”工作始于2002年开展的“十佳职工食堂”评比活动。后来，这种单一的“十佳”评比活动被升级为“双十佳”和“四个十佳”评比活动。开展这种评比活动，实际上也是地方政府软性调控劳资关系的一种手段。

本章将首先介绍这种“十佳”评比活动的基本做法，然后，再扼要介绍一些知名企业在强化职工生活后勤保障方面取得的主要成就。

## 一 “十佳”评比活动的基本做法

从2002年开始，诸暨市每年开展“十佳职工食堂”评比活动，并于2005年起增设了“十佳职工宿舍（生活区）”的评比。这种“双十佳”评比活动由诸暨市精神文明建设委员会办公室、诸暨市卫生局和诸暨市总工会三家联合发文，事先设定考评标准，由企业对照考评标准自行申报，经镇乡（产业）工会审查后推荐出初选名单，再由三家主办单位组成评审委员会深入企业实地考评，最后根据得分高低确定表彰名单。

开展这项评比活动虽然由三家单位联合发文，但负责有关日常工作的是诸暨市总工会。2007年，全省工会“强保障，促和谐”活动经验交流会在诸暨市召开，诸暨市总工会“双十佳”评比工作获省工会创新工作优秀奖，诸暨市总工会获省创建劳动关系和谐企业活动先进单位。2008 年 8 月，在全省工会“强保障、促和谐”经验交流会上，诸暨市总工会介绍了自己的三点经验：第一点是找准定位，充分认识职工生活后勤保障工作的现实意义，认为在新形势下，维护职工合法权益应从职工生存发展权上做文章，这是最基础的职工维权工作；第二点是突出重点，确保职工生活后勤保障工作取得实效，提出开展职工生活后勤保障工作的基本原则是“坚持职工所盼和企业所需”；第三点是创设机制，加强职工生活后勤保障工作制度建设，其中谈道：

通过几年的努力，我市的职工生活后勤保障工作基本上形成了全面发动、规范运作的良好格局，具体可归结为四大机制的创设。

一是部门联动机制。无论是“双十佳”的评比，还是困难职工的帮扶，包括企业文化建设和“共建共享”活动，我们都充分借助相关部门的力量，整合资源，联袂行动，使职工生活后勤保障工作成为相关部门的工作重点，合力推进。最近，我们又与市卫生局联合开办“职工健康教育流动课堂”，让健康教育专家走进企业，帮助职工。

二是舆论引导机制。我们会同市委宣传部建立了工会新闻宣传联席会议制度，对职工后勤保障工作的先进单位和企业，精心策划表彰活动并借助诸暨电视台、诸暨日报等媒体进行宣传报道，通过舆论引导增强企业的荣誉感和责任感。如 2004 年的“双十佳”和“百优”的表彰我们就采用了电视颁奖晚会的形式，收到了很好的宣传效果，社会影响不断扩大。今年 1 月 25 日，中央电视台《东方时空》栏目又专题报道我市海亮集团生活后勤保障工作情况。

三是典型示范机制。我们非常注重培养和发现企业在开展职工生活后勤保障工作中涌现出来的各类先进典型，通过现场会、经验交流会、参观学习等形式推广他们的做法，从而以点带面，推动全市形成关心职工生活的良好氛围。如富润集团早在1996年就建立了特困职工基金会，有一套规范的操作程序，我们2006年召开重点规模企业座谈会，请富润集团介绍经验，使这项工作在全市顺利推开，当年就有32家企业建立职工互助基金会。

四是考评激励机制。我们把职工生活后勤保障工作列入工会重点工作目标考核内容，并作为创建劳动关系和谐企业和各类先进评比的重要条件，激励企业向更高的标准靠拢。同时，我们在“双十佳”评比中，采用复评淘汰制，对复评不合格的企业取消荣誉称号，引导企业持之以恒做好工作。[①]

**图6－1　“十佳职工食堂”奖牌（摄于菲达集团）**

2007年9月，浙江省总工会出台了《关于开展以“强保障、促和谐”为主题的职工生活后勤保障推进活动的意见》（浙总工发［2007］94号），决定在全省企业开展以“强化生活后勤保障、促进劳动关系和谐”为主题的职工生活后勤保障推进活动。该《意见》首先强调了开展“强保障、促和谐”主题活动的重要意义，认为它“是工会组织服务职工、促进发展，实现共建共享目标的重要举措；是落实中国特色社会主义工会维权观，切实解决职工最关

① 参见诸暨市总工会《让企业职工体会到家的温暖》，诸暨市总工会网站，http：//www.zjzgh.cn/html/2008/20080808160029.shtml，2008－08－08。

心、最直接、最现实问题的重要内容；是发挥企业工会作用，增强企业工会凝聚力的重要环节”。接着，该《意见》提出了“强保障、促和谐”主题活动的主要内容，即积极协助企业在发展生产的同时切实解决好吃、住、卫生、文化娱乐等职工企业生活条件；督促企业落实职工疗休养等权利；建立职工困难援助机制，发挥工会在改善职工生活条件、构建和谐劳动关系中的推动作用。相应地，其基本要求是：①推动企业改善职工生活条件，包括改善就餐条件、居住条件和文体活动条件；②建立职工困难援助机制，包括建立互助保障机制和工伤救援机制；③落实职工体检和疗休养制度。该《意见》还提出了该主题活动的工作目标，即“到2010年末，全省60%以上的规模以上建会企业开展活动，30%以上村工会、行业工会在其覆盖的生产经营单位中开展活动。总结一批不同类型的活动示范单位。推动职工生活后勤保障工作规范化制度化建设，促进职工生产生活条件随着企业的发展不断改善，劳动关系和谐稳定”。该《意见》还强调：“要努力形成党委重视、政府支持，工会推进、企业合作的工作格局。各级工会要把开展推进活动作为增强企业工会活力的重要工作来抓。凡企业生活后勤保障不达标单位不能作为‘合格职工之家’、‘三级联创’先进、‘创建劳动关系和谐企业’的评选对象。要把开展职工生活后勤保障推进工作作为职工参与企业民主管理和平等协商、集体合同的重要内容。”

此后，诸暨市的“双十佳”评比活动被扩展为开展职工生活后勤保障“四个十佳”（十佳职工食堂、十佳职工宿舍、十佳职工文体中心、十佳职工互助保障会）评比活动。2009年又新增加了“职工生活后勤保障工作综合示范企业”命名活动，对获得“四个十佳”的企业授予该称号。与此同时，活动的组织者也由原先的三个增加到四个，增加的组织者为中共诸暨市委企业工作委员会。关于“四个十佳”评比活动的具体情况，下面这份由中共诸暨市委企业工作委员会、诸暨市精神文明建设委员会办公室、诸暨市总工会和诸暨市卫生局联合出台的《通知》（诸总工［2010］39号）写得很清楚，不妨照录如下。

# 关于在全市企业中开展强保障、促和谐“十佳职工食堂、十佳职工宿舍、十佳职工文体中心、十佳职工互助保障会”暨“职工生活后勤保障工作综合示范企业”评比活动的通知

各镇乡、街道工会（总工会），市级产业、系统工会，市属基层工会：

近年来，全市各级工会积极参与“强保障、促和谐”主题活动，以深化职工生活后勤保障规范化建设为抓手，着力改善职工生活条件，在凝聚职工人心、稳定职工队伍、促进企业和谐发展等方面起到了积极的促进作用，取得了良好的社会反响。为进一步加强我市职工生活后勤保障工作，推动“建家园、聚人心、促和谐”活动向纵深发展，市委企工委、市文明办、市总工会和市卫生局，决定在全市企业中开展“十佳职工食堂、十佳职工宿舍、十佳职工文体中心、十佳职工互助保障会”和“职工生活后勤保障工作综合示范企业”评比活动。现将有关事项通知如下：

一、评比对象与条件

（一）评比对象：全市范围内职工数在50人以上的企业。

（二）评比条件：

1. 十佳职工食堂

（1）有一个环境优美、宽敞明亮的就餐场所，配有必要的硬件设施，清洁整齐；

（2）有一套完善的职工食堂管理制度，并上墙公布，切实执行；

（3）有一支较高素质的工作人员队伍，并有专人负责，责任到人；

（4）有一种伙食丰富、价格合理的经营方法，并得到多数职工的满意。

2. 十佳职工宿舍

（1）生活区内住宿、盥洗、厕所等设施齐全，有管理制度和

专管人员，公共秩序良好；

（2）生活区内环境整洁优美，用具物品摆设规范、清洁；

（3）同室人员生活习惯良好，团结友爱，遵纪守法，无不良记录。

3. 十佳职工文体中心

（1）有专门的职工运动场所、活动室和配有一定数量的体育器具；

（2）经常性开展职工文体活动；

（3）配有供职工娱乐的阅览室、电视室、电脑室和多功能厅。

4. 十佳职工互助保障会

（1）建立经职工（代表）大会讨论通过的《职工互助保障会章程》；

（2）职工参加互助保障人数占企业职工人数的85%以上，企业行政出资不少于职工互助出资总额；

（3）职工互助保障资金的运作由工会按《章程》规定操作。

二、评比方法与步骤

首先由镇乡、街道、产业、系统工会指导督促所属企业申报，并提出推荐意见（市属工会企业直接申报）。然后由联办部门组织考核组根据评比细则，从硬件、软件和职工满意度等方面对申报企业逐一进行综合考核和比较。最后经联办部门分别确定“四个十佳”企业名单。

三、表彰与奖励

对获得“十佳”的企业，由组委会成员单位发文表彰并颁发光荣匾，同时在市级新闻媒体上公布。对“四个十佳”全部获得企业，授予“诸暨市职工生活后勤保障工作综合示范企业”称号。

四、工作要求

开展“强保障、促和谐”暨“四个十佳”及“职工生活后勤保障工作综合示范企业”的评比活动，是全面贯彻落实科学发展观，关注职工民生，树立以人为本理念，最大限度地调动、保护、发挥职工群众积极性、主动性、创造性，促进企业建立和谐稳定劳动关系，推动企业持续、健康、快速发展的有效载体。各级工会一定要抓住机遇，乘势而上，积极主动地开展工作，争取企业经营者的支持配合。申报材料请登录诸暨市总工会网站 www. zjzgh. cn“公告栏”或“职工维权”下载，并于2010年12月20日前报市总工会权益保障部（电话：略）。

中共诸暨市委企业工作委员会
诸暨市总工会
诸暨市精神文明建设委员会办公室
诸暨市卫生局
二〇一〇年十月二十五日

上述《通知》附了五个附件，分别如下。

**附1　诸暨市“十佳职工________”申报表**

| 企业名称 | | | | | |
|---|---|---|---|---|---|
| 所在地址 | | | | | |
| 法人代表 | | 联系电话 | | 职工数 | |
| 工会主席 | | 联系电话 | | 会员数 | |
| 申报主要理由 | 盖　章　　年　月　日 | | | | |
| 镇乡、街道、产业、系统工会意见 | 盖　章　　年　月　日 | | | | |
| 验收审核意见 | 盖　章　　年　月　日 | | | | |
| 备　注 | 要求上报所申报项目介绍材料一份，能具体说明该项目的规模、配套、运作、管理、职工参与及满意度等情况。项目的评分细则请查阅市总工会网站 www. zjzgh. cn“公告栏”或“职工维权”。 | | | | |

附 2　诸暨市“十佳职工食堂”评比细则

| 项目 | 评分细则 | 自评分 | 考评分 |
| --- | --- | --- | --- |
| 食堂设施20分 | 1. 配置专用食堂，生产区与生活区分开（5分） | | |
| | 2. 配置专用餐厅，职工有舒适的用膳条件（5分） | | |
| | 3. 设有专门的储藏室（5分） | | |
| | 4. 配置各种机械化餐具（5分） | | |
| 管理制度15分 | 1. 建立食堂卫生制度（5分） | | |
| | 2. 建立膳管会，实行民主管理制度（5分） | | |
| | 3. 建立饭、菜价格每天上墙制度（5分） | | |
| 清洁卫生30分 | 1. 食堂具有市食品卫生监督机构颁发的卫生许可证，工作人员持健康证和食品卫生培训合格证上岗（5分） | | |
| | 2. 配置专职或兼职卫生管理人员，每日检查食品质量和食品卫生并做好记录（5分） | | |
| | 3. 工作人员注意个人卫生，做到“四勤”，上岗时穿白色工作服、戴工作帽（5分） | | |
| | 4. 建立熟食间，生熟食品分开存放；配置消毒箱，所有器具严格消毒（5分） | | |
| | 5. 保持内外环境整洁，室内地面每天清扫，无苍蝇、老鼠、蟑螂污迹，垃圾箱和泔水桶加盖并每日清理（5分） | | |
| | 6. 无食物中毒事故发生（5分） | | |
| 食堂质量20分 | 1. 保持食物新鲜，无糜烂食物，无隔日菜（5分） | | |
| | 2. 饭菜花色品种多，每餐主食2种以上，菜肴品种5种以上，色、香、味讲究（5分） | | |
| | 3. 由膳管会研究制定每周菜谱，荤素搭配，营养全面（5分） | | |
| | 4. 每天进行成本核算，保证饭菜价格合理（5分） | | |
| 服务态度15分 | 1. 炊事人员有较高的技术素质，至少2名以上持有技术等级证书（5分） | | |
| | 2. 工作人员服务态度好，努力为职工用膳提供方便（5分） | | |
| | 3. 经常征求职工意见，不定期开展民主测评，不断改进服务质量（5分） | | |
| 合　计 | | | |

## 附 3　诸暨市“十佳职工宿舍”评比细则

| 项目 | 评分细则 | 自评分 | 考评分 |
|---|---|---|---|
| 生活设施30分 | 1. 生活区与生产区分开，为单幢或以上公寓式职工宿舍楼（7分） | | |
| | 2. 宿舍人均建筑面积不少2平方米，室内净空高度不低于2.5米，每室住宿人员不超过10人（5分） | | |
| | 3. 每人一铺，双人床两铺间高度不低于0.8米（5分） | | |
| | 4. 每间宿舍都配有卫生间和阳台，洗漱晾晒等设施齐全（5分） | | |
| | 5. 宿舍内配有电扇（或空调）、储物柜、写字台等设施（4分） | | |
| | 6. 配有适当数量的夫妻房（4分） | | |
| 安全设施10分 | 1. 消防设施齐全，按有关规定配置和安装（5分） | | |
| | 2. 有两个及以上的安全疏散通道并保障畅通（5分） | | |
| 活动设施10分 | 1. 有室内活动室，配置图书、电视、棋牌等学习和活动器具（5分） | | |
| | 2. 有室内活动场地并配置专门活动器具（5分） | | |
| 居住环境10分 | 1. 宿舍采光、通风情况良好（4分） | | |
| | 2. 环境优美，绿化面积达到20%以上（3分） | | |
| | 3. 四周无乱搭乱建、乱停乱放现象（3分） | | |
| 清洁卫生20分 | 1. 卧具干净并统一叠放，物品摆放整齐（4分） | | |
| | 2. 门窗、玻璃干净、明亮，室内无蚊蝇、蜘蛛网等，墙上不乱贴乱画（4分） | | |
| | 3. 地面干净，无痰迹、果皮纸屑（4分） | | |
| | 4. 卫生间器具清洁，无异味、无积水、无污垢（4分） | | |
| | 5. 建有垃圾站房或垃圾收集设施，垃圾袋装化（4分） | | |
| 管理情况20分 | 1. 有专职管理人员（5分） | | |
| | 2. 有宿舍管理制度并上墙（5分） | | |
| | 3. 开展文明宿舍评比等活动（5分） | | |
| | 4. 宿舍内成员团结互助，无赌博、酗酒等违法乱纪现象（5分） | | |
| 合　计 | | | |

附 4 诸暨市“十佳职工文体中心”评比细则

| 项目 | 评分细则 | 自评分 | 考评分 |
| --- | --- | --- | --- |
| 体育设施35分 | 配有篮球场，得10分；羽毛球场，得5分；乒乓球室，得5分；台球室，得5分；健身房，得5～10分 | | |
| 文化设施35分 | 1. 配有多功能厅，得10～15分 | | |
| | 2. 配有不少于100平方米的图书室、阅览室和500册以上图书及20种以上报刊，得15分 | | |
| | 3. 配有不少于50座以上的电视室，得5分 | | |
| 活动开展15分 | 1. 年度有职工文体活动计划，得5分 | | |
| | 2. 每季组织职工文体活动不少于1次，得10分 | | |
| 管理制度15分 | 1. 各文体活动场所有管理人员和管理制度，得10分 | | |
| | 2. 各文体活动场所整洁有序，得5分 | | |
| 合　计 | | | |

附 5 诸暨市“十佳职工互助保障会”评比细则

| 项目 | 评分细则 | 自评分 | 考评分 |
| --- | --- | --- | --- |
| 行政支持30分 | 企业行政对职工互助保障会的出资不少于职工互助出资总额，得30分 | | |
| 职工参与30分 | 职工参加互助保障人数达到企业职工总数的85%以上，得30分 | | |
| 操作规范25分 | 制订《企业职工互助保障会章程》并经职工（代表）大会讨论通过，得10分；互助保障资金由企业工会按《章程》规范操作，得15分 | | |
| 反响良好15分 | 职工对职工互助保障会的建立和企业党政工对困难职工的帮扶求助措施满意度在85%以上，得15分 | | |
| 合　计 | | | |

图 6－2　“诸暨市十佳职工文体中心”奖牌（摄于八方水泥有限责任公司）

## 二　一些知名企业的具体做法

下面三篇文章分别介绍了诸暨市三家知名企业——海亮集团有限公司、浙江盾安人工环境股份有限公司和步森集团有限公司的具体做法。这三篇文章虽然都是各企业根据诸暨市总工会的要求而撰写的（再由诸暨市总工会提供给笔者），其中难免有些自夸的成分，但笔者都去这三家企业做过实地调查，感觉他们所说的基本上符合事实。

### 海亮企业职工生活后勤保障工作汇报

（海亮集团有限公司，2010 年 10 月）

笔者按：海亮集团有限公司创办于 1989 年，总部位于诸暨市店口镇，是一家以铜加工、金属贸易、节能环保、能源矿产、房地产、股权投资、基础教育为主的综合性特大型国际化民营企业集团。集团控股 80 余家子公司，总资产 453.7 亿元。2008 年，海亮股份（股票代码：002203）在深交所上市。2012 年集团实现营业收入 785.2 亿元，实现净利润 25.3 亿元。企业综合实力位居中国企业 500 强第 157 位、中国民营企业 500 强第 17 位，中国房地产企业 100 强第 53 位，浙江省百强企业第 9 位。[①]

据诸暨市总工会于 2011 年 12 月 30 日出台的《关于表彰企业职工生活后勤保障工作先进单位的决定》（诸总工［2011］47 号），海亮集团有限公司荣获诸暨市首届“十佳职工文体中心”和诸暨市首届“十佳职工互助保障会”称号。

**图 6－3　海亮集团总部办公大楼**

一、完善的生活配套设施

2004 年，海亮集团投资 1.3 亿元建成占地 260 余亩，集办公、住宅、休闲活动为一体的海亮花园社区。社区各项配套设施一应俱全，包含食堂、超市、职工书屋、健身房、灯光篮球场、网球场、羽毛球场、乒乓球、台球、室外游泳场、室外健身器材等生活设施。在员工住宿方面，公司为每间员工公寓，包括下属

① 据《集团概况》，海亮集团网站，http：//www.hailiang.com/jt.htm，2013 年 5 月 21 日查阅。

三个工业园区的员工宿舍免费配置空调、彩电，并开通有线电视、宽带和电话。为了方便市区员工，公司每周都有专车免费接送员工往返。

**图 6－4　海亮花园社区一角**

二、丰富的业余文体生活

海亮十分重视丰富职工业余文化生活，在集团总部社区会馆、浙江海亮股份有限公司、浙江科宇金属材料有限公司分别设立了职工书屋并配备专职工作人员。三个职工书屋的总面积近 200 平方米，藏书 4500 余册，全部免费提供给员工及家属借阅。此外，集团工会联合会经常组织开展员工文体活动，员工运动会、大合唱比赛、龙舟比赛已成为海亮员工展示风采的重要平台，健身俱乐部、舞蹈俱乐部、羽毛球俱乐部等俱乐部的成立使员工能够根据自身喜好参与到健身娱乐活动当中。从今年 10 月 1 日起，公司在原海亮花园酒店的基础上，改造建成一个集教育培训、企业展示、党建文化、体检疗养、餐饮住宿、休闲健身等功能于一体的“海亮员工之家”，内设有海亮管理学院、海亮党校、企业展示中心、党建文化中心、海亮疗养院、体检中心和海亮花园酒店等七大部分。“海亮员工之家”的成立标志着海亮在完善员工福利工作上，逐步走上了规范化、科学化的道路。

图 6-5　海亮花园酒店

三、贴心的健康体检服务

海亮体检中心位于海亮疗养院内，设有内科、外科、五官科、B 超、心电图等 9 个科室，配备了美国四探头 iU22、三探头飞利浦彩色超声波检查仪、贝克曼库尔特 DXC800 生化检查仪、飞利浦 X 光仪（DR）、12 道福田心电图扫描仪等世界先进设备。随着“海亮员工之家”的成立，体检中心将服务范围扩大，除了全体在职员工和退休员工每年均可免费体检一次，新员工需工作满半年后享受同等待遇外，在海亮工作满 15 年以上的员工，其配偶每年可随同该员工免费体检一次；工作满 20 年以上的员工，其父母、配偶每年可随同该员工免费体检一次。

四、细致的生活后勤保障

为了及时帮助企业内部困难职工和遭遇突发事故的职工及其家庭渡过难关，2006 年 2 月，集团工会在继续资助困难职工的基础上成立了职工互助基金会。基金会成立 5 年多以来，先后资助困难职工 13 个批次，资助金额总计 92.84 万元，共有 148 名困难职工获得帮助。除职工互助基金这类特殊保障外，公司常规后勤保障工作和物业管理工作也开展得十分细致，在海亮花园社区和集团总部办公大楼，处处窗明几净、绿意盎然；员工家里或者宿舍出现水电设施之类的问题，只需一个电话就能解决。无微不至的服务基本消除了员工日常生活的后顾之忧。

## 强化三个保障，促进和谐发展

（浙江盾安人工环境股份有限公司，2011 年 11 月）

笔者按：浙江盾安人工环境股份有限公司位于诸暨市店口镇，其前身是 1987 年成立的店口振兴弹簧厂，2004 年成为上市公司，2009 年实现销售收入 22.81 亿元。[①]

据诸暨市总工会于 2011 年 12 月 30 日出台的《关于表彰企业职工生活后勤保障工作先进单位的决定》（诸总工［2011］47 号），该公司荣获“诸暨市职工生活后勤保障工作综合示范企业”称号。

**图 6－6　盾安集团总部办公大楼**

浙江盾安人工环境股份有限公司是中国 500 强企业盾安集团下属核心企业，经过二十余年的奋斗，已发展成为一家专业

① 据该公司提供给笔者的《公司简介》。

经营制冷自控元器件、中央空调整机（含商用、特种、军用空调）和风机、热交换器、压力容器、再生能源利用、冷链、新能源、智能控制等系统集成业务的上市公司（股票简称：盾安环境；股票代码：002011）。公司是制冷配件行业的龙头企业，最具竞争力的中央空调品牌企业之一，中国第一家为核电站配套生产核级冷水机组且拥有自主知识产权的企业。目前旗下拥有制冷配件、环境优化与系统集成、热工与冷链、新能源四大块产业，以事业部模式运营。公司致力成为世界一流的为社会和人类提供节能、环保、智能、健康的人工环境系统的供应商、运营商。

近年来，公司以提高员工生活质量为目的，以促进企业和谐发展为宗旨，以“强化组织管理保障，强化硬件设施保障，强化活动经费保障”为措施，全力营造和谐良好的企业氛围，实现了员工与企业共同发展的良好局面。现将情况简要汇报如下。

一、强化组织管理保障

1. 成立创安商务服务有限公司

为了更好地服务员工，提高员工满意度，浙江盾安人工环境有限公司于 2008 年 10 月设立了诸暨市创安商务服务有限公司，专业负责店口区域各子公司后勤保障工作，现有管理人员 11 名，服务人员 54 名。创安商务有限公司管辖生活区，占地 29800 多平方米，有 3 个职工食堂、13 栋职工宿舍楼、2 个员工俱乐部、2 个篮球场、2 个羽毛球场等服务场所。创安商务公司通过集约化统一管理，降低后勤物资采购成本，提升后勤服务的专业化水平，深得广大员工的好评，为企业员工提供了便捷、优质的服务。

2. 人力资源中心负责人任创安商务总经理

为了更完善地管理后勤服务，更深入地走进基层员工，公司董事会安排由人力资源中心负责人、工会主席担任创安公司总经理，使招工与留人有机结合，管理与服务有情融合，使如何招聘培养人、如何创造条件留住人，真正成为人力资源中心的中心工作。

3. 建立完善的福利制度体系

（1）成立员工互助基金会

为弘扬互助互爱的企业文化，本着关爱员工、和谐发展及为员工排忧解难的精神，对员工因伤、病、意外灾害等造成的生活苦难给予一定救助，缓解员工生活困难的客观需要，以增强公司团队精神和凝聚力，公司于2008年4月1日建立了盾安环境员工互助基金会。

公司员工互助基金会以“互助互济、救急救难”为宗旨，平时多次为员工排忧解难，春节期间也通过互助基金向公司的困难员工和退休员工送上节日的问候。互助基金会还结合市总工会“金秋助学”活动，为困难职工子女发放就学救济金。两年多来，互助基金总共发放资金86.55万元，130多名困难员工、3户地震受灾家庭得到救助，至今账户余额还有200余万元。

（2）落实职工体检旅游节假日福利制度

公司福利标准中规定，管理岗位员工、特殊岗位员工、在公司工龄2年以上的一线员工，公司每年组织一次300元/人的体检；对有特殊贡献人员、年龄在45周岁以上员工按400元/人的标准体检。公司每年在9～10月组织一次员工淡季旅游活动，从而让员工能健康地与企业共成长，同时公司对春节、国庆、中秋、端午等节日都作了明确的假日福利规定。

二、强化生活设施保障

1. 改进食堂设施，提升管理品位

（1）科学现代的食堂硬件设施

公司现有食堂2处，能同时容纳1000余人就餐，两个食堂内都配有液晶电视、音响、电子屏幕菜单、换气扇、空调等一流的硬件设置，让员工在餐厅中能得到工作之余的放松。今年创安商务还派专人去外地调研了自动化设备的情况，准备引进先进的自动化设备，如洗碗机、切菜机，提高食堂自动化、清洁化水平。

（2）规范细化的食堂管理标准

创安商务从事食堂管理后，把餐饮业管理“五常法”作为食堂的首项管理制度，并用看板形式公示。常组织、常整顿、常清洁、常规范、常自律是食堂员工每日的“必备课”，食堂每个责任区域都是落实到人，创造了一个文明、卫生、规范、有序的就餐环境。

公司实行了一周菜谱早知道的措施，食堂宣传专栏每周推出营养知识宣传。根据每周编排的菜单，由定点供应户将菜送到食堂，实现产需直接对接，所有菜单、菜价上网、上墙公示，做到透明化和公平性。

（3）精益求精的服务监督

公司发放 150 元/月的补助餐费统一划入食堂消费卡，基本解决了员工中餐的消费。食堂还开展了一系列的活动，如厨师创造菜肴——食堂职工厨艺大赛创造出了佛跳墙等精品菜肴。同时为了让利员工，食堂全部由公司自主零利润经营管理，不定期邀请食品卫生监督部门来食堂进行卫生检查，每季度由第三方（企管部门）组织进行食堂满意度调查，接受全体就餐员工的监督和评定。

**图 6-7　员工食堂的电子屏幕菜单（摄于 2011 年 3 月 3 日）**

**图 6-8　员工在食堂用餐（一些员工一边吃饭一边填答调查问卷）（摄于 2011 年 3 月 3 日）**

**图 6-9　员工食堂的米饭 0.5 元一碗，如果不够，可以免费添加（摄于 2011 年 3 月 3 日）**

2. 提高宿舍档次，营造优美环境

公司宿舍分为套间、单间、双人间。套间一室一厅一厨一卫，面积约 45 平方米，内配席梦思、空调、电视机、热水器、饮水机、衣柜、办公桌、凳子等生活用具。双人间、单间 25 平方米左右，配备普通木床，其余设施和套间相同。单间集体宿舍配备叠床 3 张（6 人一间），其余设施和套间相同。每个房间带有独立阳台、卫生间，每个宿舍均开通网络宽带。

今年，新的宿舍楼又开始投入使用，新宿舍楼以快捷酒店为标准进行装修，主要面向的对象是一线骨干员工、荣获先进的优秀员工和技术人员，新宿舍正在逐步完成入住工作。

**图 6－10　员工宿舍楼之一（摄于 2011 年 3 月 3 日）**

三、强化文娱活动保障

1. 建造和完善活动设施

为了丰富员工的精神生活，创造一个学习和娱乐的生活平台，公司新建禾田俱乐部，设有健身房、会议室、娱乐活动室、卡拉 OK 等设施，是一个设施完善、环境优雅的员工俱乐部。

公司设有 3 处阅览室，总占地面积约 350 平方米；另设置棋牌室、台球室、洗衣房等，并设有专职管理员负责卫生清理、书籍的保护及定期更换。现职工书屋藏书 3000 册以上、报刊 20 多个品种，涉及财会、管理、科技、营销、文学、技术等 20 多个类别，从下午 14：00 到晚上 21：00 开放，优雅的环境，良好的学习氛围，获得了浙江省总工会颁发的职工

**图 6-11　职工书屋（摄于 2011 年 3 月 3 日）**

书屋称号。

2. 组织和落实员工活动

公司工会年初确定全年的活动计划和活动预算，确保每月都有丰富多彩的娱乐活动，如深受员工喜欢的七夕穿针引线活动、十月登高活动、元宵节猜灯谜活动等。

2008 年以来，公司每年都举行运动会，盾安环境总部及其下属 12 家外地子公司均派队参加运动会。运动会分设男女百米、接力、立定跳远、铅球等田径项目，以及篮球、乒乓球、羽毛球等球类比赛和绑腿跳、拔河等趣味性体育项目，进一步凝聚人心，展现良好的职工精神风貌和优秀的企业文化。

公司还通过划小核算单位，开展基层员工自主管理，如开展“我的班组我做主”活动，提高企业终端管理水平，鼓励并引导车间自行组织娱乐活动。每年各个工厂、事业部不定期组织各类文体活动，来强身健体、愉悦身心，释放生理、心理的压力，使广大职工在文体活动的平台上进行安全和信任的竞技交流和思想情感的交流。

例如，为了“迎司庆”，盾安环境冷配事业部三厂举办趣味运动会，分设赶球接力、绑腿跑、袋鼠跳，来自各科室、各车间的100余名青年员工组成15支队，争名夺冠。

“强保障，促和谐”工作需要我们不懈地努力。我们相信，在上级政府、工会的协助配合下，在公司领导的关心支持下，我们一定会做得更好，让员工更满意，使我们的企业又好又快又稳地发展。

## 步森集团公司的经验

笔者按：步森集团有限公司总部位于诸暨市枫桥镇，创建于1985年，是一家以服装服饰为主导产业，以建材业、房地产业、流通贸易业为新兴产业的大型企业集团公司，现有员工3500余人，总资产近20亿元。集团现拥有浙江步森服饰股份有限公司、四川利万步森水泥有限公司、内蒙古呼伦贝尔步森百货大楼有限公司等10家控股或参股子公司，其中，浙江步森服饰股份有限公司已于2011年在深圳证券交易所上市（步森股份：002569）。集团连续多年被评为中国服装行业双百强企业，步森品牌已连续九年入选“中国最具价值品牌500强”。①

据诸暨市总工会于2011年12月30日出台的《关于表彰企业职工生活后勤保障工作先进单位的决定》（诸总工［2011］47号），步森集团有限公司荣获诸暨市首届“十佳职工文体中心”和诸暨市首届“十佳职工互助保障会”称号。

---

① 据《企业简介》，步森集团有限公司网站，http：//www.busen-group. com/guanyubusen/qiyejianjie/。

图 6－12　步森集团办公大楼（右侧的建筑为生产厂房）

一、改善职工生活后勤保障

为了改善职工住宿环境，步森集团斥资 600 多万元用于员工公寓楼的全面装修改造。改造后的员工宿舍共有房 300 多间，可安置员工 600 余人。每间均有阳台、独立卫生间，配置美的壁挂式空调、华帝电热水器和康佳 26 寸壁挂式液晶电视，并已开通宽带网络。每人配置全新家具一套，包括卧床、衣柜、书桌、储物柜、椅子等。

宿舍楼里的全部房间、走廊、过道等墙体粉饰一新，每个房间的门窗也经过重新油漆，大楼还安装了烧水炉，24 小时免费供应热水。公司还在宿舍楼设立公共厨房和洗衣室，为住宿员工提供更多便利。

安居才能乐业。宿舍改造工程极大地改善了员工的居住环境，营造了温馨整洁的家园氛围，令广大员工切实感受到了公司领导的关爱之心。2011 年，公司老员工到岗率达到 95% 以上，没有出现用工荒的情况。

二、困难帮扶工作情况

步森集团工会每年都做好困难职工调查摸底工作，不断补充完善困难职工档案，对员工情况做到“三清楚”，即困难原因清

图 6－13　员工公寓楼（摄于 2010 年 11 月 4 日）

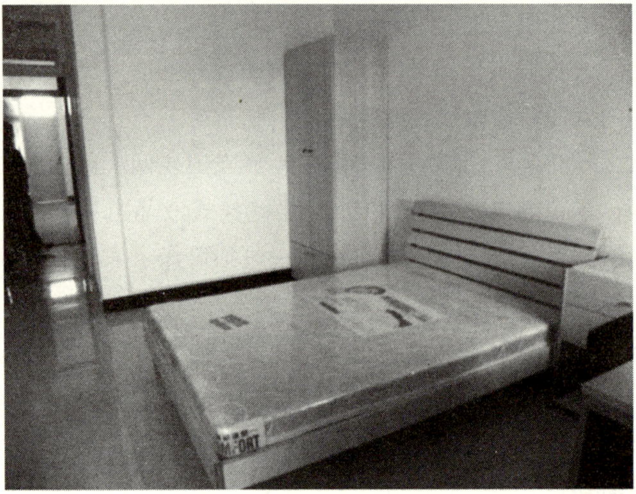

图 6－14　改造后的员工宿舍（夫妻间）（摄于 2010 年 11 月 4 日）

楚、家庭地址清楚、联系方式清楚，随时掌握困难员工情况，跟踪帮扶，做到节日重点帮扶和经常帮扶两不误。多年来，集团工会每年春节都会安排公司领导走访慰问困难职工和退休老职工，为他们送去油、米等年货和红包。平时，职工如有突发困难或碰上天灾人祸，工会都会在第一时间派人上门了解情况并送上慰问金。去年夏天，集团工会开展“送清凉”活动，为生产一线和后勤保障的高温岗位送防暑饮料王老吉2000多箱；步森首届金秋助学活动，为23位员工的28名子女颁发金秋助学金，奖金总额29000元，解决了部分困难职工子女就学难的问题。此外，公司工会积极动员职（员）工参加“五险一金”“雇主责任保险”和“人身意外伤害保险”，先后为职工挽回200余万元的经济损失。步森集团工会用真情筑起的“温暖工程”，为广大职工撑起了一片爱的天空，促进了企业的和谐发展。

三、职工互助保障情况

步森爱心基金会是步森职工自己的公益性基金会，成立于2001年，是在集团董事会、总经理班子支持下，由集团党委和工会牵头专门成立的，旨在用“互帮互助”的形式，“一人有难、众人相助”，集合全体职工的力量来共同抵御困难。

步森是有近3000名职工的大型企业，近几年来，由于各种特殊原因，特困职工有所增多。为进一步增强步森爱心基金会的实力，扩大救助面，经集团工会广泛征求意见，确定每年3月28日为募捐日。步森职工互助保障会的资金来源主要是行政划拨和职工内部的捐款。为确保步森爱心基金会募捐及救助活动的顺利开展，公司工会专门调整了基金理事会班子，并完善了相应制度，这将使步森职工互助保障会的运作更加规范有序。

为保证资金的规范有效使用，职工互助保障会设置了秘书处。哪位职工发生了特殊困难，在本人提出申请后，保障会即派人员调查核实，然后将困难情况反馈秘书处，再将补助意见报理事会和集团领导审批。整个救助过程公开、透明。

互助保障会成立7年来，得到了员工的广泛支持和认可。每年参加募捐的员工达到90%，已先后救助300多名困难员工，发放爱心基金50多万元，帮助他们共渡难关。互助保障会已成为帮扶工作中的知名品牌，受到职（员）工们的广泛赞誉。它使广大员工进一步感受到了步森这个大家庭的温暖与安全，也为促进社会和谐、增强企业凝聚力和实现企业年度目标注入了更强大的内在动力。

四、加强外来员工管理

步森是一家劳动密集型的服装企业，为满足生产经营的需要，公司从管理层到生产一线外来员工的比例越来越大。到目前为止，步森已有 800 多名外来员工，占公司员工总数的四分之一，这些外来员工主要来自河南、安徽、四川、重庆、江西等多个省市地区，已经成为公司生产经营活动中一支不可或缺的重要力量，从维护公司生产经营秩序，促进企业健康快速发展和保障地方安定团结的角度出发，加强外来员工管理势在必行。

步森集团工会一直以来十分重视外来员工的管理，多年来，一直在摸索创新外来员工管理模式。从 2007 年开始，步森集团工会建立了外来员工联络员制度，并制定了联络员管理制度。联络员是由各分工会在车间、班组、科室进行挑选、推荐，最后由集团工会确定的责任心较强、工作能力较好的外地员工。联络员的职责主要是及时向其他外来员工传达和解释上级有关政策、规定及企业的重要决策、举措，向工会反映外来员工对企业的意见和要求，这样上情下达，下情上达，便于沟通与交流，起到企业与外来员工之间的桥梁纽带作用。联络员实行一年一聘，并定期召开座谈会，通报企业情况，征求外来员工在生活和工作上的意见建议等。比如 2010 年，联络员向公司反映外来员工宿舍住宿房间少、没有夫妻房、环境较差、管理乱的情况后，总经理班子经过讨论后决定投入 600 多万改善员工住宿，所有房间都配备独立卫生间、空调、热水器、有线电视、宽带网络等，还专门装修了两个楼层的夫妻间供夫妻双方都在步森的员工居住。公司还在外来员工生活区设立了健身房、健身路径、篮球场、图书室等，为职工开展文化娱乐活动提供方便。对于在外租房的外来员工，公司还给他们发放住房补贴。目前，公司有外来员工联络员 16 人，为了鼓励他们多向公司反映外来员工的工作和生活情况，工会还给他们补贴每月通讯费。外来员工联络员在公司外来员工管理上起到了很关键的作用，不但方便了公司管理，也融洽了公司和外来员工的关系，使企业人性化的管理内涵更全面、更丰富。

有一批外来员工已在公司工作 10 来年，早已把步森认同为自己的家了。

五、颁发《步森集团思想政治工作试行条例》

《步森集团思想政治工作试行条例》是由步森集团工会经过多次调研汇编的，在集团三届一次职工代表大会上审议并通过。[①]该《条例》分七章，共五十条。其具体内容涉及职工的生日、结婚、生育、生病、亡故以及思想情绪、家庭矛盾、家庭遇灾、集体宿舍、文体活动、拥军优属、互助帮扶和退休职工等思想生活管理的众多方面，此外也包含了工资发放、工龄补贴、请假休假、“五险一金”、劳动用工、劳动保护、劳动争议、人才聘用、教育培训、评优创模、考核奖励和职代会厂务公开、合理化建议制度等劳动管理、民主管理的诸多方面，并且，每个方面或每项内容都责任落实到人。可以说，该《条例》充分体现了群众利益、尊重职工、依靠职工，使职工的急难事情有人帮、生老病死有人管、喜怒哀乐有人问、意见建议有人听、好人好事有人夸、不良倾向有人抓。

反映在《条例》中的这些特色做法主要有：

——每个员工（含退休职工）的生日，公司要给予祝贺，所有生日职工均可获得由公司总经理签名的“生日贺卡”和生日蛋糕券一份。职工结婚，可免费领取由公司工会赠送的衬衫一件、领带一条，如在诸暨境内举办婚礼可向公司申请使用公司小车作为婚车。

——为丰富职工的业余文化生活和加强学习教育，建立各类业余协会，每个协会全年组织业余活动不能少于 2 ~ 3 次，并在年底总结评比，对全年活动正常并有成效的协会给予奖励。鼓励职工业余时间参加继续教育，凡通过自学取得中专学历以上（助理级职称或新职业资格四级以上）的给予一次性 300 元至 3000

① 该《条例》全文见步森集团“步字［2010］第 9 号”文件之附件。该《条例》自 2010 年 11 月 1 日起试行。——笔者注

元不等的奖励。

——为鼓励员工长期为企业服务，设立工龄补贴（工龄补贴视企业发展和效益的增长逐步增加），并每两年对工龄满 8 年以上的职工、中层管理人员、先进模范和车间管理人员组织一次外出考察旅游活动。对劳动模范、优秀专业技术人才、老领导、老员工等贡献突出的人员，每年春节要组织慰问，或组织适当的休养活动。为体现对职工身体健康的关心，每两年组织一次职工免费健康检查。

——职工家庭有困难或发生纠纷，或受处罚处分等要派人家访；职工情绪波动时，要开展谈心交流，做好思想疏导工作，疏导结果及时上报党委、工会。职工（包括长期临时工、外包人员）生病住院，都要派人上门探访慰问。职工家庭如遭遇重大灾祸，要及时组织走访、慰问，协助安顿好生活，解决急难问题。对遭灾严重，造成重大经济损失，自身无力解决的，可向步森爱心基金会申请救助。同时积极协助有关部门办理保险理赔、申请救助金等。如有职工亡故，派员进行慰问，并要敬献花圈和做好亡故职工家属的抚恤工作。

——集团建立职工爱心互助机制，对困难员工积极开展帮扶活动。凡自愿加入步森爱心基金会的职工，平时遇到突发性急难时，可向基金会申请救助。基金理事会按《章程》审定并实施补助。

——为加强外来员工与企业之间的联系，协调外来员工之间的关系，建立外来员工联络员制度，外来员工联络员可用手机、电话、短信、书面等方式向公司工会反映情况、提出建议，外来员工联络员每月发放通讯补贴。

——职工参军要召开欢送会，并赠送衬衫一件。服役期间每年“八一”节安排对其家属进行慰问；每年春节期间组织对服现役的职工家属和各类伤残军人进行慰问。对各类复退转军人严格按相关规定解决好待遇问题，对企业军转干部，既要落实执行好政策，又要实实在在帮助困难军转干部解决实际问题，并切实加强党员干部与军转干部的日常联系沟通工作。在岗职工参军退伍后继续回到公司上班的，参军期间工龄照算。

——职工退休时要做好欢送工作，退休手续办妥后赠送一份纪念品。有关集团生产经营、技术改造、管理工作等重大事项和重要精神，要传达到退休人员。组织好退休老同志的活动，利用支部大会等形式传达集团和上级的政策精神，倾听退休职工的思想和要求，扩大思想沟通的渠道。特别是关系到退休职工切身利益的各级文件、规定，有关部门应及时传达到每一个相关人员。每年春节来临期间，组织对退休干部职工进行家访和慰问。

总而言之，《条例》是步森集团坚持以人为本实现企业发展目标和要求的重要制度，其内容丰富具体，具有较强的可操作性。制定该《条例》旨在贯彻“我为你，你为他，人人为步森，步森为大家，大家为国家”的思想道德准则，营造团结温馨的步森大家庭氛围，为企业生产经营和改革发展提供良好保障。[①]

## 三　小结

这种由工会与几个党政部门联合开展的“十佳”评比活动，旨在引导、激励资方及其代理者改善职工的就餐、住宿、文化娱乐等方面的条件。这样做，可以直接提高职工的生活满意度，增强他们对企业的归属感，从而在一定程度上达到调动职工的劳动积极性、预防劳资矛盾、维持良好的生产秩序的目的。因此，一般来讲，资方是乐意配合甚至支持有关部门开展这项工作的，规模比较大、经济效益比较好的企业更是如此。

对职工生活后勤保障进行强化之后，私营企业承担的社会功能也就增加了，它们越来越像“小社会”。相应地，外来职工

---

① 在诸暨市，最早出台《思想政治工作条例》的企业是富润控股集团有限公司。早在 1996 年，该公司就出台了《经常性思想政治工作条例》，后来又分别于 1999 年、2003 年、2004 年、2006 年、2008 年、2011 年和 2013 年做了七次修订。——笔者注

（主要是农民工）对企业的依赖性也增强了，他们在尚难融入企业所在的城市或地区的情况下，可以通过生存于企业而生存于企业所在的城市或地区（详见第十一章的分析）。

虽然每年获得“十佳”称号的企业只占极少数，但参与这种评比活动的企业还是很多的，我们不可忽视获奖企业、参与企业对其他企业的示范和引领作用。

# 第七章

# 对非公有制经济代表人士进行政治安排与综合评价

中共中央统战部 2005 年 12 月出台的《关于规范使用统一战线工作中若干重要称谓的意见（试行）》规定：在泛称个体工商户、私营企业主、股份制公司中的自然人股东等非公有制经济人士群体时，宜用“非公有制经济人士”称谓，对其中代表人士可称“非公有制经济代表人士”。外国投资者不宜称为“非公有制经济人士”；港澳台侨胞投资者也不宜称为“非公有制经济人士”。因此，这里所说的“非公有制经济代表人士”并不包括外国投资者以及台湾同胞、香港同胞、澳门同胞和海外侨胞投资者。

随着非公有制经济的快速发展和非公有制经济人士队伍的快速壮大，开展对非公有制经济代表人士的团结、帮助、教育和引导工作，就成为党的统战工作的重要内容，其中的两项重要工作就是对非公有制经济代表人士进行政治安排与综合评价。这种政治安排与综合评价具有多方面的重要意义，无疑，它也是党和政府软性调控劳资关系的一种手段。

本章将首先介绍对非公有制经济代表人士的政治安排情况，然后，分别介绍中共中央统战部和中共诸暨市委统战部牵头开展的针对非公有制经济代表人士的综合评价活动，最后，将进一步探讨开展这种综合评价活动的重要意义。

## 一 对非公有制经济代表人士的政治安排

谈及对非公有制经济代表人士的政治安排，容易让人想起20世纪50年代我国在资本主义工商业的社会主义改造过程中对资产阶级的政治安排。

1955年11月，中共中央召开了关于资本主义工商业改造问题的会议，会议通过了《中共中央关于资本主义工商业改造问题的决议（草案）》，1956年2月中共中央政治局对这个《决议》作了个别修改，并追认它为正式决议。这个《决议》第（四）部分指出："我们对于处理资本家的生产资料所有制和处理地主的土地所有制，二者之间有着很大的差别。……我们对于资产阶级，第一是用赎买和国家资本主义的方法，有偿地而不是无偿地，逐步地而不是突然地改变资产阶级的所有制；第二是在改造他们的同时，给予他们以必要的工作安排；第三是不剥夺资产阶级的选举权，并且对于他们中间积极拥护社会主义改造而在这个改造事业中有所贡献的代表人物给以恰当的政治安排。在资产阶级没有别的出路的条件下，这是他们能够接受的方案。资产阶级中不仅有相当一批代表人物，而且这个阶级中的绝大多数人，已经公开表示接受这样的方案。这种做法就是使得我们有可能在阻力较少的道路上逐步地实现资本主义企业的社会主义变革。"①从上述文字我们可以看出，当时的"政治安排"具有三个基本特点：一是被安排的对象是被改造的资产阶级中间的代表人物；二是被安排的前提是"积极拥护社会主义改造而在这个改造事业中有所贡献"；三是这种安排的目的是为了"在阻力较少的道路上逐步地实现资本主义企业的社会主义变革"。

几乎与此同时，1955年12月，中央统战部出台了《关于对

---

① 《中共中央关于资本主义工商业改造问题的决议》（1956年2月24日），新华网，http://news.xinhuanet.com/ziliao/2004-12/30/content_2394487.htm。

资产阶级代表人物工作安排中的平衡问题的意见》。该《意见》指出：今后资产阶级代表人物在国家机关、人民代表大会和政治协商委员会中安排的名额，应适当增加。对资产阶级代表人物中有一定工作能力和业务专长、政治上基本清楚的人，应当积极吸收参加国家机关的领导工作（如任正、副厅局长，专业公司的正副经理等职务）。对少数政治影响较大、对国家有贡献的代表人物，应当提拔安排为副省长、副市长、人民委员会委员和政协副主席政协常委等。

1979 年以后，随着我国的私营企业从无到有、异军突起，对非公有制经济代表人士的政治安排问题亦提上了议事日程。从后来的实际情况来看，对非公有制经济代表人士的政治安排主要包括以下四种情况：①把他们提名、选举为各级人大代表甚至人大常委会委员；②通过协商和选举，让他们担任各级政协委员甚至政协常委会委员；③把他们提名、选举为各级党代会代表；④通过推荐、协商或选举，让他们在有关人民团体如青联、工商联、侨联中担任领导职务。

担任各级人大代表、政协委员是两种影响最大的政治安排。之所以说这两种政治安排的影响最大，主要是因为在各级人大代表和政协委员中私营企业主越来越多，这经常成为每年“两会”期间人们纷纷议论的一个话题。有关统计资料显示，1993 年 3 月，第八届全国政协委员中有 23 位私营企业主，1998 年第九届增加到 48 位，2003 年第十届增加到 65 位，2008 年第十一届则超过 100 位。在全国人大代表中，第九届有 48 位私营企业主，第十届增加到 200 多位，第十一届则进一步增加到 300 位左右，约占代表总数的 10%。[①]

具体到各个省、市、县，人大代表和政协委员中私营企业主占的比重可能还会更高。比如，据中共诸暨市委组织部统

---

① 张厚义：《私营企业主阶层成长过程中的若干问题分析》，载汝信等主编《2011 年：中国社会形势分析与预测》，社会科学文献出版社，2010。

计，截至2008年6月，在全市企业经营者中，有全国人大代表1名；浙江省人大代表4名、政协委员1名；绍兴市人大代表30名、政协委员13名；诸暨市人大代表120名（约占诸暨市人大代表总数的33.9%）、政协委员144名（约占诸暨市政协委员总数的44.4%）。此外，还有诸暨市人大常委会兼职常委3名、诸暨市政协兼职常委9名。[①]在现任的诸暨市政协委员（共330名）中，有非公有制经济人士135名，占总数的40.9%。[②]

自从允许私营企业主入党之后，把他们提名、选举为各级党代会代表便成为另一种重要的政治安排。2002年，中共十六大修改党章，将党章中党员发展对象里“其他革命分子”修改为“其他社会阶层的先进分子”。私营企业主也成为因社会变革而出现的六大新的社会阶层之一。当年，江苏的沈文荣、朱相桂、蒋锡培、昝圣达，浙江的邱继宝，重庆的孙甚林和广东的刘思荣等7位民营企业家成为中共十六大代表。随后，在中央政策的鼓励下，各级党委开始有限度地选择优秀的“老板”加入执政党。2007年，中共十七大提出，代表中“要有适当数量的新经济组织和新社会组织的党员”，民营企业家党代表的数目进一步增加到17名。5年之后，在党的十八大代表（共2270人）中，民营企业家进一步增加到27人。[③]具体到诸暨市，据中共诸暨市委组织部统计，截至2008年6月，在全市企业经营者中，有浙江省党代

① 据2010年10月中共诸暨市委组织部、中共诸暨市委企业工作委员会合编的《凝聚——诸暨市非公有制企业党建工作十年历程》（内部资料）一书第32页。

② 这个数据由诸暨市委统战部于2013年10月31日提供给笔者。据有关人士介绍，政协委员的人数是按照界别来安排的，为了让其他界别的委员数量达到要求，可能会把一些本来是或同时是非公有制经济人士的委员登记（统计）为其他界别的委员，因此，非公有制经济人士的政协委员的实际数量可能要比这个统计数据显示的多。

③ 任腾飞、李宁：《“民企党代表比例有增加，仍需解放思想”——访“新阶层入党论”主要提出者之一、中国企业研究院首席研究员李锦》，《中国企业报》2012年8月14日第5版。

表2名、绍兴市党代表17名、诸暨市党代表56名。[①]

还有一种重要的政治安排是让私营企业主在各级工商联担任领导职务。在1988年召开的全国工商联第六次代表大会上，私营企业主首次入选了执行委员会。2000年12月发布的《中共中央关于加强统一战线工作的决定》（中发〔2000〕19号）要求"工商联会长一般要由党外人士担任"。随后，中央统战部制定了《关于非公有制经济代表人士担任省级工商联会长试点工作的意见》，并在重庆、浙江、贵州开展了试点工作。作为试点的成果之一，2002年7月，浙江传化集团董事长徐冠巨当选了长期由省政协副主席担任的浙江省工商联会长。此后，在各级工商联的领导人士（会长、副会长）中，私营企业主占的比重越来越高。具体到诸暨市，在市工商联的现任29名副会长中，私营企业主占了26名。[②]

总的来讲，近20年来，党和政府对非公有制经济代表人士的政治安排表现出以下趋势：一是被安排的人数越来越多，二是被安排的行政级别越来越高，三是被安排的实质性影响越来越大。

与这种变化趋势相关的一个问题是：如何对非公有制经济代表人士进行合适的政治安排？或者说，如何提高政治安排的有效性和准确性？对非公有制经济代表人士进行"综合评价"是解决这个问题的一条重要途径。

## 二 中央统战部统一开展的"综合评价"活动

据中央统战部网站公布的《非公有制经济代表人士综合评价

① 据2010年10月中共诸暨市委组织部、中共诸暨市委企业工作委员会合编的《凝聚——诸暨市非公有制企业党建工作十年历程》（内部资料）一书第32页。

② 中共诸暨市委统战部网站，http：//www.zjtzb.com/news_ show.asp？id =67，2010 - 12 - 27。

工作》①一文的介绍，开展非公有制经济代表人士的综合评价工作，是新世纪新阶段经济领域统战工作的一项基础性和开创性工作，是中央统战部五局近年来力抓的一项重点工作。此项工作自2005年启动以来，大致经历了局部试点、全面试行以及深入推动等三个阶段。

（一）局部试点阶段。2005年6月，在国家发改委、国家工商总局、国家税务总局、劳动与社会保障部、国家环保总局、全国总工会、全国工商联的支持下，中央统战部下发了《关于开展非公有制经济代表人士综合评价试点工作的通知》（统办发［2005］（五）38号），决定在山西、辽宁、上海、江苏、浙江、四川六省（市）和银川、温州二市开展非公有制经济代表人士综合评价试点工作。试点工作得到了当地党委和政府的重视和支持，各地抽调了精干力量，成立了由统战部牵头，工商、税务、劳动保障、总工会、工商联等部门负责同志参加的领导机构和工作班子。为保证试点工作顺利进行，一些试点单位还划拨了专门经费，一些省市从高校、研究机构、机关聘请专家、抽调人员，组成模型设计小组，进行联合攻关，制定了试点方案并报党委和中央统战部。到2006年初，各试点省市陆续提交了试点总结报告。2006年3月底，中央统战部在杭州市召开了综合评价试点工作总结会议，试点工作圆满结束。

（二）全面试行阶段。2006年5月，中央统战部根据试点总结情况，决定形成统一格式、统一标准的体系指标，并指定浙江省负责修改完善综合评价体系，供中央统战部在全国推广，同时组织该体系的软件开发。3个月后，中央统战部启动了在全国开展非公有制经济代表人士综合评价工作，并正式下发了《中央统战部关于开展非公有制经济代表人士综合评价工作的意见（试行）》（中统发正［2006］14号）。该《意见》规定各级统战、总工会、工商联、发改委（经贸委）、科技、劳动和社会保障、人民银行、税务、工

① 中共中央统一战线工作部网站，http：//www.zytzb.cn/publicfiles/business/htmlfiles/tzb2010/S1820/200911/574180.html，2008-12-23。

商、环保、安全生产等部门为综合评价的主评单位，人大、政协、公安、法院、计划生育、质量监督、检验检疫、统计等部门作为协评单位参与协助综合评价工作。评价对象为已作政治安排和拟作政治安排的非公有制经济代表人士。评价内容包括四个方面[①]：①思想政治素质：主要反映非公有制经济代表人士思想政治状况和现实表现，涉及政治态度、参政议政能力、企业文化建设及支持所在企业党、团、工会组织建设和发挥作用情况等 5 个评价要点；②履行社会责任情况：主要通过非公有制经济代表人士依法经营、参与社会公益事业、参与社会主义新农村建设以及参与构建社会主义和谐社会的情况，反映其社会责任意识，包括对待员工的态度、参与光彩事业、捐资助学、赈灾、扶贫等公益事业以及参与环境保护、自然资源保护情况等 7 个评价要点；③企业发展与经营管理状况：主要通过企业的年检、纳税、信用、资产状况和行业地位以及企业发展战略、技术创新能力等情况反映非公有制企业经营管理水平、遵章守法和企业发展潜力等情况，包括 4 个评价要点；④个人修养及公众形象：主要涉及非公有制经济代表人士的个人操守及在业内和社会上的口碑，包括 2 个评价要点。以上四个方面的内容被分解为 18 个评价要点，分别由主评单位和协评单位根据不同的指标项，按照 A、B、C、D 四级予以评定。统战部根据各部门的评定等级进行汇总，根据专门研制的软件进行分类处理，为代表人士建立正规的个人档案，并根据其发展变化的情况进行动态的管理。

该《意见》要求评价工作要遵守以下程序：①在当地党委的领导下，由同级统战部门牵头，参加综合评价的主评单位组成综合评价工作领导小组。经领导小组研究，确定评价对象并发放《非公有制经济代表人士综合评价信息登记表》。②评价对象按要求进行自我评价，向所在地综合评价领导小组办公室报送《非公有制经济代表人士综合评价信息登记表》。③主评单位和协评单

① 详见下面的《非公有制经济代表人士综合评价标准》。——笔者注

位根据《非公有制经济代表人士综合评价信息标准》的要求，考察考核评价对象的情况，认真填写《非公有制经济代表人士综合评价信息登记表》和《非公有制经济代表人士综合评价部门评价汇总表》的有关内容，签署部门意见。④评价对象所在地统战部和工商联向评价对象所在经济组织的党团工群组织了解、核对有关信息。⑤由统战部牵头召开由主评和协评单位参加的联席会议，根据《非公有制经济代表人士综合评价信息登记表》和《非公有制经济代表人士综合评价部门评价汇总表》等综合信息，研究做出最终的综合评价结果。

截至 2008 年 7 月，全国有 29 个省（市）按照上述文件的要求采取有效措施开展了综合评价工作（成立由分管副书记牵头的领导小组，从县、市、省三级层面上展开）。

（三）深入推动阶段。为了进一步推动综合评价工作，2007 年中央统战部重点抓了两个方面的工作。一是把握工商联换届这个契机，基本确立了“凡进必评”的原则。主要是通过文件、会议等形式强调要求各地在工商联换届过程中，必须坚持“凡进必评”原则，把开展综合评价作为对非公有制经济人士进行政治安排的前置程序和主要依据。二是与浙江省委统战部、浙江省工业大学合作，成功研发了全国非公有制经济代表人士综合评价管理信息系统，并于 2007 年 7 月份在杭州市召开了综合评价软件操作培训班，各省、自治区、直辖市及 15 个副省级城市党委统战部软件操作人员参加了培训。

### 非公有制经济代表人士综合评价标准[①]

一、思想政治素质

1. A 级：注重政治理论学习，积极参加统战部门等组织的学

① 中央统战部制作，原为表格，其评价标准从高到低分为 A、B、C、D 四个等级，这里只列 A 级和 B 级标准。

习培训和劳动（参与率不低于80%）；B级：注重政治理论学习，能参加统战部门等组织的学习培训和活动（参与率不低于70%）。（评价主体：党委统战部）

2. A级：积极参加人大会议或活动（参会率达70%以上），每年至少有1～2件议案被采纳；B级：能参加人大会议或活动（参会率达50%以上），积极建言献策，每年有议案。（评价主体：人大）

3. A级：积极参加政协会议或活动（参会率达70%以上），每年至少有1～2件提案被采纳；B级：参加政协会议或活动（参会率达50%以上），积极建言献策，每年有提案。（评价主体：政协）

4. A级：企业党、团、工会组织健全，有场所有收费，并积极支持或参与组织活动，能按章程和法规开展正常活动，党、团员模范作用好；B级：企业党、团、工会组织健全，有场所有经费，能按章程和法规开展正常活动，作用发挥较好。（评价主体：党委统战部）

5. A级：积极参加省工商联（商会、协会）组织的会议和活动（参会率80%以上），并积极献计出力；B级：积极参加省工商联（商会、协会）组织的会议（参会率60%以上），有选择地参加省工商联（商会）组织的活动。（评价主体：工商联）

二、履行社会责任情况

1. A级：工商企业信用监管评价为AAA、AA级；B级：工商企业信用监管评价为A级。（评价主体：工商局）

2. A级：纳税信用等级为A级；B级：纳税信用等级为B。（评价主体：国税地税）

3. A级：自觉遵守环保法律法规，污染物达标排放，无环境污染事故，无群众投诉，无环境违法行为行政处罚记录，企业生产工艺、装备和环境管理处于同行业领先水平；B级：遵守环保法律法规，污染物达标排放，无环境污染事故，有个别群众投诉已及时整改，无环境违法行为行政处罚记录。（评价主体：环保局）

4. A级：职工劳动生活保障安全卫生设施符合国家规定标准，劳资关系和谐稳定，无劳资纠纷；B级：职工劳动生活保障安全卫生设施部分不符合国家标准但无投诉，劳资关系总体和谐，一般性纠纷能妥善解决。（评价主体：总工会）

5. A级：生产安全无事故，设施符合国家安全规定标准；B级：生产安全无事故，设施有部分不符合规定标准。（评价主体：劳动和社会保障部门、安全生产部门）

6. A级：劳动保障书面审查信用定级为A级；B级：劳动保障书面审查信用定级为B级。（评价主体：劳动和社会保障部门、安全生产部门）

7. A级：积极参与光彩事业、社会公益事业、社会贡献大；B级：能参与光彩事业、社会公益事业，捐款捐物在当地影响较大。（评价主体：党委统战部，具体标准根据当地经济发展水平由各省确定）

三、企业发展与经营管理状况

1. A级：由人民银行认可的资信评级机构评定的资信等级为AA级以上；B级：由人民银行认可的资信评级机构评定的资信等级为A级。（评价主体：人民银行）

2. A级：企业净资产收益率应达到20%以上；B级：企业净资产收益率应达到15%以上。（评价主体：经贸部门）

3. A级：3年内资产负债率平均在50%以内；B级：3年内资产负债率平均在60%以内。（评价主体：经贸部门）

4. A级：发明专利有3项以上；B级：发明专利有2项以上。（评价主体：科技部门）

四、个人修养及公众形象

1. A级：个人受国际社会和国家荣誉称号等表彰；B级：个人受省部级荣誉、称号等表彰。（评价主体：工商联）

2. A级：无违法违纪记录；B级：无违法记录。（评价主体：公安部门、计生委、法院）

2008年12月，中共中央统战部、全国工商联联合出台了《关于加强和改进非公有制经济人士思想政治工作的若干意见》。该《意见》在谈及“加强和改进非公有制经济人士思想政治工作的内容和途径”时，强调要坚持“凡进必评”，把综合评价作为推荐非公有制经济人士担任人大代表、政协委员和工商联执委、常委等的必经程序，作为“优秀中国特色社会主义事业建设者”等评比表彰的基本依据。这种“凡进必评”的做法的意义十分重大。这是因为，一般来讲，非公有制经济人士都是追求上“进”的，而要想上“进”，就必须接受综合评价，并获得“合格”以上的成绩。因此，可以认为，这种政治安排与综合评价的基本作用在于引导非公有制经济人士按党和政府所希望的那样健康成长。这样做，当然也是党和政府调控私营企业及其劳资关系发展的一种手段。

2010年5月14日，中央统战部又出台了《关于进一步做好非公有制经济代表人士综合评价工作有关问题的通知》，全文如下。

各省、自治区、直辖市、副省级城市和新疆生产建设兵团党委统战部：

《中央统战部关于开展非公有制经济代表人士综合评价工作的意见（试行）》（中统发正［2006］14号）下发以来，各地结合实际，扎实开展工作，取得了积极成效。为进一步加强和改进非公有制经济代表人士综合评价工作，提高工作的科学化水平，我们在深入调研和征求有关方面意见的基础上对综合评价体系及其软件等方面进行了修改完善。现就有关问题通知如下：

一、关于评价单位。根据需要，综合评价工作由党委统战部牵头，人大、政协、总工会、工商联、环保、人力资源和社会保障、工商、税务、安全生产、计生、公安、监察、法院和银行等单位参与。综合评价工作不再分主评和协评单位。

二、关于评价对象。综合评价工作的评价对象主要是已作政治安排、拟作政治安排和拟推荐为重要评选表彰人选的非公有制经济代表人士。

三、关于评价内容。综合评价的评价内容主要包括四个方面：（一）思想政治表现。主要包括政治态度、参政议政能力、学习培训及支持所在企业党、团、工会组织建设和发挥作用情况。（二）诚信守法状况。主要包括工商信用、纳税信用、环境保护、劳动保障、安全生产和个人遵纪守法等情况。（三）企业经营状况。主要包括企业资信等级、资产收益率、资产负债率等情况。（四）履行社会责任情况。主要包括参加社会公益、企业劳动关系、安排就业等情况。评价内容通过相应的4个一级指标和16个二级指标来反映。①

四、关于综合评价的主要程序。综合评价工作一般按照"确定评价对象、部门评价、综合评价"三个步骤进行：

1. 确定评价对象。党委统战部根据工作需要，商有关方面研究确定评价对象，并通知、指导评价对象填报《非公有制经济代表人士信息登记表》。评价对象可在中央统战部网站（www.zytzb.cn）下载非公有制经济代表人士信息采集系统软件（登录密码：略），填写完毕后将数据文件及信息登记表报党委统战部。

2. 部门评价。党委统战部将收集的评价信息分送评价单位，各评价单位对评价对象的相关信息进行审核，并按照《非公有制经济代表人士综合评价体系表》对相应评价指标作出客观评价。个别指标也可由评价单位核实或提供情况，党委统战部据此作出评价。同一指标由二个以上单位评价的，评价结果取低等级。

3. 综合评价。召开综合评价工作领导小组会议，综合各部门评价意见，确定综合评价结果。

五、关于综合评价结果的时效。非公有制经济代表人士综合评价结果有效期原则上为二年，在有效期内再做政治安排或推荐

---

① 详见下面的《非公有制经济代表人士综合评价体系表》。——笔者注

评选表彰时，还需向有关部门了解最新情况。

六、进一步做好综合评价工作的几点要求

1. 要统一思想，加强领导。在党委的领导下，统筹安排。加强与有关部门的联系，及时传达贯彻本《通知》精神。进一步推进本地区的综合评价工作。未成立领导机构的地方要尽快成立，并给予必要的经费和人员保障。要做好宣传工作，努力消除非公有制经济人士的思想顾虑。

2. 要依托综合评价软件建立和完善非公有制经济代表人士人物信息库。各级统战部要大力推广使用新升级后的非公有制经济代表人士综合评价软件。要依托软件建立非公有制经济代表人士人物信息库，指定专人负责人物信息库的充实和维护，对人物的情况动态管理。要加强保密工作，做到不泄露评价对象的信息。

3. 要建立综合评价工作跨地区协同评价机制。对本地在外投资的非公有制经济代表人士，可委托企业所在地对其进行评价，形成综合评价意见。各地要互相配合，实现资源共享，协同评价。

各地要按照中统发正［2006］14 号文件精神和本《通知》意见，结合当地实际，积极探索，推动综合评价工作迈上新的台阶。中央统战部将择时开展检查工作。

中央统战部 2010 年 5 月 14 日

## 非公有制经济代表人士综合评价体系表①

一、政治思想表现

1. 政治态度。A 级：拥护中国共产党的领导，坚定走中国特色社会主义道路，在重大事件和关键时刻与党同心同德，并能发

① 原为表格，其评价标准从高到低分为 A、B、C、D 四个等级，这里只列 A 级和 B 级标准。

挥表率作用；B级：拥护中国共产党的领导，坚定走中国特色社会主义道路，在重大事件和关键时刻与党同心同德。

2. 参政议政。A级：积极参加人大或政协的会议、活动（参会率达70%以上），有较强的参政议政能力，每年有1~2件议案或提案被采纳；或积极参加政府部门、人民团体、行业协会的会议、活动并提出意见建议；B级：能参加人大或政协的会议、活动（参会率达50%以上），积极建言献策，每年有议案或提案；或能参加政府部门、人民团体和行业协会的会议、活动。

3. 学习培训。A级：注重政治理论学习，积极参加统战部、工商联等组织的学习培训、会议和活动（参与率80%以上），并积极献计出力；B级：注重政治理论学习，能经常参加统战部、工商联等组织的学习培训、会议和活动（参与率60%以上），并能够献计出力。

4. 党团工会组织建设。A级：企业党、团、工会组织健全，有场所、有经费，并积极支持活动。能按章程和法规开展正常活动，党、团员模范作用好；B级：企业党、团、工会组织健全，有场所、有经费，能按章程和法规开展正常活动，作用发挥较好。

二、诚信守法状况

5. 工商信用。A级：工商企业信用监管评价为A级；B级：工商企业信用监管评价为B级。

6. 纳税信用。A级：纳税信用等级为A级；B级：纳税信用等级为B级。

7. 环境保护。A级：自觉遵守环保法律法规，污染物达标排放，无环境污染事故，无群众投诉，无环境违法行为行政处罚记录，企业生产工艺、装备和环境管理处于同行业领先水平；B级：遵守环保法律法规，污染物达标排放，无环境污染事故，有个别群众投诉已及时整改。

8. 劳动保障。A级：劳动保障书面审查信用定级为A级；B级：劳动保障书面审查信用定级为B级。

9. 安全生产。A 级：生产安全无事故，设施符合国家安全规定标准；B 级：生产安全无事故，设施有部分不符合规定标准。

10. 个人遵纪守法。A 级：五年内无违法违规记录；B 级：五年内无违法记录，无情节较重的违规现象。

三、企业经营状况

11. 资信等级。A 级：由人民银行认可的资信评级机构或商业银行认定的资信等级为 A 级以上；B 级：由人民银行认可的资信评级机构或商业银行认定的资信等级为 B 级以上。

12. 资产收益率。A 级：企业净资产收益率应达到 12% 以上；B 级：企业净资产收益率应达到 9% 以上。

13. 资产负债率。A 级：3 年内资产负债率平均在 40% 以内；B 级：3 年内资产负债率平均在 70% 以内。

四、履行社会责任情况

14. 社会公益。A 级：积极参与光彩事业、社会公益事业，社会贡献大；B 级：能参与光彩事业、社会公益事业，捐款捐物在当地影响较大。

15. 劳动关系。A 级：劳动关系和谐稳定，无劳动纠纷；B 级：劳动关系总体和谐，一般性纠纷能妥善解决。

16. 安排就业。A 级：积极配合政府的就业工作，安排就业人数多，困难时期能做到不裁员、不减员；B 级：积极配合政府的就业工作，安排就业人数较多。

我们对比上述 2010 年出台的《非公有制经济代表人士综合评价体系表》和 2006 年出台的《非公有制经济代表人士综合评价标准》，发现有四点主要的变化：一是强调“政治态度”，A 级和 B 级都要求“拥护中国共产党的领导，坚定走中国特色社会主义道路，在重大事件和关键时刻与党同心同德”；二是对企业经营状况（资信等级、资产收益率、发明专利等）的要求降低了；三是强调“安排就业”，A 级要求“积极配合政府的就业工作，安排就业人数多，困难时期能做到不裁员、不减员”；四是不再强调被评价者个人受到的表彰。这些变化表明，和 2006 年时相比，现在党和政府更加希望非公有制经济代表人士在政治上与党同心同德，并积极配合政府的有关工作。

## 三　诸暨市开展的“综合评价”活动

诸暨市至今已搞过两次综合评价，第一次是在 2007 年，第二次是在 2010 年。下面详细介绍第二次的开展情况。

2010 年 11 月 22 日，中共诸暨市委办公室出台了《关于调整诸暨市非公有制经济代表人士综合评价工作领导小组成员的通知》（市委办［2010］126 号），决定对诸暨市非公有制经济代表人士综合评价工作领导小组成员进行调整。调整后的领导小组由市委副书记任组长，市委常委、统战部部长任副组长，另外 21 名成员分别来自市委办公室、市委统战部、市人大办公室、市政协办公室、市法院、市纪委、市经贸局、市安监局、市科技局、市公安局、市劳动保障局、市人口和计生局、市财政局、市环保局、市统计局、市工商局、市质监局、市国税局、市总工会、市工商联和市人民银行。领导小组下设办公室，办公室设在市委统战部。

2010 年 12 月 14 日，中共诸暨市委办公室转发了诸暨市非公有制经济综合评价工作领导小组办公室制定的《诸暨市非公有制经济代表人士综合评价工作实施方案》[①]。该《方案》全文如下。

### 诸暨市非公有制经济代表人士综合评价工作实施方案

为认真做好我市非公有制经济代表人士综合评价工作，根据中央、省、绍兴市关于开展非公有制经济代表人士综合评价工作

① 中共诸暨市委统战部网站，http：//zjtzb. com/news_ show. asp？ id =76。

的有关文件精神，结合我市实际，特制定如下实施方案。

一、指导思想

以邓小平理论和“三个代表”重要思想为指导，坚持科学发展观要求，全面贯彻中央、省、绍兴市关于非公有制经济工作的方针、政策，按照全面准确、科学规范、切实可行的原则，结合我市发展实际和非公有制经济人士队伍现状，充分调动广大非公有制经济人士的积极性、主动性和创造性，引导非公有制经济人士健康成长，推动非公有制经济健康有序发展，助推我市转型发展、加快发展、统筹发展、和谐发展。

二、综合评价工作的总体目标

通过各部门的通力合作，进一步完善我市综合评价机制和非公有制经济代表人士数据库，对非公有制经济代表人士的思想素质、信用等级、社会活动等方面作出评价，为非公经济代表人士的培养、考察、政治安排以及非公有制企业的信用、资质评定等提供依据。

三、综合评价工作的对象、内容、参评单位及其工作任务

（一）评价对象及范围：一是市级规模企业、苗子企业中的非公有制经济代表人士；二是已作政治安排的诸暨市级以上人大代表、政协委员、工商联常委以上的非公有制经济代表人士；三是诸暨市级以上劳动模范中的非公有制经济代表人士；四是诸暨市级以上优秀中国特色社会主义事业建设者中的非公有制经济代表人士。

（二）评价内容：1. 思想政治表现。主要包括政治态度、参政议政能力、学习培训及支持所在企业党、团、工会组织建设和发挥作用情况。2. 诚信守法状况。主要包括工商信用、纳税信用、环境保护、劳动保障、安全生产和个人遵纪守法等情况。3. 企业经营状况。主要包括企业资信等级、资产收益率、资产负债率等情况。4. 履行社会责任情况。主要包括参加社会公益事业、劳资关系、安排就业等情况。评价内容通过相应的4个一级指标和16个二级指标来反映。

（三）评价单位及其工作内容：在市委的统一领导下，统战部作为这次非公有制经济代表人士综合评价工作的牵头部门，人大办、政协办、纪委（监察局）、经贸局、科技局、公安局、财政地税局、劳动和社会保障局、人口和计生局、环保局、统计局、安监局、国税局、工商局、质监局、法院、人民银行、工商联、总工会等部门为综合评价工作的参评单位。统战部负责政治思想中对党和政府方针政策的态度，进行培训教育的情况，企业的党、团、工会组织建设情况，参与光彩事业和社会公益事业的情况评价，同时负责各项综合评价指标的汇总和综合；人大办负责人大代表的参政议政情况的审核；政协办负责政协委员参政议政情况的审核；纪委（监察局）负责个人遵纪守法情况的评价；经贸局负责净资产收益率和资产负债率指标的评定；科技局负责发明专利和新产品指标的评定；公安局负责违法违纪情况的提供；劳动和社会保障局负责劳动保障书面信用定级指标的评定；人口和计生局负责违法生育等情况的提供；环保局负责环保执法和污染投诉指标的评定；统计局负责企业资产情况的统计数据的审核；安监局负责安全生产指标的评定；地税局、国税局负责企业上交税收情况的评定；工商局负责工商信用监管评价等级指标的评定；质监局负责企业产品质量情况的审核；法院负责企业及企业主涉案情况的提供；人民银行负责资信等级指标评定；工商联负责参与工商联参政议政和公众形象指标的评定；总工会负责企业对员工劳动保障指标即企业在构建和谐劳资关系指标的审核。各镇乡（街道）主要负责参评对象信息登记表的发放、收集工作，督促评价对象认真、如实、及时填报信息登记表，并对相关内容进行核实。

四、综合评价工作的主要程序

（一）确定评价对象（12 月 17 日前）。综合评价工作领导小组研究确定评价对象，组织召开全市非公有制经济代表人士综合评价工作会议，并发放《诸暨市非公有制经济代表人士综合评价工作实施方案》。

（二）采集评价对象信息（12 月 27 日前）。评价对象按要求进行自我评价，各镇乡（街道）负责收集《非公有制经济代表人士综合评价信息登记表》，并在12月27日前报送综合评价工作领导小组办公室。

（三）部门评价（元月5日前）。领导小组办公室将收集的评价信息分送各评价单位，各评价单位对评价对象的相关信息进行审核，并按照《非公有制经济代表人士综合评价体系表》对相应评价指标作出客观评价。个别指标也可由评价单位核实或提供情况，领导小组办公室据此作出评价。同一指标由二个以上单位评价的，评价结果取低等级。

（四）综合评价（元月15日前）。领导小组办公室收集部门评价结果后将信息输入综合评价系统，系统软件自动产生综合评价结果，向省综合评价工作领导小组报告综合评价结果。

五、工作要求

（一）要统一思想，加强领导。综合评价工作是一项政治性、政策性很强的全新工作，必须根据中央、省、绍兴市的统一部署和要求，结合我市非公有制经济的实际发展情况，以高度的政治责任感，高效优质地完成这项工作。

（二）要相互配合，形成合力。这次综合评价工作涉及的部门比较多，评价的对象特殊，评价的程序复杂，社会敏感性强，要求严格，参评单位要相互配合、沟通协调、形成合力，及时、准确、客观、公正地完成对非公有制经济代表人士的综合评价。

（三）要严格把关，确保信息的准确和评价结果的客观公正。要通过开展综合评价工作，建立全市非公有制经济代表人士信息库，并定期对信息库的内容进行更新，确保信息的准确性。同时，在各项指标的等级评定上一定要把好关，避免工作的随意性，保证评价结果客观公正。

（四）要加强保密工作，注意信息和评价结果的保密性。由于代表人士所填写的信息登记表中有许多内容涉及到他的个人资料及其企业的商业秘密，所以，为了对评价对象和评价工作负责，要指定专人负责这项工作，在评价工作的各个环节都要加强保密管理工作，做到专人专管。

（五）其它。请各镇乡（街道）于12月27日前将《非公有制经济代表人士综合评价信息登记表》报送到市综合评价工作领导小组办公室，办公室设在市委统战部。联系人：（略），联系电话：（略），E－mail：（略）。

附件1：《非公有制经济代表人士信息登记表》（略）

附件2：《非公有制经济代表人士综合评价体系表》（略）

附件3：《非公有制经济代表人士综合评价部门评价表》（略）

中共诸暨市委办公室

2010年12月15日印发

对比2010年5月14日中央统战部出台的《关于进一步做好非公有制经济代表人士综合评价工作有关问题的通知》，上述《实施方案》确定的评价对象更为广泛，主要因为它把市级规模企业、苗子企业中的非公有制经济代表人士都纳进来了。据了解，2010年2月，市委、市政府曾确定海亮集团有限公司等277家企业为2010年度市级规模企业，浙江宏事达制衣有限公司等152家企业为市级苗子企业。我们通过访谈得知，综合评价工作领导小组规定：规模企业中的非公有制经济代表人士必须接受综合评价，而苗子企业中的非公有制经济代表人士则可以不接受综合评价（属于自愿性质），但如果不接受综合评价的话，则等于自愿放弃享受相关的待遇。实际情况是：领导小组确定的评价对象为514人，其中486人（约占应评总数的95%）接受了评价。评价结果是：被评为等级A①的有293人，占已评价人数的60.29%；被评为等级B②的有88人，占已评价人数的18.11%；被评为等级C③的有88人，占

① 即“优秀”，为“优先作安排或评选表彰”的对象。

② 即“合格”，为“可以作安排或评选表彰”的对象。

③ 即“基本合格”，为“不宜作安排或评选表彰”的对象。

已评价人数的18.11%；被评为等级D[①]的有17人，占已评价人数的3.5%。也即被评为等级A和等级B者之和占78.4%。可以认为，这些人都通过了综合评价，已具备被“安排或评选表彰”的资格。如果换个角度来看，这个结果在一定程度上也反映了软性调控的某种综合性效果——经过一系列的软性调控之后，大多数（78.4%）非公有制经济代表人士的综合表现都达到了“合格”及“合格”以上的水平。

**图7-1　诸暨市召开非公有制经济代表人士综合评价工作总评会议**

资料来源：中共诸暨市委统战部网站，http：//zjtzb.com/news_show.asp？id=334，2011-03-21。

## 四　综合评价的意义

中央统战部网站公布的《非公有制经济代表人士综合评价工作》[②]一文认为，开展综合评价工作具有以下四点重要意义。

---

① 即“不合格”，为“不能作安排或评选表彰”的对象。

② 中共中央统一战线工作部网站，http：//www.zytzb.cn/publicfiles/business/htmlfiles/tzb2010/S1820/200911/574180.html，2008-12-23。

一是较好地贯彻落实了科学发展观。各地普遍认为，综合评价注重对非公有制经济人士政治思想、企业经营管理、履行社会责任和个人社会形象等方面的全面考察，注重把党的统战工作和政府部门业务工作相结合，注重群众的评价，这是贯彻、落实科学发展观的具体体现。

二是提高了非公有制经济代表人士选拔、培养和政治安排的有效性和准确性。与其他领域的统战工作相比，非公这个新的阶层出现得最晚，党的统战政策、理论相对比较薄弱，工作的规范化、制度化最弱。另外，长期以来，我们在非公代表人士的培养、考察、安排工作中带有一定的随意性。这主要是我们在人物的遴选、甄别上缺乏基本的标准、尺度，只能依靠平时接触的印象和政治安排时的突击考察，进入视野的非公人士的面、了解的深度以及所了解的情况的准确性都不够，不能做到广泛性、进步性和代表性的结合。建立非公有制经济代表人士综合评价体系，为选拔和培养非公有制经济代表人士确立“框架”和“尺度”，是新世纪新阶段经济领域统战工作的一项基础性和创新性的工作。

三是有利于有针对性地做好代表人士的思想政治工作。全面、准确掌握了非公有制经济代表人士的情况，包括优势和不足，将有效增强非公有制经济人士思想政治工作的预见性、主动性和针对性。

四是有利于统战部门和政府部门信息共享。综合评价的信息可与银行、工商、劳动、税务、环保等部门共享，对于加强统战部与政府部门的联系与沟通，拓宽新世纪新阶段统战工作的领域，扩大统战工作的影响，共同促进“两个健康”具有重要作用。这次试点工作中，有的地方统战部门与 10 个政府部门建立了协作关系，有的与 18 个部门建立了联系。

以上四点重要意义主要是从统战工作的角度来说的。统战部门通过牵头制定评价标准和组织实施评价工作，无疑增强了统战部门综合管理非公有制经济代表人士的作用，提升了统战部门在非公有制经济领域的工作地位，加强了统战部门与其他党政部门的联系。从党和政府调控劳资关系的角度来讲，这种综合评价以及相应的政治安排的意义则主要体现在以下四个方面。

首先，与前面几章论述过的做法（党组织融入非公有制企业、“综合治理”进企业、创建劳动关系和谐企业、强化职工生活后勤保障）不同，这种做法是直接对“人”即非公有制经济代表人士进行调控，旨在引导、激励他们按党和政府所希望的那样（如诚信守法、履行社会责任、在重大事件和关键时刻与党同心同德等）健康成长。

其次，这种“综合评价”不同于上一章论述过的“十佳”评比活动，涉及的评价内容十分宽泛。它既是对“代表人士”的评价，也是对其企业的评价。相应地，参与评价的党政部门相当多，人大、政协、总工会、工商联、环保、人力资源和社会保障、工商、税务、安全生产、计划生育、公安、监察、法院和银行等单位都参与进来了，这意味着这些党政部门都有机会“管”被评价者及其企业。

再次，在“凡进必评”的原则下，对非公有制经济代表人士进行政治安排（如担任人大代表、政协委员和工商联执委、常委等），既给非公有制经济代表人士提供了向上流动的机会，也给他们设置了上“进”的门槛。

最后，通过《非公有制经济代表人士综合评价信息登记表》和《非公有制经济代表人士综合评价部门评价表》能够收集被评价者及其企业的系统化的、全面的信息。从某种意义上讲，开展这种综合评价工作，也是对非公有制经济代表人士及其企业的一次详尽的调查与摸底。这为党和政府进一步调控私营企业及其劳资关系的发展打下了更为坚实的基础。

# 第八章
# 工会"服务大局"

前面五章所论述的软性调控措施（党组织融入非公有制企业、"综合治理"进企业、创建劳动关系和谐企业、强化职工生活后勤保障、对非公有制经济代表人士进行政治安排与综合评价）基本上都是针对资方及其代理者的，现在该谈谈党和政府对劳方及其代理者的调控了。党和政府针对劳方及其代理者的最大力度的调控莫过于要求工会接受党的领导，并在政治上、思想上、行动上和党中央保持高度的一致，从而使劳方的谈判力量与抗争方式以及劳资关系的性质发生了巨大的变化。

本章的内容由四部分组成：首先介绍中国工会的中心任务，即"围绕中心、服务大局"；然后介绍诸暨市总工会"服务大局"的基本逻辑；再后介绍诸暨市总工会"服务大局"的具体行动；最后是小结并进一步讨论几个相关的问题。

## 一　中国工会的中心任务

现行的《中国工会章程》把"中国工会"定义为中国共产党领导的职工自愿结合的工人阶级群众组织，2001 年 10 月修正后的《中华人民共和国工会法》也规定工会必须坚持中国共产党的领导。因此，当我们想要了解工会的职责、任务和作用时，必须考虑中国共产党要求工会履行什么职责，承担什么任务，发挥什么作用。

那么，党对工会有什么要求？早在 20 世纪 50 年代，经过召开三次全国总工会[①]党组扩大会议，这个问题终于得以解决，即要求工会服务于党的中心任务、围绕党的中心任务开展工作。[②]尽管在中共中央的支持下全国总工会于1988年10月出台了《工会改革的基本设想》[③]，试图进行属于“国家政治体制改革的重要组成部分”的工会改革，可是，1989年6月以后，随着当时政治体制改革的基本停滞，设想中的工会改革也就基本上偃旗息鼓了。[④]1989年12月，中共中央出台了《中共中央关于加强和改善党对工会、共青团、妇联工作领导的通知》[⑤]，重申“工会、共青团、妇联要在党的统一领导下，遵循党的基本路线，围绕党在每个时期的中心任务进行工作”。该《通知》还强调：“各级党组织都要按照党的路线、方针、政策，对同级工会、共青团、妇联实行统一领导，使这些组织坚持正确的政治方向，同党中央在政治上、思想上、行动上保持高度的一致。”几个月以后的1990年4月，全国总工会出台了《全国总工会贯彻执行〈中共中央关于加强和改善党对工会、共青团、妇联工作领导的通知〉的意见》[⑥]，进一步要求“各级工会必须在政治上、思想上、行动上同党中央保持高度一致，认真贯彻执行党的路线、方针和政策，紧紧围绕党在每个时期的中心任务开展工作”。1994年12月，时任中共中央政治局常委、负责联系全总的胡锦涛同志在全国总工会十二届二次执委会上的讲话中强调：“工会是党领导的工人阶级的群众组织，是党联系工人群众的桥梁和纽带。各级工会组织要履行好自己的职责，必须认真贯彻党的基本路

---

① “全国总工会”、“全总”都是中华全国总工会的简称。

② 游正林：《20世纪50年代中国工会的中心任务的形成》，《学海》2012年第4期。

③ 其全文可参见陈骥主编《中国工会十五年（1978～1993）》，中国工人出版社，1993，第98～108页。

④ 游正林：《60年来中国工会的三次大改革》，《社会学研究》2010年第4期。

⑤ 其全文可参见陈骥主编《中国工会十五年（1978～1993）》，中国工人出版社，1993，第109～118页。

⑥ 其全文可参见陈骥主编《中国工会十五年（1978～1993）》，中国工人出版社，1993，第119～136页。

线，紧紧围绕党的中心任务开展工作。必须把工会工作放到全党全国工作大局中去思考、去把握、去安排。”[①]后来，全国总工会的主要领导常用“围绕中心、服务大局”来概括中共中央对工会的这种要求，并在有关的讲话中不断强调这种要求。其中，下列表述也许最有代表性：“党在各个历史时期的目标任务，都是为了最大限度地实现和发展包括工人阶级在内的最广大人民的根本利益。工会工作是党的群众工作的重要组成部分，历来是为党的中心任务服务的。党是人民利益的忠实代表，为党的中心任务服务与为职工群众服务根本上是一致的。只有始终把工会工作放到全党全国工作的大局中去思考、去把握、去部署，通过开展有特色、有实效的活动，团结和动员广大职工为大局贡献力量，才能切实找准位置，充分体现价值，有效发挥作用。”[②]全国总工会出台的有关文件也表达了这种要求，比如 2005 年 7 月出台的《关于坚持走中国特色社会主义工会发展道路的决议》[③]，从七个方面阐述了中国特色社会主义工会发展道路的基本内涵，其中，第三个方面的内涵是“坚持服从服务于党和国家工作大局”，强调“要自觉坚持在全党全国工作大局下行动，把工会工作放到大局中去思考和部署”。又比如 2005 年 12 月出台的《关于加强协调劳动关系、切实维护职工合法权益、推动构建社会主义和谐社会的决定》[④]，它提出了维护职工合法权益工作的五项主要原则，其中，第二项是“坚持围绕中心服务大局。把维权工作放到党和国家工作大局中去把握和部署，贯穿于推动改革、促进发展、积极参与、大力帮扶

① 胡锦涛：《全面加强工会建设，在深化改革、扩大开放、促进发展、保持稳定中发挥更大作用——在全国总工会十二届二次执委会上的讲话》（1994 年 12 月 11 日），《中国工运》1995 年第 1 期。

② 王兆国：《在中国工会第十四次全国代表大会上的报告》（2003 年 9 月 22 日），中华全国总工会网站，http://www.acftu.org/template/10004/file.jsp?cid=318&aid=101。

③ 中华全国总工会网站，http://www.acftu.org/template/10004/file.jsp?cid=561&aid=22903。

④ 其全文载《中国工运》2006 年第 1 期。

的全过程”。在这种情势下，我们有理由相信，各级地方工会会自觉坚持在当地工作大局下行动，为当地工作大局服务，诸暨市总工会也不例外。

那么，诸暨市总工会是如何服务诸暨市的工作大局的？这里将通过解读诸暨市总工会逐月公布的《工作小结》来回答这个问题。

## 二　诸暨市总工会“服务大局”的基本逻辑

诸暨市总工会是诸暨市各产业（系统）工会、镇（乡、街道）工会和直属基层工会的领导机关，下设办公室和组织宣教部、权益保障部（含诸暨市女职工权益委员会）、经济工作部（含诸暨市职工技协和诸暨市劳动保护协会）与财务部四个职能部门。[①]诸暨市总工会的网站公布了它的9项主要职责，其中第一项是“根据党的路线、方针、政策和各个时期的中心任务以及市委和绍兴市总工会的指示和决定，研究确定本市工会工作思路和任务，指导全市各级工会工作”。

从2008年2月初起，诸暨市总工会在其网站上逐月公布上月的《工作小结》和本月的《工作安排》。这些《工作小结》[②]以十分简洁的语言并采取分条目的形式记录了2008～2011年期间诸暨市总工会每个月所开展的活动情况，最多的一个月有17条记录，最少的一个月也有6条记录，四年共计486条记录[③]，平均每月约10条记录。一条记录一般只提及一项工会活动，只有少数记录提及两项甚至两项以上不同类型的工会活动。笔者对这些

① 诸暨市总工会经费审查委员会和诸暨市财贸工会也设在诸暨市总工会机关之内。

② 由于2009年缺7月份的《工作小结》，2010年缺1月份的《工作小结》，2011年缺1月份、10月份和12月份的《工作小结》，只好都用该月的《工作安排》代替之。

③ 不包括对诸暨市总工会职工学校的工作小结。下同。

（486 条）记录中的工会活动进行了分类清点[①]，得到了如表 8 - 1 所示的统计结果。从中可见，提及最多的活动大类是“工会系统自身建设”，共提及 250 次；其次是“劳动竞赛、技能比武”，共提及 80 次；再次是“帮扶、慰问生活困难职工”，共提及 42 次；再往后依次是“创建劳动关系和谐企业”“强化职工生活后勤保障”和“职工文化建设”等活动。尽管可能还有一些活动没有被《工作小结》提及，所提及的各种活动也会在投入的时间、人力和物力上存在差异，我们还是可以认为：《工作小结》中提及的这些活动大致上反映了诸暨市总工会的所作所为，或者说，诸暨市总工会主要是通过开展《工作小结》中提及的这些活动来服务诸暨市的工作大局的，提及次数的多少大致上反映了诸暨市总工会对该项活动的重视程度的高低。

我们可以把表 8 - 1 中所列的绝大多数活动进一步归为以下四类。

第一类是工会系统自身建设活动，即表 8 - 1 中的（1）类活动，共提及 250 次。这类活动针对的是工会系统自身，不直接涉及企业经营者和生产工人（职工）[②]。

第二类是在劳动过程中开展的或与劳动过程直接相关的劳动竞赛、技能比武活动，即表 8 - 1 中（2）类活动，共提及 80 次。这类活动针对的主要是企业的生产工人，旨在调动他们的工作积极性。

第三类是在劳动过程之外开展的帮扶慰问生活困难职工、职工文化建设、强化职工生活后勤保障活动、集体合同签订、职代会、工资集体协商活动，即表 8 - 1 中的（3）、（4）、（5）、（9）、（10）

---

① 举例说明：2008 年 1 月份《工作小结》的第 1 条记录是“1、学习贯彻市委全会（扩大）会议暨读书会精神，召开市总常委会，出台 2008 年工作要点”。它所记录的活动类型就被归入“工会系统自身建设活动”中的“会议、学习、考核、评比、交流等内部管理活动”。由于某些记录过于简洁，其含义不是很清晰，因此，这种分类清点难免会存在不太周密之处。

② 本书在比较宽泛的意义上使用“生产工人”“工人”和“职工”等词汇，均指企业中的非经营者。

和（11）类活动，共提及114次。由于开展这类活动维护了职工的某些权益，故工会工作者通常把这类活动简称为“维权”活动。

**表8－1　《工作小结》提及的2008～2011年期间诸暨市总工会开展的活动**

| 活动大类 | 活动类型的进一步细分 | 提及的次数 |
|---|---|---|
| （1）工会系统自身建设（共提及250次） | 工会经费的收缴、支出与审查等财务活动 | 86 |
| | 工会组建活动 | 17 |
| | 工会“三级联创”活动 | 8 |
| | 会议、学习、考核、评比、交流等内部管理活动 | 139 |
| （2）劳动竞赛、技能比武（共提及80次） | 评选、推荐、表彰、慰问各类劳动模范（含全国、浙江省“五一劳动奖章”获得者） | 22 |
| | “工人先锋号”创建活动 | 17 |
| | 其他比赛、评选活动，如职工技能运动会中的各类竞赛，评选企业十佳忠诚敬业标兵、职业技能带头人、勇克时艰杰出职工、十大杰出外来建设者、百名优秀职工、杰出职工“金锤奖”等活动 | 41 |
| （3）帮扶、慰问生活困难职工 | “金秋助学”活动 | 11 |
| | 帮扶、慰问生活困难职工（含“送温暖”活动） | 31 |
| （4）职工文化建设 | 职工文化艺术节、企业文化建设、送文化设施进企业、“职工读书月”、“职工书屋”等活动 | 30 |
| （5）强化职工生活后勤保障 | “强保障、促和谐”活动 | 15 |
| | “四个十佳”评选活动 | 11 |
| | 评选绍兴市职工生活后勤保障工作示范单位 | 4 |
| （6）创建劳动关系和谐企业 | 国家级、省级、绍兴市级和诸暨市级劳动关系和谐企业的推荐、申报、考核、表彰等活动 | 31 |
| （7）“安康杯”竞赛 | 有关“安康杯”竞赛的各项活动 | 14 |
| （8）厂务公开 | 厂务公开工作的布置、检查等 | 10 |
| （9）集体合同签订 | 督促、指导、核查集体合同的签订 | 8 |
| （10）职代会 | 开展优秀职代会提案评选活动 | 3 |
| （11）工资集体协商 | 开展××行业性工资集体协商的协调工作 | 1 |
| （12）其他 | （略） | （略） |

第四类是参与“创建劳动关系和谐企业”、“安康杯”竞赛和“厂务公开”活动，即表 8－1 中的（6）、（7）、（8）类活动，共提及 55 次。这三种活动的发起者都包括了党和政府的有关部门，属于党和政府直接主导的活动，它们针对的是企业的经营者。工会参与这些活动，旨在与党和政府有关部门一起调控企业经营者的有关行为。

为什么会出现表 8－1 所示的统计结果？笔者认为，我们可以按以下“服务大局”的基本逻辑来解释这个问题。

（1）中共诸暨市委和诸暨市人民政府的中心任务或者说诸暨市的“工作大局”主要有两个：一是力求经济增长，二是力求社会稳定。诸暨市总工会必须围绕这个大局来开展活动，或者说，诸暨市总工会必须为诸暨市的“经济增长”和“社会稳定”服务。

（2）近年来诸暨市经济发展异常迅猛，其境内企业众多，而且几乎都是私营企业，因此，所谓“经济增长”与“社会稳定”，在很大程度上是指这些企业的经济效益的增长和这些企业的劳动关系的和谐与稳定。这意味着，诸暨市总工会要想服务当地的工作大局，就必须为企业经济效益的增长和企业劳动关系的和谐与稳定服务。换句话说，工会如何“服务大局”的问题实际上是工会如何“服务企业发展”①的问题。

（3）工会为“企业经济效益的增长”服务的基本思路是想方设法调动职工的工作积极性，其基本做法有两种：一是在劳动过程中通过开展劳动竞赛、技能比武等活动直接调动职工的工作积极性；二是在劳动过程之外开展“帮扶、慰问生活困难职工”“职工文化建设”和“强化职工生活后勤保障”等“维权”活动，以及参与党、政直接主导的“创建劳动关系和谐企业”“安

① 在工会系统，一般不说“服务企业发展”，而是说“共谋企业发展”，比如全国总工会于 2006 年 12 月出台的《企业工会工作条例》第五十二条规定：“企业工会与企业行政具有平等的法律地位，相互尊重、相互支持、平等合作，共谋企业发展。”

康杯”竞赛和“厂务公开”等活动，来间接调动职工的工作积极性。

（4）工会为“企业劳动关系的和谐与稳定”服务的基本思路有二：一是通过维护职工的合法权益来直接达到这个目的，其基本做法就是在劳动过程之外开展“帮扶、慰问生活困难职工”“职工文化建设”和“强化职工生活后勤保障”等“维权”活动；二是通过调控企业经营者的有关行为来间接达到这个目的，其基本做法就是参与党、政直接主导的“创建劳动关系和谐企业”、“安康杯”竞赛和“厂务公开”等活动。当然，这两种做法也有助于调动职工的工作积极性。

（5）为了有效地为“企业经济效益的增长”和“企业劳动关系的和谐与稳定”服务，工会系统需要进行必要的自身建设。

由于存在以上“服务大局”的基本逻辑，我们也就不难理解诸暨市总工会为什么会忙于上述四类活动。

## 三　诸暨市总工会“服务大局”的具体行动

前面从“服务大局”的角度解释了诸暨市总工会为什么会忙于上述四类活动，下面将利用相关资料（主要是有关文件）进一步探讨这些工会活动是如何在“服务大局”的名义下运作起来的。这个时期工会开展活动时需要考虑的“大局”因素有 2008 年 5 月的汶川大地震、2008 年 8 月的北京奥运会、2008 年下半年开始的国际金融危机、2009 年的新中国成立 60 周年庆典、2010 年的上海世博会等。

### （一）在劳动过程中开展劳动竞赛、技能比武活动

在劳动过程中开展劳动竞赛并评选、表彰模范、先进人物的活动由来已久。新中国成立后不久，1950 年 9 月 25 日至 10 月 2 日，就在北京召开了全国工农兵劳动模范代表会议，464 人被中央人民政府授予全国劳动模范称号。在经政务院批准的那次会议

的总结报告里，决定“要把评选劳模形成固定的制度”。此后，评选、表彰模范、先进人物便成为一项制度化、群众化的社会活动，各级工会积极参与其中。2001 年 10 月修正后的《工会法》不但（第七条）要求“工会动员和组织职工积极参加经济建设，努力完成生产任务和工作任务”，而且（第三十二条）规定：“根据政府委托，工会与有关部门共同做好劳动模范和先进生产（工作）者的评选、表彰、培养的管理工作。”因此，在劳动过程中开展劳动竞赛等活动属于工会的本职工作之一。当然，在不同的历史时期，劳动竞赛的主题和方式往往有所不同。在 2008 ~ 2011 年期间，在《工作小结》中多次提及的，分别由全国总工会、浙江省总工会、诸暨市总工会启动的劳动竞赛活动主要有以下几项。

（1）全国总工会深入开展创建“工人先锋号”活动

2007 年 8 月，全国总工会下发了《关于深入开展创建“工人先锋号”活动实施意见》（总工发［2007］30 号）。该《意见》认为：工人阶级是我国社会主义经济建设、政治建设、文化建设、社会建设的主力军。深入开展创建“工人先锋号”活动，是依靠主力军、建设主力军、发展主力军的重要举措，也是落实中国特色社会主义工会维权观、坚持中国特色社会主义工会发展道路的具体体现。该《意见》规定：“工人先锋号”的授予对象为“全国各类企事业单位中为推动经济社会发展作出突出贡献，并具有时代性、先进性和示范性的车间、工段、班组”；全国“工人先锋号”在各省（区、市）总工会命名的“工人先锋号”中产生，每年命名表彰一次，由全国总工会颁发牌匾和证书；今后“全国五一劳动奖状”（班组）原则上从全国“工人先锋号”中产生。该《意见》还强调：创建“工人先锋号”活动是打造工会工作品牌的一项重大活动，需要全会上下齐心协力共同推进。

为了贯彻落实全总的上述《实施意见》，浙江省总工会决定在全省范围内开展创建“工人先锋号”活动，并于 2007 年 10 月出台了《关于开展创建“工人先锋号”活动的实施意见》（浙总工发［2007］104号）。该《意见》规定：省“工人先锋号”在市级、行业级的“工人先锋号”中产生，每年度命名表彰一批，由省总工会颁发奖牌和证书；今后全国“工人先锋号”和省“五一劳动奖状”（班组）原则上从省“工人先锋号”中产生。该《意见》要求各级工会要结合各自的实际，精心制定创建“工人先锋号”活动的方案。于是，紧接着，诸暨市总工会也决定在诸暨市范围内开展创建“工人先锋号”活动。

（2）全国总工会开展“同舟共济保增长，建功立业促发展”竞赛活动

2008年12月全总出台了《关于在全国职工中广泛开展“同舟共济保增长，建功立业促发展”竞赛活动的决议》（总工发［2008］65号）。该《决议》强调：“2008年下半年以来，受国际金融危机影响，我国经济运行中的困难增加，经济下行压力加大，企业经营困难增多。……在广大职工中开展‘同舟共济保增长，建功立业促发展’竞赛活动，是落实中央经济工作会议精神，在促进经济平稳较快发展中发挥工人阶级主力军作用的具体举措；是贯彻落实科学发展观，走中国特色社会主义工会发展道路的必然要求。”该《决议》要求：“各级工会要站在服从服务于党和国家工作大局的高度，充分认识开展竞赛活动的重要意义，切实增强做好这项工作的使命感和责任感”；各级工会“要针对金融危机对企业生产经营造成的不利影响，组织职工深入开展以挖潜提效、增收节支为主要内容的立功竞赛，推动企业降低成本、创新技术、苦练内功、提高效益，努力帮助企业特别是困难企业摆脱困境、渡过难关”。

为了贯彻落实上述《决议》精神，2009年2月，全总办公厅又下发了《关于深入开展“同舟共济保增长，建功立业促发展”竞赛活动的意见》。该《意见》强调开展这项竞赛活动“是重要的政治任务”，要求各级工会组织要“把组织好竞赛活动作为今年工作的重中之重”。

（3）全国总工会出台《关于广泛深入开展社会主义劳动竞赛的决定》

2009 年 5 月全国总工会出台了《关于广泛深入开展社会主义劳动竞赛的决定》（总工发［2009］25 号）。该《决定》再次强调："开展'同舟共济保增长、建功立业促发展'劳动竞赛，是工会贯彻落实科学发展观、坚持走中国特色社会主义工会发展道路的重要载体，是我国工人阶级贯彻中央决策部署，在积极应对国际金融危机冲击、保持经济平稳较快发展中发挥主力军作用的创新举措。"该《决定》提出要加强劳动竞赛委员会的建设，认为"建立健全由党委、政府（行政）或工会领导为主任、相关部门为成员单位的劳动竞赛委员会，是推进劳动竞赛广泛深入发展的有效措施"，并要求"凡没有建立的地区和单位，都要尽快把劳动竞赛委员会建立起来。作为劳动竞赛委员会办公室的各级工会，要认真履行职责，充分发挥各级劳动竞赛委员会的作用"。

为贯彻落实全国总工会的上述《决定》，2009 年 6 月，浙江省总工会、浙江省发展和改革委员会、浙江省经济和信息化委员会等七个部门联合出台了《关于进一步深化社会主义劳动竞赛的意见》（浙总工［2009］51 号）。该《意见》强调：在当前金融危机影响尚在不断蔓延、全省经济发展形势依然严峻的形势下，进一步深化社会主义劳动竞赛活动，是工会组织落实省委省政府"保增长、抓转型、重民生、促稳定"的工作主线、促进产业结构调整、增强自主创新能力的重点工作。该《意见》要求："各级工会主要领导要亲自挂帅，狠抓落实。各级发改、经信、教育、科技、财政、人力资源和社会保障等部门要善于发挥自身优势，形成工作合力，为竞赛活动扎实开展创造条件。"

（4）浙江省总工会开展"千万职工大行动，转型升级立新功"主题活动

2008 年 7 月，浙江省总工会出台了《关于组织开展"千万职

工大行动，转型升级立新功”主题活动的意见》（浙总工发［2008］85号），号召全省各级工会和广大职工迅速行动起来，组织开展这项主题活动，为促进全省经济持续健康发展作出新贡献。该《意见》要求：“各级工会要按照省委‘标本兼治、保稳促调’总体思路的要求，进一步增强促进全省经济持续健康发展的责任感和紧迫感，围绕‘企业有困难，职工怎么办？’开展千万职工大讨论；围绕企业攻坚克难转型升级，开展千万职工大献计；围绕节能降耗挖潜增效，开展千万职工大竞赛；围绕提升素质增强实力，开展千万职工大练兵，引导职工树立与企业同舟共济、攻坚克难的主体意识，激发广大职工创业创新、攻坚克难的热情，把伟大的抗震救灾精神转化为与企业同舟共济、攻坚克难的持续动力，充分发挥工人阶级在促进我省经济持续健康发展中的主力军作用。”其中，在谈及组织开展“千万职工大竞赛”时，提出“要把劳动竞赛贯穿到生产全过程，覆盖到每一个工作岗位”；在谈及组织开展“千万职工大练兵”时，强调“地方工会、产业工会和企业工会都要组织不同行业、不同工种的练兵比武活动”。

（5）诸暨市总工会组织开展“提升素质、参与竞赛、忠诚企业、争创一流”主题实践活动

为了深入贯彻落实中共诸暨市委十四届六次全会精神和浙江省总工会出台的上述主题活动的《意见》，2008年8月，诸暨市总工会出台了《关于开展“提升素质、参与竞赛、忠诚企业、争创一流”主题实践活动的通知》（诸暨市总工会［2008］35号），要求全市各级工会和广大职工迅速行动起来，组织开展这项主题实践活动，为促进全市经济持续健康发展作出新贡献。该《通知》中所说的“提升素质”是指提升职工的素质，“参与竞赛”是指组织职工参与各种劳动竞赛活动，“忠诚企业”是指引导职工忠诚企业，“争创一流”是指最大限度地调动和激发职工群众的主动性、创造性，从而“使职工在本职工作岗位上练就一流技能、生产一流产品、实现一流管理，争创一流业绩”。尽管在主

题活动的名称上有所不同，诸暨市总工会开展这个主题活动的目的与上述浙江省总工会开展的主题活动的目的却是一样的，都是为促进经济持续健康发展作出新贡献。

工会在劳动过程中开展的上述活动具有以下几个基本特点：①这些活动都由上级工会（全国总工会和浙江省总工会）首先启动，再从上往下逐级推动，在这个逐级推动的过程中，诸暨市总工会主要起“贯彻落实”的作用。②上级工会启动这些活动时，都赋予这些活动以十分重要的意义，甚至认为是重要的政治任务。③上级工会启动并推动这些活动尽管其直接目的是为了服务企业，甚至是为了“努力帮助企业特别是困难企业摆脱困境、渡过难关”，可是，它们基本上都是工会“想企业之所想”而采取的单边行动。④工会开展这些活动主要是通过调动工人阶级（或职工）这个“主力军”的积极性、创造性来直接服务企业的，可是，这些活动并不是职工主动要求工会这么做的。⑤在具体运作当中，这些活动一般是在“劳动竞赛委员会”的领导下统一开展的。由于劳动竞赛委员会由工会和多个政府部门组成，因此，尽管主要是工会（劳动竞赛委员会办公室设在工会）出面张罗这些活动，却并不是工会独立地开展这些活动，其背后有党和政府的大力支持。⑥这些活动主要是在市级规模企业和市级“苗子”企业中开展。

### （二）在劳动过程之外开展帮扶、慰问生活困难职工等活动

工会在劳动过程之外开展的活动种类比较多，《工作小结》主要提及了以下四类活动：一是帮扶、慰问生活困难职工，二是职工文化建设，三是强化职工生活后勤保障，四是集体合同的签订。

（1）帮扶、慰问生活困难职工活动

工会开展帮扶、慰问生活困难职工的活动是经常性的，其中全国性的重要活动有两项：一项是已经搞了20年的“送温暖”

活动，另一项是近几年才搞的“金秋助学”活动。

“送温暖”活动始于1992年。当年，全国总工会在党中央、国务院的支持下，利用工会广泛联系职工的优势，开展了“进万家门、知万家情、解万家难、暖万家心”的送温暖活动，慰问困难企业及其职工。1994年4月，全国总工会把一年一度为职工送温暖的活动拓展为“送温暖工程”，其内容主要包括：大力开展职工扶贫解困工作；积极推动职工互助互济活动；协助政府广开门路，为失业职工再就业创造条件；配合政府帮助困难企业扭亏增盈；逐步兴办群众性、公益性、互助性基金组织等。① 2002年1月，时任全国总工会主席的尉健行认为：开展送温暖活动，实施送温暖工程，是工会依法履行维护职工合法权益基本职责的重要途径。② 20年来，（全国）“送温暖”共走访企业163万家（次），慰问职工家庭9757万户（次）。③诸暨市各级工会也开展了这项活动，其中，2011年诸暨市总工会对460户困难职工进行了帮扶，给予每户1100元帮扶金。④

工会助学活动始于20世纪90年代中期。针对部分生活困难职工家庭无力负担子女学费的情况，各级工会组织把助学活动纳入送温暖工程。2005年7月，全国总工会在总结各级工会的助学活动经验的基础上，统一了名称，决定在全国工会系统开展“金秋助学”活动，其资助范围为因下岗失业、工资拖欠及老、弱、伤、病、残或遭受意外灾害等造成家庭经济困难的城镇职工子女，可以是考上大专院校的学生，也可以是在校中小学生。⑤此后，诸暨市总工会每年8月都针对困难职工家庭进行

---

① 全国总工会：《关于实施“送温暖工程”的通知》（1994年4月19日），《中国工运》1994年第6期。

② 尉健行：《工会的基本职责》，中国工人出版社，2009，第195页。

③ 王娇萍：《温暖之路——纪念工会送温暖活动开展20周年和困难职工帮扶中心建设10周年》，《中国工运》2012年第1期。

④ 《工会春节送温暖帮扶困难职工》，诸暨市总工会网站，http：//www. zjzgh. cn/html/2012/20120305195433. shtml。

⑤ 据《中华全国总工会办公厅关于开展2005年“金秋助学”活动的通知》（总工办发［2005］18号）。

助学帮困活动，并于2009年在4家企业的大力支持下筹资千万元成立了“金秋助学基金”。在此后的四年里，共发放助学金近60万元，帮助600余名困难职工子女解决了“学费难”的燃眉之急。①

（2）职工文化建设活动

工会开展“吹拉弹唱、打球照相”之类的文化体育活动也是经常性的，在国有企业更是如此。随着私营企业的异军突起，这方面的活动逐渐转向针对私营企业和农民工。

2006年6月，全国总工会办公厅出台了《关于深入开展“向农民工送文化行动”的通知》（总工办发［2006］21号）。该《通知》说：“‘向农民工送文化行动’是维护农民工合法权益的重要内容，也是贯彻落实中央领导同志关于维护农民工合法权益重要指示精神、构建社会主义和谐社会的重要举措。”该《通知》提出了“向农民工送文化行动”的目标任务：“全国总工会已拨出1000多万元资金，将在全国建立200多个流动电影放映队和31所农民工业余学校。各级工会要力争在2006年到2010年的5年时间，对1000万农民工开展文化技术技能培训。全总授牌的每所农民工业余学校每年应至少完成5000至1万名农民工的培训任务。工会流动电影放映队要深入基层、工地和社区，北方城市每个流动电影放映队每年为农民工放映电影场次应不少于80场，南方城市不少于100场，观众人数在3万人以上。”该《通知》还要求“采取多种形式为农民工送文艺节目、送书籍，设置图书室，开辟文化广场，确保‘向农民工送文化行动’的经常化、制度化。”

根据全总的上述《通知》，浙江省总工会马上开展了全省范围的工会组织向基层和职工群众送文化行动，其形式包括送电影、送演出、送广播（收音机）、送书报、送培训等。其中，全

① 《市总工会下乡发放助学金》，诸暨市总工会网站，http：//www. zjzgh. cn/html/2012/20120829154554. shtml。

省各级工会向农民工送出的收音机达 5.5 万余台。[①]

2008 年 1 月，全国总工会又出台了《关于开展全国工会“职工书屋”建设的实施意见》（总工发［2008］3 号），决定从 2008 年开始，在全国工会开展“职工书屋”建设工作。其建设的总体目标是：从 2008 年开始，力争用 5 年左右的时间，在全国目前尚缺乏读书条件的基层企事业单位、社区等建设 5 万个“职工书屋”，逐步形成阅读条件比较完备、广泛覆盖职工群众的工会读书设施网络。从 2008 年至 2010 年的三年间，全总及各地工会要投入资金，集中力量，在各地建设 3000 个“职工书屋”示范点，通过以点带面，推动‘职工书屋’建设的全面展开。至于“职工书屋”的建设资金，该《意见》认为：“必须采取‘多条腿走路’的方式。对于‘职工书屋’示范点的建设，全总将连续三年总计投入 6000 万元专项资金支持各地工会‘职工书屋’示范点建设，各地工会也要按比例筹集配套资金。同时还要积极争取政府支持、企业赞助和社会捐助。”该《意见》认为，实施“职工书屋”建设工作是今后一个时期职工文化建设的一项重要政治任务。

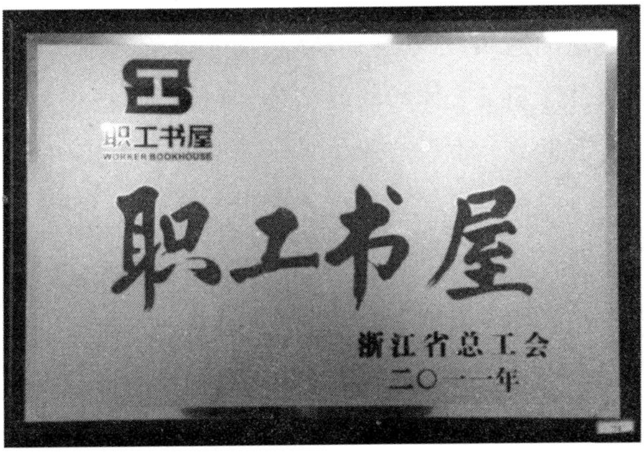


**图 8－1　“职工书屋”奖牌（摄于八方水泥有限责任公司）**

① 浙江省总工会：《面向基层、服务职工，全面开展工会送文化行动》，《中国职工教育》第 3 期。

根据全总要求，结合本省实际，2008 年 2 月，浙江省总工会出台了《关于开展全省工会“职工书屋”建设的实施意见》（浙总工发［2008］12 号），提出了如下总体目标：从 2008 年开始，力争用 5 年时间，在全省目前尚缺乏读书条件的基层企业事业单位、社区等建设 2115 个“职工书屋”，逐步形成阅读条件比较完善、广泛覆盖职工群众的工会读书设施网络。从 2008 年至 2010 年的三年时间里，省总及各地工会要投入资金，集中力量，在各地建设 135 个“职工书屋”示范点，通过以点带面，推动“职工书屋”建设的全面展开。该《意见》还对 2008 年的建设任务进行了分配，其中，分配给绍兴市的“全国工会‘职工书屋’示范点”的建设数量是 3 个，分配给绍兴市的“浙江省工会‘职工书屋’”的建设数量是 40 个。至于“职工书屋”的建设经费，该《意见》提出：“实行由全总、省总补助，市、县、基层工会共同承担的形式解决。原则上，全总补助款直接赠与‘职工书屋’示范点，省总不再给予补助；分配到各市和产业的‘职工书屋’建设所需经费，由市、县、基层工会共同解决，省总每年划拨专款，给予一定的补贴。”

2010 年 5 月，诸暨市总工会出台了《关于开展“送文化设施进企业”活动的通知》，决定“为企业工会免费赠送图书、电视机、乒乓球台等职工文体活动设施”。其推荐申报程序和条件是：由镇乡、街道工会，市级产业、系统工会和有关市直属工会根据条件和分配名额推荐申报。被推荐申报的企业工会要求在近年来获得以下系列荣誉或称号两项以上：①绍兴市级以上模范职工之家；②绍兴市级以上劳动关系和谐企业；③绍兴市企业文化建设示范单位；④绍兴市示范基层工会；⑤诸暨市五星级示范基层工会；⑥诸暨市职工生活后勤保障综合示范（“四个十佳”）企业。此次赠送活动全县只有 25 个名额（其中 5 个名额已被分配给 5 个企业集团），凡获得推荐申报的企业工会可以选择得到以下“文化设施”中的任何一种：①乒乓球桌两张，②电视机（37 寸液晶），③图书（价值 3000 元）。

此外，2008年4~7月期间，诸暨市还举办了首届职工文化艺术节，其活动内容包括全市职工龙舟大赛，全市企业文化建设专题讲座，企业文化工作特色案例，企业报优秀版面、栏目、作品评选等。

（3）强化职工生活后勤保障活动

从2002年开始，诸暨市每年开展“十佳职工食堂”评比活动，并于2005年起增设了“十佳职工宿舍（生活区）”的评比。这种“双十佳”评比活动虽然由诸暨市精神文明建设委员会办公室、诸暨市卫生局和诸暨市总工会三家联合发文，但负责日常工作的是诸暨市总工会。2007年以后，“双十佳”评比活动被扩展为“四个十佳”（十佳职工食堂、十佳职工宿舍、十佳职工文体中心、十佳职工互助保障会）评比活动。2009年又新增加了“职工生活后勤保障工作综合示范企业”命名活动，对获得“四个十佳”的企业授予该称号。与此同时，活动的组织者也由原先的三个增加到四个，增加的组织者为中共诸暨市委企业工作委员会。不过，负责有关日常工作的仍然是诸暨市总工会。①

（4）集体合同签订活动

早在十多年前，全国总工会就开始抓集体合同制度和工资集体协商制度的建设。2010年5月，人力资源和社会保障部、中华全国总工会、中国企业联合会/中国企业家协会联合下发了《关于深入推进集体合同制度实施彩虹计划的通知》，要求深入推进集体合同制度。具体到浙江省，1998年10月24日，浙江省第九届人民代表大会常务委员会第八次会议通过了《浙江省集体合同条例》；2010年11月25日，浙江省第十一届人民代表大会常务委员会第二十一次会议通过了修订后的《浙江省集体合同条例》（自2011年1月1日起施行）。进入2012年以后，诸暨市总工会加大了推进这项工作的力度，出台

① 对有关活动的详细介绍，参见第六章。

了《推动企业普遍开展集体协商集体合同签订工作专项考核办法》（诸总工［2012］13号），其考核对象是有集体协商集体合同签订任务的各镇（乡）、街道、产业、系统工会和市属企业工会。

工会在劳动过程之外开展的上述活动具有以下几个基本特点：①与前述第（一）类活动一样，这些活动也由上级工会（全国总工会和省总工会）首先启动，再从上往下逐级推动，诸暨市总工会在这个过程中主要起“贯彻落实”的作用。上级工会启动这些活动时，也都赋予这些活动以十分重要的意义。②在工会工作者看来，这些活动都属于工会维护职工的合法权益的活动（简称“维权”活动）。我们可以把这些“维权”活动大致分为两种类型：一种是工会主要依靠自身的经济实力给职工“送”去“温暖”和“文化”等东西；另一种是工会与党、政有关部门一起开展旨在强化职工生活后勤保障的“四个十佳”评比活动，通过这种评比活动来督促企业改善职工生活后勤保障条件。③工会“维权”时，在“维权”内容方面主要是选择企业愿意接受的内容，如“送温暖”、“送文化”、建设“职工书屋”、“强化后勤保障”等，而不是职工抱怨较多的工资或工价太低、加班时间太长、劳动强度太大等方面的内容。

### （三）参与党和政府直接主导的“创建劳动关系和谐企业”、“安康杯”竞赛和“厂务公开”活动

（1）参与“创建劳动关系和谐企业”活动

前面第五章已对“创建劳动关系和谐企业”活动做过详细介绍。这里只是强调一点：由于“创建活动”领导小组办公室设在诸暨市总工会，诸暨市总工会实际上承担了日常组织和管理等工作。

（2）参与“安康杯”竞赛活动

“安康杯”是取“安全”与“健康”之意而设立的安全生产荣誉奖杯。1998年，全国总工会和国家经贸委决定在全国范围内

共同组织开展“安康杯”竞赛活动，并一直持续至今。“安康杯”竞赛的主题尽管经常变化，但其宗旨未变，旨在推进企业安全生产管理、安全文化建设和职工安全卫生培训教育。诸暨市总工会与市经济贸易局等一起每年举办这项竞赛活动，每年表彰一批参与竞赛的优胜企业、优秀组织单位和先进个人。

图 8－2 “‘安康杯’竞赛优胜企业”奖牌（摄于八方水泥有限责任公司）

（3）参与“厂务公开”活动

2002 年 6 月，中共中央办公厅、国务院办公厅联合出台了《关于在国有企业、集体企业及其控股企业深入实行厂务公开制度的通知》（中办发［2002］13 号）。该《通知》要求：“国有、集体及其控股企业以外的其他企业，可依照法律规定，采取与本单位相适应的形式实行厂务公开。”该《通知》还规定：“各级地方工会要积极主动地承担起推行厂务公开的日常工作，并以此促进企业民主管理和工会工作”，“企业工会是厂务公开领导小组的工作机构，负责日常工作”。这样，地方工会和企业工会都参与到这项活动之中。根据上述《通知》精神，2002 年 10 月，中共浙江省委办公厅、浙江省人民政府办公厅联合出台了《关于深入实行厂务公开制度的通知》（浙委办［2002］45 号），提出要“大力推进非公有制企业的厂务公开”。2006 年 8

月，中共诸暨市委办公室、诸暨市人民政府办公室又进一步出台了《诸暨市非公有制企业厂务公开试行办法》，决定先在“市级规模企业”中试行厂务公开制度。该《办法》第七条规定：“企业工会负责监督检查厂务公开内容是否真实、全面，公开是否及时，程序、范围是否符合规定，职工反映的意见是否得到落实，并制定厂务公开的监督检查办法，组织对厂务公开工作进行评议和监督。”第十二条规定：“企业工会通过意见箱、接待日、职工座谈会、举报电话等形式，了解职工反映，对企业公开的事项提出意见和建议，并将职工提出的意见和建议反馈给企业厂务公开责任人。”有了这样的规定，企业工会以及诸暨市总工会很自然地参与其中。

以上三种活动具有以下三个基本特点。①这三种活动的发起者基本上是上级党和政府及有关部门，其中，创建劳动关系和谐企业活动和厂务公开活动更是如此，因此，这些活动其实都是党和政府直接主导的活动。②诸暨市总工会以两种方式参与了这些活动：一是与市安全生产监督管理局、市卫生局一起共同举办了“安康杯”竞赛活动；二是受党和政府的指派，像其他党政部门那样，在创建劳动关系和谐企业活动和厂务公开活动中承担了某些职责，甚至承担了比其他党政部门更多的职责。③这些活动的发起者期望通过开展这些活动来调控企业的运行，这种调控主要是通过调控企业经营者的有关行为来实现的。比如，开展创建劳动关系和谐企业活动主要是为了促使企业经营者遵守有关的法律法规、改善经营管理方式、保障职工的合法权益、履行企业的社会责任、支持工会工作、及时调解劳动争议。因此，工会参与这些活动，其实是参与党和政府对企业经营者的有关行为的调控。

### （四）进行自身建设活动

如表 8－1 所示，我们可以大致将“工会系统自身建设活动”分为四种类型，一是工会经费的收缴、支出与审查等财务活动，二是工会组建活动，三是工会“三级联创”活动[①]，四是会议、学习、培训、考核、评比、交流等内部管理活动。由于开展第四类活动不会直接牵扯到企业和工会会员（职工），因此，尽管提及它的次数较多，我们暂且把它搁置起来，先介绍工会组建活动，并由此述及工会经费的收缴等财务活动。

在计划经济时期，在公有制企业里成立工会、职工加入工会都是自然而然的事情，因此，并不存在工会组建方面的问题。全国总工会对工会组建工作的高度重视，大致始于20世纪90年代末期。当时由于在国有企业推行“鼓励兼并、规范破产、减员增效、下岗分流”等改革措施，许多国有企业被兼并、破产，许多国有企业职工被下岗分流。国有企业职工人数的大量减少，造成工会会员大量流失，而大量非公有制企业（或曰新建企业）职工却未能加入工会组织。2000年6月，全国总工会主席尉健行描述了当时工会所面临的这种困难局面：“近几年来，由于各种原因工会基层组织不是在增加，而是在减少，工会会员不是在发展，而是在降低。我们的会员从一亿多降为不到9000万，减少了近2000万。现在全国依靠工资收入为主要生活来源的职工大约有2.4亿左右，加入工会的只有不到职工总数的三分之一多一点。”[②]因此，尉健行认为：“当务之急就是要扩大工会组织，最大限度地把新建企业的广大职工组织到工会中来，使他们的情况能够及时为我们掌握，有条件为他们说话。”[③]

2000年11月，全国总工会在浙江省宁波市召开了“全国新建企业工会组建工作会议”。党中央高度重视这次会议，同意省委副书记参加这次会议。时任中共中央政治局常委、中央书记处书记、中华全国总工会主席的尉健行在这次会议的讲话中强调：

---

① 工会“三级联创”活动是浙江省总工会在全省范围内统一开展的一项综合性的工会建设活动，意指创建先进县（市、区）工会、示范镇乡（街道）工会和模范职工之家（模范基层工会）。具体到诸暨市，则指创建示范镇乡（街道）工会、合格（星级）“职工之家”和合格（星级）“职工小家”。

② 尉健行：《工会的基本职责》，中国工人出版社，2009，第153页。

③ 尉健行：《工会的基本职责》，中国工人出版社，2009，第151页。

“必须明确，不论企业所有制性质如何、企业规模大小、职工人数多少，只要开业投产就要依法建立工会组织；不管职工在企业工作的时间长短，都有加入工会的资格，都应及时把他们吸收到工会中来。”①尉健行还提出：“实现新建企业工会组建工作的突破，必须形成党委统一领导、各方配合的工作格局。这是实现新建企业工会组建工作突破的根本保证。各级党委务必把这项工作作为党委工作的重要组成部分，加强领导，统一研究和部署，建立和完善新建企业工会组建工作领导机构。要把工会组建率、职工入会率纳入党的工作的考核目标，落实责任，严格检查……”②于是，在全国范围内进一步掀起了一场“党委统一领导、各方配合”的新建企业工会组建运动。这场运动的效果十分明显，至少从统计数字来看是如此。截至 2002 年 9 月底，全国新建企业工会组织数达到 113.4 万个，会员数达到 4289.0 万人；全国工会基层组织数由 1997 年 51.0 万个增加到 171.3 万个，全国工会会员总数由 9131.0 万人增加到 1.3 亿人。与 1997 年相比，全国工会基层组织数和全国工会会员数分别净增 120.3 万个和 4266.8 万人，均达到历史最高水平。③

2003 年 12 月，全国总工会新一届领导班子提出了“组织起来，切实维权”的工作方针。在此后的几年里，全总先后出台了《关于组建工会和发展会员工作考核奖励办法（试行）》（总工发［2004］29 号）、《关于落实 2006 年全国组建工会和发展会员工作目标的通知》（总工办发［2006］7 号）、《关于贯彻〈国务院关于解决农民工问题的若干意见〉的意见》、《关于 2008 年全国组建工会和发展会员工作目标的通知》（总工办发［2007］37 号）等有关文件，通过制定、分解发展目标，并加以层层考核，使组建工会和发展工会会员的工作取得了十分明显的效果。截至 2008 年 6 月，全国工会

① 尉健行：《工会的基本职责》，中国工人出版社，2009，第 163 页。
② 尉健行：《工会的基本职责》，中国工人出版社，2009，第 166～167 页。
③ 据《五年来工会工作的主要成绩》，中国工会第十四次全国代表大会网站，http://14da.acftu.org/template/10001/file.jsp?aid=1878，2003－09－16。

基层组织数达到了170.2万个，工会会员总数达到了20867.5万人，与2003年相比，全国工会会员净增8527.0万人。①

2011年初，全国总工会进一步出台了《2011～2013年推动企业普遍建立工会组织工作规划》（总工发［2011］3号）。该《规划》提出了建立企业工会组织3年目标、企业工会发展会员3年目标以及工会组建和发展会员总体目标。其中，建立企业工会组织3年目标主要是：2011年至2013年，全国企业法人建立工会组织净增约195万家，总数达到446万家以上，全国企业法人建会率达到90%以上。企业工会发展会员3年目标主要是：2011年至2013年，全国企业工会会员净增约3100万人，其中农民工会员净增不低于1500万人，全国企业职工入会率达到90%以上。工会组建和发展会员总体目标是：到2013年，全国法人单位建会总数达到600万家以上，全国工会会员达到27100万人以上，其中农民工会员达到10300万人以上。根据上述《规划》，2011年4月，浙江省总工会出台了《浙江省工会推动企业普遍建立工会组织三年工作规划（2011～2013）》，并分解提出了2011～2013年全省各市企业工会组建目标和发展会员目标，还出台了《关于组建工会和发展会员工作市级工会考核奖励办法（试行）》。该《办法》提出了具体的考核内容、评分标准（百分制）、奖励等级、奖励办法和考核程序。为了落实浙江省总工会的这个《规划》，绍兴市马上制定了《2011～2013年省总下达绍兴市各县（市、区）、市直三区总工会企业工会组建与发展会员任务分解表》，将“工会组建数”和“会员发展数”一一分解到下属的各个总工会。其中，分解给诸暨市总工会的任务是：2011年组建1800家工会，发展5万名工会会员；2012年组建1500家工会，发展5万名工会会员；2013年组建1500家工会，发展4.5万名工会会员。接着，2011年5月，绍兴市总工会也出台了《关于绍

---

① 全国总工会研究室：《五年来工会工作的主要成绩》，《中国工运》2008年第11期。

兴市组建工会和发展会员工作的考核办法》。该《考核办法》的内容与上述浙江省总工会出台的《考核奖励办法（试行）》基本相同。为了落实上述工作目标，2011 年 6 月，诸暨市总工会出台了《关于推动企业普遍建立工会组织的实施方案》。该《方案》提出了如下工作目标："通过两年努力，至 2012 年底，全市职工人数 25 人以上企业法人单独建会率达到 95% 以上；企业法人工会组织覆盖率达到 90% 以上，年净增建立工会组织企业 2500 家；全市企业工会会员净增 13 万人，企业职工入会率达到 90% 以上。"为了实现上述目标，该《方案》还提出了以下三点"保障措施"："1. 建立组织领导机制。市总工会将专门成立工会组建工作领导小组，由主要领导任组长，分管领导任副组长，有关部室负责人为成员，负责企业工会组建工作目标任务分解和督查考核。2. 建立责任分解和工作通报机制。各镇乡、街道工会要根据工会组建整体目标，结合实际，科学制定年度目标任务，做好责任分解。要重视和加强工会组建数据库建设，完善企业工会组建情况定期通报制度，并报送所在党委分管领导。3. 建立考核激励机制。市总工会将就工会组建工作出台考核办法，实行专项考核，加大奖励力度，充分发挥考核奖励制度激励先进、鞭策后进的作用。将工会组建任务完成情况纳入年度工会重点工作考核，并在年度先进集体评选中实行'一票否决'。"这样，通过层层目标分解与考核奖励，开展工会组建活动便成为各级工会务必完成的一项重要工作。

2012 年 3 月，浙江省总工会进一步提出了"三年计划，两年完成"的工作目标，即到 2012 年底提前完成普遍建立工会组织的各项目标任务。[①] 相应地，2012 年 7 月，诸暨市总工会出台了《2012 年诸暨市推动企业普遍建立工会工作专项考核办法》（诸总工［2012］29 号），要求各镇乡（街道）工会认真完成 2012 年市总工会下达的建会企业数（覆盖法人数）和职工入会指标数

---

① 据《曹国旗副主席在全省工会组织工作会议上的讲话》，浙江工会网站，http：//www.zjftu.org/template/10001/file.jsp？cid =41&aid =5511，2012 -03 -13。

任务。

从以上叙述中可知，工会组建活动都是由全国总工会首先发动，再由上往下层层推进的。在这个过程中，各级地方工会不但积极响应，甚至还主动增加了工会组建任务和会员发展任务，力争超额或提前完成上级工会分解给自己的预期目标。那么，全总以及各级地方工会对工会组建活动为什么这么积极？时任全国总工会主席的尉健行在一些讲话中谈了为什么要大力组建工会，概括这些理由，可以把它们分为三个方面。一是出于政治上的考虑。因为《中国工会章程》规定：中国工会是中国共产党领导的群众组织，是党联系职工群众的桥梁和纽带，是国家政权的重要社会支柱。因此，尉健行认为：“加快新建企业工会的组建步伐，最大限度地把广大职工组织到工会中来，不仅关系到工会组织的健全、职工群众合法权益的维护和积极性的调动与发挥，更关系到党的群众基础、阶级基础和执政地位的巩固。”①二是为了建立协调劳动关系的机制，共谋企业发展。对此，尉健行说得很清楚：“组建工会不是目的，在企业建立科学完善的机制调整劳动关系，共谋企业健康发展，推动社会进步，才是目的。”②三是为了维护职工的合法权益。这一点是不言而喻的。

除了以上三个方面的理由，笔者认为还应该增加一个理由，即为了收取更多的工会经费。尽管工会工作者往往忌讳谈论这一点，但我们还得承认：工会组建得越多，就越可能收取更多的经费，至少在理论上说是如此，因为《工会法》规定：建立工会组织的企业、事业单位、机关按每月全部职工工资总额的百分之二向工会拨缴经费。③从全国收取工会经费的实际情况来看，随着工

① 尉健行：《工会的基本职责》，中国工人出版社，2009，第157～158页。

② 尉健行：《工会的基本职责》，中国工人出版社，2009，第155页。

③ 全总办公厅2004年出台的《关于基层工会组织筹建期间拨缴工会经费（筹备金）事项的通知》（总工办发［2004］29号）规定：未成立工会的企业、事业单位、机关和其他社会组织，按工资总额的百分之二向上级工会拨缴工会建会筹备金。因此，2004年以后，工会组建与工会经费之间的关系已有所变化。

会组建工作的顺利进行，工会经费也大幅度增长。据统计，在2003年以后的五年中，全国工会经费（按工资总额的2%提取）持续稳定增长，年均增长达14.3%，其中2007年达到226.2亿元，与2002年相比增收110.2亿元。[①]与此同时，全国工会企事业资产规模不断扩大，整体实力不断增强，截至2007年底，全国工会企事业资产总额达254亿元，所有者权益达121亿元，工会企事业单位平均资产额比2003年增加近3倍。[②]这个成绩无疑是各级工会组织共同努力的结果。

从表8-1可以看出，在“工会经费的收缴、支出与审查等财务活动”上，诸暨市总工会是投入了很多时间和精力的，因为提及该类活动的次数达86次（相当于在每月的《工作小结》中提及2次），约占提及“工会系统自身建设活动”总次数（250次）的三分之一。诸暨市总工会对“工会经费”的重视程度由此可见一斑。不仅如此，“按时足额上缴好工会经费”也是诸暨市总工会考核下属工会的一个最重要的指标。比如，在《2010年镇乡、街道、市级产业、系统等工会重点工作考核内容及评分标准》中，基本分部分共设置了四大类25个考核项目，满分为100分，平均每个考核项目的分值只有4分（其中分值最少的只有2分），可是“按时足额上缴好工会经费”的分值却高达20分，占总分的五分之一；“完成市总工会下达的基层工会组建和会员发展任务”的分值也高达8分。由此不难看出工会组建和工会经费对诸暨市总工会的重要性。[③]

---

① 全国总工会财务部：《中国工会十四大以来的工会财务工作》，《中国工运》2008年第6期。

② 全国总工会研究室：《五年来工会工作的主要成绩》，《中国工运》2008年第12期。

③ 据诸暨市总工会主席戚志军在全市工会半年度工作会议上的报告，诸暨市总工会上解上级工会经费每年都要递增10%，2011年诸暨市工会没有完成绍兴市总工会下达的上解工会经费任务。参见诸暨市总工会网站，http://www.zjzgh.cn/html/2012/20120803103115.shtml，2012-08-03。

## 2010年镇乡、街道、市级产业、系统等工会重点工作考核内容及评分标准

（同时用作年底自评、互评、审定打分）

受考工会（盖章）：________

一、基本分部分（100分）

| 考核项目 | 考核基本要求 | 分值 | 自评分 | 互评分 | 部室分 | 审定分 |
|---|---|---|---|---|---|---|
| 一、提升素质，增加转型推动力（18分） | （1）开展社会主义核心价值观教育、理想信念教育和职业精神教育，引导职工凝心聚力、奉献发展 | 2 | | | | |
| | （2）深化“提升素质、参与竞赛、忠诚企业、争创一流”主题实践活动，开展创建“工人先锋号”活动，充分发挥广大职工在推进经济转型升级中作用 | 3 | | | | |
| | （3）深化“创建学习型组织，争做知识型职工”活动，加强“职工书屋”建设，开展“职工读书月”活动，配合做好“十佳学习型组织”、“十佳知识型职工”的评选工作 | 4 | | | | |
| | （4）组织职工开展职工技能比武活动 | 4 | | | | |
| | （5）完善“五位一体”的技术工人成长机制，开展各类职工素质培训，构建职工素质“大学校”建设社会化格局 | 3 | | | | |
| | （6）关心劳模的生活和工作，发挥劳模的示范导向工作，配合做好省第三届“金锤奖”、“绍兴市百名优秀职工”推荐工作 | 2 | | | | |
| 二、强化维权，提高社会和谐度（18分） | ☆（7）推进第三轮劳动关系和谐企业创建活动，配合做好首批绍兴市级劳动关系和谐企业的复评和诸暨市“最具社会责任感企业”的评选工作 | 4 | | | | |

续表

| 考核项目 | 考核基本要求 | 分值 | 自评分 | 互评分 | 部室分 | 审定分 |
|---|---|---|---|---|---|---|
| 二、强化维权，提高社会和谐度（18分） | (8) 深化企业文化繁荣工程，实施企业文化建设助推计划，推进文化共享工程进企业活动，帮助指导企业完善职工文化阵地建设 | 3 | | | | |
| | (9) 组织参加“同唱劳动歌，共建和谐家”大合唱比赛，开展庆“五一”等职工文体活动。配合做好指导企业创建绍兴市企业文化建设示范单位 | 4 | | | | |
| | (10) 抓好厂务公开民主管理的“提质扩面”工作，提高职代会制度规范化水平和实际效果 | 2 | | | | |
| | ☆ (11) 配合开展重点企业“安康杯”竞赛活动，做好职业安全卫生工作 | 2 | | | | |
| | ☆ (12) 完善职工维权帮扶中心（站）设施和功能，强化劳动关系矛盾预警、信息报送、应急处理等机制建设 | 3 | | | | |
| 三、服务民生，提升职工幸福感（19分） | (13) 利用工会阵地，努力为职工提供技能培训与就业介绍服务 | 2 | | | | |
| | ☆ (14) 扎实做好平等协商集体合同制度提质扩面工作 | 3 | | | | |
| | (15) 指导企业积极参加“强保障、促和谐”为主题的职工生活后勤保障推进活动和“四个十佳”评选活动 | 3 | | | | |
| | (16) 组织参加“3+1”互助保障计划 | 5 | | | | |
| | (17) 深入实施送温暖工程，大力开展困难帮扶、金秋助学、法律援助等工作 | 6 | | | | |
| 四、完善机制，增强组织凝聚力（45分） | (18) 加强工会规范化建设，抓好合格（星级）“职工之家”创建达标活动 | 2 | | | | |
| | ☆ (19) 完善工会工作机制，健全“小三级”工会组织网络建设。顺利完成工会换届工作，按要求配备工会干部 | 2 | | | | |
| | (20) 完成市总工会下达的基层工会组建和会员发展任务 | 8 | | | | |

续表

| 考核项目 | 考核基本要求 | 分值 | 自评分 | 互评分 | 部室分 | 审定分 |
|---|---|---|---|---|---|---|
| 四、完善机制，增强组织凝聚力（45分） | （21）积极参加市总工会组织的有关专题学习培训活动 | 2 | | | | |
| | （22）及时上报工作信息，并配合市总工会办好《诸暨工运》杂志 | 2 | | | | |
| | （23）按时完成各类工会报刊订阅任务 | 6 | | | | |
| | （24）按时足额上解好工会经费 | 20 | | | | |
| | （25）重视经审干部配备和培训，开展对所属基层工会经费计拨上解和使用情况审计 | 3 | | | | |

## 二、争创一流加分部分（累计不超过20分）

| 加分项目 | 加分内容及办法 | 分值 | 自评分 | 互评分 | 部室分 | 审定分 |
|---|---|---|---|---|---|---|
| 争取党政重视 | 1. 按照市委［2005］7号文件和市委办［2005］63号文件要求，设置好镇乡、街道工会专兼职干部职位，并相应配备好工会干部（5分） | | | | | |
| | 2. 全年主动向同级党委汇报工作1～2次（2分） | | | | | |
| | 3. 劳动关系和谐企业创建活动有计划、有措施、效果明显（3分）；建立镇乡（街道）政府工会联席会议制度和劳动关系三方协商机制（3分）；组建行业工会、村级工会、企业集团工会联合会和发展农民工入会有成效（3～5分）；承办全市性职工文体、技术比武活动（3分） | | | | | |
| 工作典型 | 4. 本级工会、基层工会在上级会议上介绍经验，综合性的市级2分、绍兴市级以上3～5分；单项性的市级1分、绍兴市级以上2～4分。典型经验在上级刊物介绍，市级0.5分、绍兴市级以上1～3分（同一典型以最高分计，加分要提供凭据） | | | | | |
| 工作创新 | 5. 工作创新成果由受考工会或市总工会有关部室提出申报，市总工会常委会认定后给予1～5分 | | | | | |

注：①本评分标准表在年终考核交流时，请务必复印15份，盖章上交。②带☆考核项目，教育、市直机关、卫生、农业、环保、规划、文广、水电、供电等单位不作要求。

其实，如果我们把工会经费视为工会“服务大局”的一种回报，那么，诸暨市总工会重视这种回报也是情理之中的事情。当然，对具体的工会工作者（尤其是工会负责人）来讲，他们在意的回报也许主要不是工会经费，而可能主要是其岗位待遇与晋升机会。中共诸暨市委于2012年2月出台了《关于进一步加强新形势下工会共青团妇联工作的意见》[①]，其中就“加强工青妇领导班子和干部队伍建设”提出了如下意见：“在提名党委委员、人大常委会委员、政协常委会委员候选人时，应考虑工青妇的负责人。在提名党委常委候选人或人大常委会、政协副职候选人时，应根据本人条件考虑同级地方工会主要负责人。……镇乡（街道）专职工会主席（主任）在任职期间，享受同级行政副职待遇。……要加强工青妇干部的教育培训，继续把工青妇干部的培训列入各级党校培训计划的主体班次。加强工青妇干部的横向交流和纵向交流，建立中层干部正常流转机制，拓宽选拔、输送渠道。”应该说，这种“意见”对工会工作者（尤其是工会负责人）来讲，还是有吸引力的。

## 四 小结与讨论

进一步概括前面的描述与分析，我们可以得出以下三个基本结论。①自觉接受党的领导的各级地方工会都会为当地工作大局服务，诸暨市总工会也不例外。在现阶段，所谓“服务大局”实际上是服务“经济增长”和“社会稳定”，具体来说，则是服务“企业经济效益的增长”和“企业劳动关系的和谐与稳定”。②在2008～2011年期间，诸暨市总工会主要通过开展以下四类活动来服务诸暨市的工作大局，或者说服务诸暨市的“企业经济效益的增长”和“企业劳动关系的和谐与稳定”：一

---

① 诸暨市总工会网站，http://www.zjzgh.cn/html/2012/20120309093450.shtml，2012-03-09。

是在企业劳动过程中开展的或与劳动过程直接相关的劳动竞赛、技能比武活动；二是在企业劳动过程之外开展的帮扶慰问生活困难职工、职工文化建设和强化职工生活后勤保障等活动；三是参与党和政府直接主导的“创建劳动关系和谐企业”、“安康杯”竞赛和“厂务公开”活动；四是工会系统的自身建设活动。③旨在“服务大局”的大多数活动都由上级工会（全国总工会和浙江省总工会）或上级党和政府及有关部门首先启动，然后，再从上往下逐级推动，直至落实在企业里。诸暨市总工会在这个过程中主要起贯彻落实的作用。在贯彻落实当中，在不违背活动的基本宗旨的前提下，可能会结合本地的实际情况而在活动的具体内容、具体方式等方面有所取舍、有所创新。

党领导工会并要求工会“服务大局”的做法具有很多深远的意义，其中，从党和政府调控劳资关系的角度来讲，其意义至少有以下三点：首先，这种做法意味着劳资关系中的“劳方”的行动，尤其是其集体行动，亦已处于党的“领导”之下，这不但使资方不必投入很多的精力和时间去“对付”工会，而且使劳资关系发展、变化的不确定性大为降低。其次，当劳方已处于党的“领导”之下，针对资方的软性调控就显得尤为必要。再次，当劳方已处于党的“领导”之下，针对资方的软性调控可能更容易得到资方的理解、配合而变得较为容易实施。

诸暨市总工会开展的这些活动基本上属于全省性甚至全国性的工会活动，我们可以把诸暨市总工会的活动视为全省工会活动甚至全国工会活动的一个缩影。有鉴于此，笔者在此想进一步讨论以下三个相关的问题：一是关于工会与党的关系；二是关于工会与职工群众的关系；三是关于对工会的作用的评价。

（1）关于工会与党的关系。1958 年 8 月出台的《全国总工会党组第三次扩大会议的决议》认为“工会的各级组织实质上就是各级党委的工会工作部"[①]。30 年以后，工会"实际上成了党委的一个工作部门或行政的一个从属机构"[②]。尽管 1988 年 10 月出台的《工会改革的基本设想》曾试图改革这种局面，可是，这种改革刚一开始就结束了。因此，后来的有关学者仍然认为中华全国总工会并不是一个工会组织，而是一个国家机构（a state organ）。[③]至于地方工会，也有学者认为它实际上是党、政府的一个部门。[④]笔者认为，把以"服务大局"为宗旨，自觉接受党的领导并与党在政治上、思想上和行动上保持高度的一致的工会组织视为党委的一个工作部门并不为过；鉴于我国党、政不分的国情，同时把工会组织视为政府的一个从属机构也未尝不可。现实中的工会在不同的情境下可能会扮演不同的角色，比如扮演党和政府工作大局的服务者、职工合法权益的维护者、劳资关系的调解者、有关立法的参与者等，甚至还可能参与党和政府对企业经营者的有关行为的调控。不过，不管工会扮演哪种角色，它只拥有一种立场，即党的立场或者说与党的立场一致的立场。时任全国总工会主席的王兆国认为，坚持党的领导是中国工会特有的政治优势。[⑤]从前面的描述和分析来看，这种"政治优势"之一，就是工会可以借助党的威望，以"围绕中心、服务大局"的名义启动并从上往下开展有关的活动。

（2）关于工会与职工群众的关系。《中国工会章程》认为中国工会是党联系职工群众的桥梁和纽带。笔者认为，这种说法没错，只是我们理解这种说法时应该注意一点，那就是这个"桥梁"或"纽带"的一端"系"在党的身上或者说"握"在党的

---

① 参见中华全国总工会办公厅编《建国以来中共中央关于工人运动文件选编》（上册），中国工人出版社，1989，第 679 页。

② 据 1988 年 10 月出台的《工会改革的基本设想》，参见陈骥主编《中国工会十五年（1978～1993）》，中国工人出版社，1993，第 98 页。

③ Taylor, B. and Qi Li (2007), Is the ACFTU a Union and Does It Matter? *Journal of Industrial Relations*, Vol. 49, No. 5.

④ 徐小洪：《中国工会的双重角色定位》，《人文杂志》2010 年第 6 期。

⑤ 王兆国：《高度重视和切实加强企业工会工作——在全总十四届九次主席团（扩大）会议上的讲话》（2006 年 7 月 5 日），《中国工运》2006 年第 8 期。

手里，而另一端与职工群众的联系却缺乏相应的制度安排。因此，工会脱离职工群众是很难避免的现象。[①]不过，这并不表示工会不关注职工、不同情职工、不代表职工、不为职工维权、不为职工说话。事实上，各级工会始终高度关注职工，只是高度关注之后如何对待职工，或者具体一点来说，如何看待职工的现实处境、如何定义职工的合法权益以及如何维护职工的合法权益则取决于“服务大局”的需要。其实，“服务大局”只是一种笼统的说法，至于采取什么具体措施来“服务大局”，工会难以独自决定。大体而言，在非政治上的敏感时期尤其是在经济发展比较困难的时期（如国际金融危机期间），工会可能更为强调如何调动职工的工作积极性，以便为“经济增长”服务，此时，工会与职工群众之间的联系可能比较松散；而在政治上的敏感时期，则可能更为强调为职工维权、化解劳资纠纷，以便为“社会稳定”服务，此时，工会与职工群众之间的联系则可能比较紧密。

（3）关于对工会的作用的评价。在西方市场经济国家，尤其在美国，关于工会的作用问题得到了学界的广泛研究。笔者认为，对中国工会作用的研究与评价应该注意以下两点：第一点，众所周知，中国的工会并不是独立工会，而是党领导的工会，工会也自觉地接受党的领导并与党在政治上、思想上和行动上保持高度的一致，因此，工会的作用其实是与党的作用紧密联系在一起的。由于党政不分，工会的作用其实也与政府的作用紧密联系在一起。正因为如此，陈峰把中国的工会称为工会官僚机构（union bureaucracies），认为它的力量（power）本质上是一种行政的力量。[②] 因此，探讨工会单方面的作用可能没有太大的意义。第二点，我们不能用评价西方独立工会的作用的标准来评价中国工会的作用。西方学者研究西方独立工会的作用时，一般只关注

---

① 对这个问题的分析，参见游正林《60年来中国工会的三次大改革》，《社会学研究》2010年第4期。

② Chen, Feng (2009), Union Power in China: Source, Operation, and Constraints. *Modern China*, Vol. 35, No. 6.

工会在改善工人的劳动报酬（尤其是工资）方面的作用。然而，中国工会的中心任务是“服务大局”，而不是仅限于维护职工群众的某些局部的、眼前的劳动报酬。因此，评价中国工会的作用，应该有更加宽阔的视野。由于对经常变动不居的“大局”以及工会“服务大局”的诸多方式难以具体界定，在笔者看来，尽管工会“服务大局”的作用确实存在，我们却很难对这种作用的大小进行定性评价和定量研究。

第九章

# 进一步预防、化解劳资纠纷

前面几章分别介绍了地方政府软性调控私营企业劳资关系的六种主要做法，其实，那些做法都涉及预防和化解劳资纠纷的内容。除此之外，地方政府还采取了更进一步的措施来预防、化解劳资纠纷或广义上的社会矛盾纠纷。本章将介绍其中的五项措施：一是推行安全生产和劳动用工“网格式”管理，二是开展农民工工资支付情况专项检查，三是进一步加强信访工作，四是构筑社会矛盾纠纷“大调解”工作格局，五是就地就近调解劳动争议。

## 一　推行安全生产和劳动用工“网格式”管理

近年来，诸暨市政府进一步加强了安全生产与劳动用工管理，在此尤其值得一提的是该市实施的“网格化”管理模式。

2008 年 3 月 17 日，诸暨市人民政府办公室印发了《诸暨市安全生产和劳动用工“网格式”管理实施方案》（诸政办发［2008］48 号）。该《方案》首先指出：“为加强我市安全生产和企业劳动用工管理，保护人民群众生命财产安全，营造良好的用工环境，切实维护社会稳定，经研究，决定在全市范围内推行安全生产和劳动用工‘网格式’管理。”该《方案》提出的工作目标有三：①建立完善以责任区监管制度为主要内容的综合治理“网格”，使社会矛盾、安全隐患、非法用工等不安定因素能在第一时间发现，并及时处置在萌芽状态，着力推进“平安诸暨”建设。②加强企业自身建设和内部管理，督促企业抓好对职工的安全生产知识培训，规范劳动用工，改善外来人员的工作、生活环境，实现业主与职工的和谐共处，使外来建设者和谐融入诸暨经济社会发展的整体环境之中。③规范企业的生产经营行为，消除和减少企业安全生产事故隐患，力争企业的安全防范措施进一步完善，劳动用工进一步规范，并实现安全生产和劳动用工的实时监管。该《方案》提出的“管理模式”为：以镇乡（街道）为责任主体，各相关部门根据自身职责做好相关工作。市级“网格式”管理范围主要分解落实绍兴市级重大危险源、道路交通黑点段、重大火灾隐患单位、全市规模以上企业及矿山等高危行业企业的安全生产和劳动用工管理。镇乡（街道）同时制定相应的“网格式”管理实施方案，将所属区域划分为若干网格，成立安全生产和劳动用工“网格式”管理领导小组，由行政一把手任组长，设立网格牵头人、网格管理员、安全生产和劳动用工联合执法队，把安全生产和劳动用工责任层层落实到个人。网格牵头人由镇乡（街道）领导班子成员担任，负责组织开展分管网格内的安全生产和劳动用工监督管理工作。网格管理员具体负责抓好网格内的安全生产和劳动用工监督管理，负责协同安全生产和劳动用工联合执法队，对网格内在限定时间内不整改或整改不彻底的隐患企业实施强制整改。安全生产和劳动用工联合执法队配合网格管理员，对隐患企业进行督查，责令整改。对整改不力的隐患单位，由网格管理员报镇乡（街道）安全生产和劳动用工“网格式”管理领导小组办公室，由镇乡（街道）组织力量进行重点整治。若整治仍有难度，上报市政府办公室，并同时报送市安监局、市劳动保障局，由市政府办公室组织力量进行整治，确保整改到位，消除安全隐患。各镇乡（街道）安全生产和劳动用工“网格式”管理以当地行政一把手为第一责任人，若因人事变动，原第一责任人调离，继任者为第一责任人。对于年销售额 500 万元以下企业，由镇乡（街道）制定相应的办法和措施，落实安全生产监管责任。该《方案》提出的“网格式”管理的组织实施由市政府办公室牵头，各镇乡（街道）、开发委及安监、劳动保障、公安（消防）、工商、国土资源、建设、交通、质监、教育、建管、广播电视台、商贸等相关部门参与。该《方案》还对这些相关部门的工作职责进行了划分。最后，该《方案》提出了三点“工作要求”：一是加强领导，落实责任；二是加强宣传，营造氛围；三是加强考核，务求实效。

接着，诸暨市安全生产委员会办公室和诸暨市劳动与社会保障局联合出台了《诸暨市安全生产和劳动用工“网格式”管理劳动用工考核办法》。其考核对象为各镇乡人民政府、街道办事处及相关部门。考核实行百分制，考核内容及其分值分配如下。

（1）切实加强本镇乡（街道）、系统内用人单位劳动用工管理工作的领导，组织机构健全，工作人员落实。坚持日常管理与专项检查相结合，开展专项检查不少于6次。(10分)

（2）督促本镇乡（街道）、系统内用人单位做到依法与职工签订劳动合同，建立本镇乡（街道）、系统内用人单位名录和职工名册。(15分)

（3）督促本镇乡（街道）、系统内用人单位做到依法用工、规范管理，无使用童工、招用无合法证件人员、扣压职工有效证件、收取押金等现象。(15分)

（4）指导和协调集体合同签订工作。督促用人单位按时足额发放职工工资，及时调处工资投诉案件，结案率不低于98%。(15分)

（5）督促用人单位根据市政府相关政策做好养老、工伤、医疗、失业、生育保险的参保工作。(15分)

（6）建立本镇乡（街道）、系统劳动用工管理工作台账，按要求完成用人单位劳动保障书面材料审查工作。(10分)

（7）关爱职工，督促本镇乡（街道）、系统内用人单位落实劳动保护措施与职工福利待遇，无封闭式管理现象。(10分)

（8）加强对职工的思想政治工作，丰富职工业余文化生活，

本镇乡（街道）、系统内用人单位无集体上访现象和重大责任事件的发生。（10分）

（9）在劳动用工管理方面有创新工作被市级以上单位推广的加2～10分，按最高分加分，不重复加分（诸暨市级2分，绍兴市级3分，省级5分，国家级10分）。

该《考核办法》规定：考核得分在60分以上，前五名为优秀，后三名为合格，中间为良好。低于60分的确定为年度考核不合格，在全市予以通报批评。

具体到每个镇乡（街道），一般又会出台针对网格牵头人、网格管理员等的考核办法，比如大唐镇人民政府就于2011年4月出台了《2011年大唐镇安全生产、劳动用工网格式管理专项考核办法》（大政发［2011］18号）。①

## 2011年大唐镇安全生产、劳动用工网格式管理专项考核办法

一、考核对象

网格牵头人、网格协调员、网格管理员及网格式管理的其他相关人员。

二、考核内容

（一）倒扣分

1. 网格员对网格内所有企业、公共集聚场所、建筑工地等进行登记造册，报至镇安监站；新增登记对象在一个月内补报。发现有漏登、错登或补报不及时情况，每例扣0.5分。

2. 网格员在当月月底前把《安全隐患整治通知书》、《安全隐患复查通知书》和《安全生产、劳动用工网格管理员月报表》及相关资料（按要求时间）报至镇安监站存档备案。没有按时上

---

① “中国诸暨政府信息公开”网站，http://xxgk.zhuji.gov.cn/jsp/web/2011/04/14/ff808081359ef0350135a3b0131314be.jsp。

报或隐瞒不报的，每次扣1分。

3. 网格员每月到所属网格进行安全生产检查，并填写上门签到表。没有进行检查或填写上门签到表格的，每例扣0.5分。

4. 网格员对镇安委会在督查中发现并通报的隐患应及时落实整改。未落实整改措施的每例扣2分，整改不到位的每例扣1分。

5. 网格员应督促企业、公复场所、建筑工地等上墙公布安全生产规章制度、消防制度。企业相关制度不健全且网格员未明确要求其建立规章制度的，每家扣0.2分。

6. 网格员对存在隐患的“三合一”企业及场所应当及时摸排并落实整改措施。对同一平面“三合一”企业及场所，未及时发现并落实整改的，每家扣1分；对同一建筑“三合一”企业及场所，未对存在隐患提出并落实整改的，每家扣0.5分。

7. 网格员要督促企业规范用电。发现有私搭乱接电线，电器安装、电线搭接线路不规范，配电箱（板）、电闸刀下堆放易燃易爆物品等现象，每处扣1分。

8. 网格员要督促有易燃易爆物品的生产经营单位、公复场所、建筑工地在人员聚集区设置醒目的禁烟标志和逃生标志，配备相应数量的灭火器（每20平方米1只）、逃生器材、应急照明灯等安全设施，设置逃生通道。没有配备消防器材、设置消防通道的，每例扣1分；配备不足的，每例扣0.5分。

9. 公复场所（旅社、网吧）、企业生产车间、职工宿舍的安全出口、疏散通道要畅通无阻。发现有房门反锁、安全出口上锁或通道严重堵塞现象，经核实，网格员对业主未提出整改意见的（以上墙签到表、事故隐患整改通知书等为准），每例扣1分。

10. 对无证上岗的司炉工、起重机操作工等特种作业人员，网格员应告知其停止作业，并把相关情况报至安监站。出现无证上岗且网格员未把相关情况报安监站的，发现一家扣0.5分。

11. 每季度对有锅炉、压力容器、电梯、起重机械等特种设备的企业开展一次安全检查（检查内容参照《大唐镇特种设备现场安全监督检查记录表》），未按规定组织检查的，扣1分。

12. 建筑工地必须落实安全措施，定期组织检查。发现安全隐患的，每例对网格员扣1分。

13. 网格内发生人员重伤或死亡的安全生产事故（市级相关部门认定为准），网格员扣除当月考核奖金（扣6分计）；网格协调员、网格牵头人及安监站负责人、安全生产分管领导、主管领导按考核比例扣分；情节严重的，对相关责任人员追究相应责任。

14. 各行政村、社区用人单位合同签订率应达到98%。签订率在80%以上，低于98%的，每降低1个百分点扣0.1分；签订率在50%以上，低于80%的，每降低1个百分点扣0.2分；签订率在50%以下的不发考核奖。

15. 因工作疏忽、不负责任而造成人员上访，参照镇信访考核办法执行。

16. 有非法使用外籍人员、童工的行为，发现一起扣0.5分；被市级及以上有关部门查处的，扣1分；被新闻媒体曝光造成负面影响的扣5分。

17. 网格员应及时排查和了解企业工资清欠情况，发现可能引发劳资纠纷的苗头应及时上报镇劳动管理部门。对未落实排查、预报工作的，发生一起劳资纠纷扣1分。

18. 在特定事项（包括森林火灾）的安全管理期限内，未按上级规定布置工作、落实防范措施，并造成损失的，扣2~5分。

19. 发生重要或紧急情况需相关人员到场处理，经告知且无特殊情况不能第一时间到达现场的，每例扣1分。

20. 安监站应正确履行《大唐镇安全生产监督管理站十项工作职责》，未能履行职责的，每项扣1分。

21. 片、居每月组织一次安全生产检查、执法活动，由牵头领导、协调员负责组织实施，每月不开展检查、执法活动的，牵头领导、协调员各扣0.5分。镇安委会每季度组织一次安全生产检查执法活动，每季度不开展的，安委会领导小组成员各扣1分。

22. 对因岗位失职而本考核办法未明确规定的，经镇安委会讨论后根据情节严重情况酌情扣分。

（二）奖励分

1. 网格员对本辖区内的企业主动组织安全生产宣传培训，每次组织 20 人以上培训的，奖 1 分；50 人以上的，奖 2 分；100 人以上的，奖 5 分；150 人以上的，奖 10 分；对家庭小作坊因人数限制仍组织培训的，酌情加分。培训应当包括知识教育、现场演示、应急逃生演练三个方面，培训以照片、签到表、讲课资料为证。

2. 上报安全生产、劳动用工动态信息的，每篇奖 0.3 分；镇安全生产简报采用的，奖 0.5 分；被市级及以上媒体（广播、电视、报刊等）采用的，奖 1 分；管理经验或调研文章被市级及以上媒体采用的，奖 10 分。

3. 在非工作时间内，相关人员能第一时间参与现场救援、处理，或开展安全生产事故调解及善后工作的，每例每人奖 1 分。

4. 整治完成一家“三合一”企业，经验收合格，每例奖 1 分。

5. 网格管理员发现童工并协助劳管站查实并依法处理的，每例奖 0.5 分。

6. 其他未明确规定的，根据工作成效，酌情加分。

三、考核办法

（一）考核奖金

镇每月拨出专项考核奖金，基数为每月 600 元/人。扣分、奖励分每分奖值 100 元，在基数上增减（当月基数扣完为止）。镇在编机关干部以外的人员奖金基数、扣分值按 50% 计算，奖励按 100% 计算。奖金按季度发放。

（二）考核评比

1. 由镇考核领导小组决定具体考核方法，每月组织一次，考核结果在安全生产、劳动用工的简报中公布。

2. 主管领导、分管领导、网格牵头人、协调人的扣分按全镇或该片区总扣分/总网格员数计算。同一个网格有网格员 2 人或以上的，且内部有明确分工或区域划分的，按照责任划分奖罚；没有明确分工或区域划分的，扣分按照人数计算（每人都扣除应扣分值），奖励按照网格数计算。

3. 镇全体机关干部原则上都应参与网格式管理，确因岗位特殊原因未直接参与网格式管理的机关干部经镇党政班子讨论同意的，按平均奖金发放。

4. 年终根据安全生产、劳动用工考核结果，设立安全生产、劳动用工网格式管理先进个人奖5名。

该项考核办法由镇安委会负责组织实施和解释。

为了认真贯彻执行上述《诸暨市安全生产和劳动用工“网格式”管理实施方案》，2009年10月8日，诸暨市人民政府办公室又出台了《关于进一步加强劳动用工网格式管理工作的意见》（诸政办发［2009］166号），提出要建立三种制度。一是实行劳动用工“网格式”管理巡查制度。巡查目的是：通过对所管辖区域内的劳动用工“网格式”管理情况进行定期和不定期的巡视、检查，及时发现和消除各类隐患，防止各类矛盾纠纷和违反劳动保障法律法规行为的发生，确保辖区内劳动关系的和谐稳定。它要求：各镇乡（街道）和有关主管部门均应成立劳动用工“网格式”管理巡查工作领导小组，具体负责组织协调、监督、指导本辖区劳动用工“网格式”管理巡查工作。二是实行劳动用工“网格式”管理月报制度。月报主要内容为：劳动用工基本情况，执行劳动保障法律法规的情况，重大劳资纠纷、隐患排查处理情况。三是实行劳动用工“网格式”管理责任追究制度。它规定：根据属地管理原则，经市劳动保障局查实，各镇乡（街道）和有关部门管辖区域内的用人单位或个人发生以下情形之一的，将移送市监察局按有关规定对相关责任人予以责任追究：①一次性违法使用童工2名（含）以上或连续使用童工在3个月（含）以上的；②一年内因违法使用童工被处罚后，继续使用童工的；③因业主欠薪逃逸而发生10人（含）以上群体性上访事件且事先未预警的；④对租用经营场所的外来用人单位摸排不到位、监管不力而发生重大劳资纠纷的；⑤其他因违反劳动保障法律法规而影响社会稳定、造成恶劣社会影响的。该《意见》还规定了各镇乡（街道）应配备的劳动保障工作人员的人数，多者 4 名，少者 2 名。

2009 年 12 月 14 日至 18 日，诸暨市纪委（监察局）、安监局、劳动与社会保障局、消防大队联合组成四个检查组，抽查了全市 19 个镇乡（街道）和开发区的安全生产和劳动用工管理工作情况，重点检查安全生产和劳动用工工作部署落实、“网格式”管理职责履行和安全隐患排查治理等情况，并于 12 月 23 日形成了《关于全市安全生产和劳动用工管理工作检查情况的通报》。该《通报》认为，安全生产与劳动用工管理工作总体情况较好，主要体现在四方面。

1. 各级高度重视。各镇乡（街道）、开发委都能按照市委、市政府的要求，高度重视、认真抓好安全生产和劳动用工管理工作，主要领导牵头部署，班子成员分工落实，全体干部分片负责，形成了“人人抓、时时抓”的工作氛围。

2. 机制逐步完善。各镇乡（街道）均建立了安全生产和劳动用工管理领导组织和日常巡查组织，健全了“网格式”管理制度和专项考核制度，巡查记录表、月报表等台账资料齐全，基础工作和管理机制不断加强。

3. 意识已经形成。镇乡（街道）各级干部都能积极履行网格管理职责，主动开展日常巡查，做好检查登记和上报，安全生产和劳动用工工作已变被动为主动，成为镇乡（街道）的重要日常管理工作和干部的“分内事”。

4. 工作有所创新。暨阳街道将安全生产、劳动用工、计划生育、城建土管、信访维稳等 5 块内容列入“网格式”管理，实行 500 分制月考，细化考核标准，并建立由主职领导为组长的月考检查工作组。陶朱街道对租房经营的用人单位除报备职工名册和劳动合同外，还要求报备工商登记资料和经营者户籍资料，并对职工工资情况进行跟踪督查。大唐镇不断深化安全生产和劳动用工宣传教育培训工作，通过有线电视、标语图板、安全挂历、业主员工培训、观看警示片等各种方式，强化企业意识，转变业主态度，主动接受检查；积极探索完善网格管理机制，建立联合执法机制，规定每周四为集中执法日，由镇政府牵头，组织公安派出所、供电所、工商所等站所对网格排查出的重大安全隐患和用工问题进行集中整治。次坞镇组织企业与企业之间进行安全生产和劳动用工管理互检。璜山镇为提高矿山安全隐患排查水平，专门聘请3个技术专家参与日常矿山安全检查工作。同山镇给企业购买灭火器补贴50元/只。王家井镇从9月份起对网格区域进行重新调整，解决网格员苦乐不均的状况。①

这次检查也发现一些问题，如巡查记录不够规范，不少网格员反映自身业务不熟、能力不够，发现问题缺乏整改，一些镇乡未按规定足额配备专职工作人员，部分业主的意识和重视程度不够，等等。因此，该《通报》提出了三点工作建议：一是深化完善网格管理机制，二是加强宣传教育业务培训，三是切实采取措施抓好整改。

2010年4月12日，诸暨市人力资源和社会保障局出台了《关于进一步加强镇乡（街道）劳动保障监察中队（管理站）规范化建设的意见》（诸劳社发［2010］11号），提出要进一步加强以下三个方面的建设：一是进一步加强镇乡（街道）劳动保障监察队伍建设，它要求各镇乡（街道）应严格按照诸暨市人民政府办公室《关于进一步加强劳动用工网格式管理工作的意见》的相关要求，配备劳动保障监察中队（管理站）工作人员；二是进一步规范镇乡（街道）劳动保障监察中队（管理站）场所建设；三是进一步加强镇乡（街道）劳动保障监察中队（管理站）业务

① 据《诸暨市机关效能建设领导小组办公室关于全市安全生产和劳动用工管理工作检查情况的通报》（诸效能办发［2009］7号）。

建设。该《意见》还提出了“相关工作要求”，其中之一是：“确定陶朱街道、浣东街道、店口镇、大唐镇、草塔镇、枫桥镇劳动保障监察中队（管理站）为2010年基层劳动保障监察中队（管理站）规范化建设试点单位，并要求在2010年6月底前按规定标准要求完成。以后逐步推开，力争在2011年12月底前我市所有镇乡（街道）劳动保障监察中队（管理站）达到规范化建设要求。”

## 二　开展农民工工资支付情况专项检查

在全国范围内开展农民工工资支付情况专项检查活动始于2004年。2004年11月，劳动和社会保障部办公厅、建设部办公厅和中华全国总工会办公厅联合发出了《关于开展农民工工资支付情况专项检查活动的通知》（劳社厅函［2004］368号），决定于2004年12月1日至2005年2月1日在全国范围内组织开展农民工工资支付情况专项检查活动。此后，劳动和社会保障部（人力资源和社会保障部）、建设部、全国总工会等部门每年都联合下发关于开展农民工工资支付情况专项检查活动的通知，在全国范围内组织开展农民工工资支付情况专项检查。

具体到浙江省，也相应地出台了开展这种专项检查活动的通知，在全省范围内组织开展了这种专项检查活动。不过，到了绍兴市及其隶属的诸暨市，这项活动的名称有所变化，起初叫“清薪维权专项行动”，后来改叫“清薪维稳专项行动”。这种改动彰显了它的“维稳”目的。

2005年11月，绍兴市人民政府办公室转发了绍兴市劳动和社会保障局制定的《打造零欠薪城市行动方案》（绍政办发［2005］147号）。该《方案》提出：为进一步贯彻落实党的十六届五中全会精神，努力营造更为和谐的劳动关系，促进我市经济发展和社会稳定，决定于2005年12月初至2006年春节前在全市范围内开展以“打造零欠薪城市”为主题的专项行动。该专项行动的指导思想是：以“三个代表”重要思想为指导，以“打造零欠薪城市”为目标，以“发布一封公开信，搞好一次发动，畅通一条渠道，组织一次督查，查处一批欠薪问题，完善一个长效机制”为主要内容，精心组织，广泛发动，深入开展清薪维权专项行动，切实维护广大职工的合法权益，促进社会稳定，建设和谐绍兴。此后，绍兴市人民政府把“打造零欠薪城市”、构建和谐劳动关系工作列入政府岗位目标责任制考核体系，并写入每年的《政府工作报告》。绍兴市人大常委会也将“打造零欠薪城市”工作列入重要议题，对各地开展情况安排专题视察和督查。每年年底，市长都要亲自带队督查清薪维稳专项行动，分管市长牵头召开劳动保障综合监管联席会议，与各县（市、区）政府签订“清薪维稳”责任书。[①]其中，2010 年 10 月开展的以清理农民工工资为主要内容的清薪维稳专项行动，全市共出动执法人员 3196 人次，排查各类用人单位 19875 家，为 7534 名劳动者补发工资或赔偿金 889.64 万元，其中涉及农民工的有 796.12 万元。[②]

2012 年 11 月，中共绍兴市委办公室、绍兴市人民政府办公室又联合出台了《关于组织开展清薪维稳专项行动的通知》（绍市委办传［2012］130 号），决定从即日起至 2013 年农历春节前在全市组织开展清薪维稳专项行动。相应地，诸暨市人民政府办公室也出台了《关于组织开展清薪维稳专项行动的通知》，提出要努力实现“三个确保”：确保春节前劳动者按时足额领取工资，确保不发生新的工资拖欠，确保不发生因欠薪引发的重大群体性事件。

---

① 据《绍兴市打造“零欠薪城市”活动的主要做法和成效》，浙江省人力资源和社会保障厅网站，http：//www.zjhrss.gov.cn/art/2012/11/9/art_121_41962.html，2012-11-09。

② 据《工资支付不力的企业早早被“监控”了》，绍兴网，http：//www.shaoxing.com.cn/news/content/2011-01/30/content_568440.htm，2011-01-30。

## 诸暨市人民政府办公室关于组织开展清薪维稳专项行动的通知①

各镇乡人民政府，各街道办事处，市政府有关部门：

为进一步构建和谐劳动关系，防范和处置因拖欠工资引发的劳资纠纷，保障劳动者合法权益，切实维护社会稳定，根据上级工作部署要求，结合我市实际，经市政府研究，决定从即日起至春节前在全市组织开展清薪维稳专项行动。现将有关事项通知如下：

一、工作目标

以科学发展观为指导，以打造“无欠薪”城市为目标，以开展清薪维稳专项行动为载体，全力以赴做好元旦、春节期间的工资清欠和维护经济社会稳定工作，努力实现“三个确保”：确保春节前劳动者按时足额领取工资，确保不发生新的工资拖欠，确保不发生因欠薪引发的重大群体性事件。

二、工作措施

（一）及早开展摸排工作。各镇乡（街道）、有关部门要高度重视，尽早研究制订年底清薪维稳工作计划，精心组织，广泛动员，认真落实劳动用工网格管理职责，全面开展摸底排查工作，及时掌握企业经营和用工状况，特别是工资发放情况，发现问题要提前介入、妥善处置，做到早部署、早防范、早落实。

（二）认真组织专项检查。由各镇乡（街道）、有关部门统一组织，对所属用人单位的工资支付情况开展专项检查，要求用人单位按劳动合同和有关约定在年底前足额支付职工工资。要重点关注租赁厂房经营企业，100 人以上企业，建设施工企业，劳动用工不规范、有劳动用工失信行为的企业以及其他劳动密集型企

① 诸暨市人力资源和社会保障网，http://www.zjld.gov.cn/0201/3681.htm。

业的工资支付情况，对工程款尚未到位的建设施工企业和负债比例较高、生产经营困难或工资支付不足额、不及时的企业要实施重点监控，防止业主欠薪逃匿。各镇乡（街道）、有关部门要将检查情况于2012年12月31日、2013年1月20日前报市人力社保局。

（三）及时化解因欠薪引发的群体性突发事件。各镇乡（街道）、有关部门要按照属地管理、分级负责的原则，进一步完善应急预案，落实欠薪应急专项资金，一旦发生欠薪事件，立即介入，迅速采取措施妥善解决，并在第一时间上报相关信息。对突发欠薪事件和群体性欠薪事件要实现60分钟现场响应，基层调解个体欠薪问题1天内回复，群体性欠薪问题7天内解决（元旦至春节期间时间缩短为3天内解决）。

（四）进一步加强源头管理。各镇乡（街道）、有关部门要高度重视《劳动合同法》、《劳动争议调解仲裁法》等法律法规的贯彻实施工作，教育引导用人单位增强依法用工意识，减少和预防劳动争议的发生。建立健全工资支付管理工作长效机制，落实工资支付保障措施。严厉查处各类非法用工尤其是使用童工行为，维护劳动者合法权益。畅通投诉维权渠道，进一步加强镇乡（街道）劳动保障监察中队、劳动争议调解组织建设，及时受理并调处劳动争议，促进劳动关系和谐稳定。

三、工作要求

（一）统一思想，提高认识。今年以来，受国内外经济形势影响，我市少数企业生产经营较为困难，劳资纠纷案件特别是集体欠薪案件增幅较为明显，欠薪状况不容乐观。各镇乡（街道）、有关部门务必从保障民生和维护经济社会稳定发展的大局出发，把预防和处置欠薪作为当前构建和谐劳动关系工作的重中之重来抓，切实增强做好此项工作的责任感和使命感。

（二）加强领导，落实责任。各镇乡（街道）、有关部门要切实担负起责任，在开展清薪维稳专项行动中做到主要领导亲自过问、分管领导具体抓；在实施防范措施、加强欠薪监控、及时介入处理、及时化解群体性事件等方面加强组织领导，加大工作力度，层层落实责任，及早作出部署，确保欠薪隐患及时发现，矛盾纠纷快速化解，社会影响减到最小。

（三）各司其职，形成合力。各镇乡（街道）、有关部门要按照职责分工，各司其职、密切配合、形成合力。各镇乡（街道）、各行业管理部门要抓好所辖企业的清薪维稳工作；市人力社保局要充分发挥在清薪维稳工作中的牵头协调作用；建设局要负责抓好工程款清理工作；建管局[①]要负责抓好建筑工地民工工资支付督查工作；公安局要对恶意欠薪逃匿的业主依法严厉打击，并及时处理因劳资纠纷引发的社会治安事件和刑事案件；工会组织要切实履行自身职能，为广大职工提供维权服务。

（四）精心组织，务求实效。各镇乡（街道）、有关部门要制订详细方案，创新工作载体，加强对所辖区域（企业）清薪维稳工作的督查，确保专项行动取得实效。

诸暨市人民政府办公室

2012 年 11 月 15 日

据报道，2013 年 1 月 15 日上午，绍兴市人民政府来诸暨市督查了清薪维稳工作。督察组要求相关部门全力抓好春节期间的工资清欠和维稳工作，确保劳动者按时足额领取工资，让他们开心过年。据了解，2012 年以来，诸暨市积极组织开展清薪维稳专项行动，扩充欠薪应急专项资金规模，建立清薪维稳信息日报制度，实施“一线工作法”调查处理工资纠纷案件，及时处理拖欠工资的违法行为。全年共受理各类劳资纠纷案件 3146 起，同比下降 13%。[②]

---

① “建筑业管理局”的简称。这是诸暨市成立的不属于政府序列的一个管理机构。——笔者注

② 《我市清薪维稳工作接受绍兴市政府督查》，诸暨广电网，http://zjgd.zjol.com.cn/zjgd/system/2013/01/16/015971446.shtml，2013－01－17。

## 三　进一步加强信访工作

新中国的信访工作始于1951年6月由当时的政务院颁布的《关于处理人民来信和接见人民工作的决定》。中共十一届三中全会以后，中共中央办公厅、全国人大常委会办公厅、国务院办公厅分别成立了人民来访接待机构，地方各级党政机关的信访机构也做了相应的调整与完善。1995年10月，国务院颁布了《信访条例》，对信访工作应当遵循的原则、信访人的权利和义务、信访事项的受理和办理等做出了具体的规定。2005年1月，国务院发布了修订后的《信访条例》，自2005年5月1日起实施。

2007年3月10日，中共中央、国务院颁布了《关于进一步加强新时期信访工作的意见》（中发［2007］5号）。该《意见》强调："信访工作作为党的群众工作的重要组成部分，是党和政府联系群众的桥梁，倾听群众呼声的窗口、体察群众疾苦的重要途径，在正确处理人民内部矛盾、维护社会和谐稳定、加强党风廉政建设和反腐败斗争中发挥着重要作用。"该《意见》要求："各级党委、政府一定要从坚持立党为公、执政为民的高度，从全面落实科学发展观、促进经济社会又好又快发展的高度，从提高党的执政能力、巩固党的执政地位的高度，深刻认识做好新时期信访工作的重要性，进一步增强做好信访工作的责任感和使命感，自觉把信访工作放在构建社会主义和谐社会的重要位置，切实抓紧抓好。"该《意见》提出要"建立健全长效工作机制，努力提高信访工作效率和管理水平"，所谓"长效工作机制"是指信访工作综合协调机制、信访问题排查化解机制、信访信息汇集分析机制和信访督查工作机制。

2009年4月，中共中央办公厅、国务院办公厅转发了《关于领导干部定期接待群众来访的意见》、《关于中央和国家机关定期组织干部下访的意见》、《关于把矛盾纠纷排查化解工作制度化的意见》等三个文件（中办发［2009］3号）。其中，《关于把矛盾纠纷排查化解工作制度化的意见》提出了化解矛盾纠纷的七项措施：一是区别不同情况，实施分类化解；二是采取多种方式，积极协调化解；三是整合工作资源，及时就地化解；四是确定重点问题，领导包案化解；五是下移工作重心，督导督办化解；六是健全完善政策，注重从源头化解；七是加大投入力度，促进矛盾化解。①

具体到诸暨市，为深入贯彻中办发［2009］3号文件精神，进一步建立畅通、有序、务实、高效的信访秩序，推进信访工作的制度化、规范化，2009年6月1日，中共诸暨市委办公室、诸暨市人民政府办公室联合出台了《关于进一步建立和健全信访工作长效机制的意见》（市委办［2009］61号），提出要进一步建立和健全以下四种机制：①进一步建立信访工作超前防范机制，包括矛盾纠纷排查化解工作制度、领导干部定期接待群众来访制度和重大决策项目信访风险评估制度。②进一步落实信访工作限时办结机制，包括领导包案调处制度、结案说服制度和督查督办制度。③进一步加强信访工作应急处置机制，包括信息汇集和报送制度、现场处置制度和善后处置制度。④进一步完善信访工作考核奖惩机制，包括责任落实制度、责任追究制度和考核奖惩制度。2010年8月31日，中共诸暨市委办公室、诸暨市人民政府办公室又联合出台了《关于进一步深化完善基层信访"五个一"工程实施意见》（市委办［2010］98号）。该《意见》所说的"五个一"是指"各镇乡（街道）、部门、村（居）、社区要有一个完善的信访工作组织网络、一支健全的信访员队伍、一套完整的信访工作机制、一个固定的办公场所、一笔专项信访工作经费"。该《意见》提出的工作目标是：通过实施基层信访"五个一"工程活动，深化和夯实信访工作基层基础，切实提高基层化解与处理矛盾问题的能力，努力实现"小事不出村、大事不出

---

① 新华网，http://news.xinhuanet.com/newscenter/2009-04/14/content_11185706.htm，2009-04-14。

镇、矛盾不上交”的工作目标。确保2010年底全市镇乡（街道）、部门和80%以上的村（居）、社区完成“五个一”规范化建设，确保2011年底前实现全市范围“五个一”规范化村（居）、社区全覆盖。

从2003年起，浙江省从省委书记、省长逐级到各个镇乡（街道、部门）的主要领导，都要层层签订信访工作目标管理责任书，并逐级出台信访工作目标管理考核办法，对相关工作进行考核。比如，2011年1月28日，中共诸暨市委办公室、诸暨市人民政府办公室出台了《2011年度诸暨市信访工作目标管理考核办法》（市委办［2011］16号），全文如下。

## 2011年度诸暨市信访工作目标管理考核办法

根据国务院《信访条例》和浙江省、绍兴市对各县（市、区）的信访工作目标管理考核评分办法，结合《诸暨市信访工作目标管理责任书》的要求，制订本考核办法。

一、工作实绩

（一）日常控制重点越级上访

1. 赴京上访。凡发生个访每人次扣4分；5~9人集体访每批扣20分；10~29人集体访每批扣30分；30人以上集体访每批扣40分。属非正常上访的加倍扣分；同一年度内重复上访的累计扣分。

2. 去省集体访。凡发生5~19人每批扣10分，20~49人每批扣20分，50人以上每批扣30分。到省政府门口上访产生重大影响的加倍扣分；同一年度内重复上访的累计扣分。

3. 到绍集体访。凡发生5~19人每批扣5分，20~49人每批扣10分，50人以上每批扣20分。到市政府门口上访产生重大影响的加倍扣分；同一年度内重复上访的累计扣分。

4. 来市集体访。来市信访局集体访一般只作登记通报不扣分。发生来市政府门口集体访的，5~19人每批扣2分；20~49

人每批扣4分；50人以上的每批扣8分。发现劝返接待未按要求到位的加倍扣分；发现化解稳控不力导致重复来市政府门口集体访的累计扣分。

（二）特殊时期强化稳控责任

各级“两会”稳控期间和重大节会、敏感时段的稳控期内上访列入本项专门考核。凡出现赴京上访，按上述标准的2倍扣分。凡出现到绍、去省集体上访按上述标准的2倍扣分，市“两会”和重大节会期间，发生到会场场所的集体访按标准2倍扣分，出现恶劣影响或被上级通报批评的个访每人次扣5分。

二、基层基础

（一）落实各级信访工作责任

1. 成立信访工作领导小组。建立党（工）委、政府（办事处）和部门主要领导为第一责任人、总体抓；分管领导为主要责任人、牵头抓；其他领导为直接责任人、具体抓；建立“一岗双责”的责任体系（以文件为准）。每少一项扣2分。

2. 信访工作列入党（工）委、政府（办事处）、部门工作思路，分级签订责任书，纳入各级岗位目标责任制考核办法（以资料为准）。每少一项扣2分。

3. 完善镇乡（街道）、部门信访办规范化建设。综治工作中心内相应设立信访办公室，信访办公室主任兼任综治中心副主任，配备一名以上专职信访干部，信访办内工作制度和流程规范上墙，工作规范和资料完整，每少一项扣2分。

4. 100%的村、社区（居）建立信访室。成立村级信访工作领导小组，配备村、社区（居）信访信息员，落实相应固定场所，建立相应制度和台账，考核标准参照市委办［2010］98号文件，每少一项扣5分。

（二）落实信访工作重点制度

1. 开展定期接待群众来访制度。镇乡（街道）、部门要学习借鉴枫桥镇“三诊”工作制度，工作日由主要领导带头安排1名以上班子成员定点开展大接访活动，做到有人员、有制度、有台账。以文件和记录为准，每缺一项扣 5 分。抽查发现不到位的每发现一起扣 3 分。

2. 开展矛盾纠纷排查化解制度。全面组织开展一次摸排活动，并于每月 25 日前向市信访局上报信访隐患；重点时段开展即时排查，并落实相应责任人负责化解。资料完整，上报及时，每少一次扣 2 分。

3. 坚持信访形势定期分析研判制度。信访工作领导小组（班子会议）每月不少于一次召开会议分析研判，重点时段即时研究；做到有活动、有措施、有台账。以记录为准，每缺一次扣 2 分。

4. 坚持信访信息汇集和报送制度。建立信访信息监测预警网络，及时报送各类上访苗头性隐患，摸清上访时间、人数、牵头人、诉求等内容，启动相应的应急预案。发现因信息报送滞后或事先未有效应急稳控引起重大集体访的每批扣 5 分。

5. 坚持领导包案处理信访事项制度。开展到绍去省赴京集体访和非正常访由党政主要领导包案处理，处理结果 30 天内书面上报相应信访联席会议办公室；包案责任不落实或未按规定时间处理答复引发重复上访的，发现一起扣 5 分。开展班子成员带头包信访重点村、信访热点事、信访重点人制度，发现制度不落实的扣 5 分，责任不落实引起重复越级访的每起扣 2 分。

（三）落实信访工作规范要求

1. 重视初信初访。按规范受理、交办的信访事项，办理要求件件有结果，事事有回音。具体做到 15 日内出具是否受理告知单，一般要求 30 日内出具书面答复意见书（需告知申请复查复核机关和有效期限，不宜复查复核的除外），一般情况下受理告知单和答复意见书需当面送达并由信访人签字，信访人拒签或无法送达的可用挂号信寄达，以凭证（复印件）为准。对程序不规范，答复不规范，不按要求办理，出现推诿扯皮的每起扣 2 分。

2. 抓好要信要访。上级转办或挂牌的信访，必须做到按时处理，规范报结，实行“三见面”制度，即承办单位领导、承办人、信访人均应在办理结果材料上签署意见（信访人无法联系上或告知处理结论但信访人拒绝签字的须附书面说明，并由2名以上经办人员签字），未按时报结或不规范报结被退回的，发现一件扣4分。

3. 提高办理质量。答复内容失实或不符合政策法规，发现一起扣2分。经复查复核变更的每件扣4分，撤销要求重新答复或办理的每件扣5分。对复查复核意见不落实或落实不到位，引起越级信访的，每件在工作实绩考核基础上加扣5分。

4. 加强工作保障。按照市信访联席会议办公室和信访局的工作要求及时报送各类资料，每缺一次扣2分。按要求保证信访维稳工作经费和落实工作硬件，按要求及时派出接访劝返工作力量，未及时到位的每发现一起扣5分。

三、工作创新（奖励20分）

（一）有效开展积案化解。对于“信访积案化解年”活动中的积案和省、市挂牌督查处理的重信重访问题，各单位充分发挥主观能动性，采取灵活多样的工作对策和举措，达到有效化解的目标，按积案产生年份、复杂程度、社会效果综合由市信访联席会议办公室评定，每化解1件加2~5分进行奖励。

（二）确保完成重点任务。相关责任单位对于特殊时期或阶段性群体上访，创新工作方法完成各级联席办交办的工作任务的；对重点对象采取有效工作措施，确保全市能完成阶段性工作目标的；对一些重大信访处理配合出色，能完成即时性工作任务的；当年重点越级访总量明显下降20%以上，工作表现出色的，给予酌情奖励加分，具体分值由市联席办年终讨论确定。

（三）创新基层工作经验。信访工作经验得到全省推广的每项加10分；得到省委、省政府领导批示肯定并单件刊发通报的，每项加5分；在《人民信访》、《信访与民情》和各级信访工作简报上发表或刊发的，每项加3分。

四、考核附则

（一）本年度信访工作实行百分制考核，具体分工作实绩、基层基础、工作创新三部分，其中工作实绩和基层基础采用倒扣分办法，并实行倒扣不封顶；工作创新实行奖励分形式，并实行上限限制。综合考核计分按标准比例计入年度岗位目标责任制。

【后面第（二）至（十）条略】

五、奖罚措施

（一）工作实绩考核结果与各级经济责任制分别挂钩。各镇乡（街道）按工作实绩考核按比例承担市信访工作专项经费。

（二）年度考核结果与各级评比先进挂钩。与责任单位评比综合性先进挂钩，与责任领导年度考核挂钩。

（三）年度考核结果与各级年度岗位目标责任制考核挂钩。按标准在年度岗位目标责任制考核中进行比例折算，考核实行倒扣不封顶办法。

本办法由市信访联席会议办公室组织实施，考核期限为2011年1月1日至12月31日，实际考评结果报市信访工作领导小组审定。本办法由市信访联席会议办公室负责解释，未明或需调整事项报市信访工作领导小组讨论决定。

从上述《考核办法》可知，诸暨市委、市政府对人民上访尤其是对越级上访、集体上访和特殊（敏感）时期的上访，都持严防死守的态度。这种态度势必引导、督促被考核者积极预防并及时、就地化解劳资纠纷。

## 四　构筑社会矛盾纠纷“大调解”工作格局

2010年4月，中央社会治安综合治理委员会办公室下发了《关于切实做好矛盾纠纷大排查大调解工作的意见》[①]。该《意见》要求“以县（市、区）、乡镇（街道）为重点，从群众最

① 陕西省宁强县社会治安综合治理委员会办公室于2010年7月26日转发了该《意见》，见“平安宁强”网站，http://www.nqzf.cn/news/News_View.asp?NewsID=90。

关注的问题入手，深入开展矛盾纠纷大排查大调解工作，努力使纠纷早解决、矛盾不上交，把各类矛盾纠纷解决在基层、解决在萌芽状态”。对于“大排查”，该《意见》具体地要求：“乡镇（街道）每半月、县（市、区）每月组织开展一次集中排查；针对特定地区或特定领域带倾向性的矛盾纠纷及时开展专项排查；在临近重大活动、重要节庆日、社会敏感期，集中力量组织开展重点排查。”对于“大调解”，该《意见》提出要深入推进大调解工作体系建设，包括：“进一步完善县、乡大调解运行工作机制，由综治部门统筹协调，县（市、区）整合政法、综治、信访和有关行政职能部门及工会、共青团、妇联组织的调解资源和力量，建立矛盾纠纷联排联调的大调解工作平台。”

2010 年 7 月，诸暨市被列为全国社会管理创新综合试点单位（全国共有 35 家试点单位），试点时间为 2010 年 7 月至 2011 年 6 月。中共诸暨市委、诸暨市人民政府对这次试点工作十分重视，专门为此成立了社会管理创新工作领导小组，由市委书记、市长任组长，分管政法的专职常委任第一副组长，相关的四位市领导任副组长，另外 42 人任成员。领导小组下设办公室，办公室设在政法委（据市委［2010］45 号文件）。办公室内设综合材料组、指导督查组、后勤保障组三个工作小组，分别承担相关的具体工作。各镇乡、街道和有关部门也建立了相应组织机构。据 2010 年 9 月 20 日出台的《诸暨市社会管理创新综合试点实施意见》，其试点的主要内容是着重建立健全六个方面工作体系（共有 25 个试点项目），其中，第二个方面的工作体系是“多元化的社会矛盾化解体系”，其试点项目有四：一是完善重大事项社会稳定风险评估机制，二是构筑完善“大调解”工作格局，三是建立畅通有序的信访工作机制，四是健全群体性事件预防处置机制。

2011 年 5 月，中共诸暨市委、诸暨市人民政府在社会管理创新工作座谈会上汇报了他们的六点主要做法：一是着力创新“枫桥式”矛盾纠纷大调解体系，其中谈到：全市现有各类调解组织839家、调解员3522名、矛盾纠纷信息员3299名，其中专职调解员667名。2010年，全市人民调解委员会共排查调处各类纠纷5627件，调处成功5405件，成功率达96.1%。二是着力创新立体化社会治安防控网络，其中谈到：目前，全市共建视频监控探头943个，社会监控14300个。三是着力创新人本化社会服务管理模式，其中包括：组建了市、镇、村三级劳动保障监察网络，开展了百家企业劳动用工示范化创建，建立了企业劳动用工风险预警机制，落实了职工工资支付保证金和欠薪应急周转金等制度，创新了劳动争议调处工作，2010年共受理劳动争议仲裁案955件，结案946件，结案率达99.1%，进一步构建了职工和企业双赢的和谐劳动关系。四是着力创新信息网络管理方式，其中谈到：2010年，全市共投入1.7亿元用于虚拟社会管理、综治信息平台等项目建设。五是着力创新维护群众权益机制。六是着力创新社会管理工作体制机制。[①]

2012年5月10日，中共诸暨市委、诸暨市人民政府又印发了《2012年全市社会管理创新20项重点任务分解落实方案》（市委［2012］41号）。在总结前阶段社会管理创新综合试点经验做法和前两年社会管理实施25个项目的基础上，该《方案》确定20个项目为2012年全市社会管理创新重点任务。其中，第1个重点任务是：“‘网格化管理、组团式服务’。6月底前，按照‘每一片土地都有人精细管理，每一户人家都有人贴心服务’的要求，真正把网格划分好、把团队组建好、把机制运行好、把作用发挥好，充分发挥基层党组织的领导核心作用，强化社会管理服务信息平台支撑，加强群防群治队伍建设，深化系列平安创建活动，切实把党和政府的工作触角延伸到社会末梢、覆盖到各个角落。”第4个重点任务是：“‘三级四线’矛盾纠纷大调解体系。

① 参见中共诸暨市委、诸暨市人民政府《诸暨市经济社会发展和社会管理创新工作情况汇报》，载中共诸暨市委、诸暨市人民政府编《社会管理创新工作座谈会汇报交流材料》，内部资料，2011年5月17日。

建立完善市、镇、村‘三级联动’，基层人民调解、司法调解、社会组织调解、专业调解‘四线组合’的社会矛盾大调解体系，抓好医疗纠纷、交通事故、劳动争议等六大专业人民调解中心建设，完善警调、诉调、检调衔接机制，建设一批品牌调解室，提升化解社会矛盾的整体效能。”

2012 年 8 月，也即在中共十八大召开之前约 3 个月[①]，诸暨市委、市政府成立了社会矛盾纠纷“大调解”体系建设领导小组，由市委书记和市长任组长，来自 23 个党政部门（单位）的 23 人为组员。领导小组下设办公室，办公室设在市司法局。与此同时，中共诸暨市委办公室、诸暨市人民政府办公室联合出台了《关于进一步深化完善社会矛盾纠纷“大调解”体系建设的实施意见》（市委办［2012］100 号），全文如下。

## 关于进一步深化完善社会矛盾纠纷“大调解”体系建设的实施意见

各镇乡党委、政府，各街道党工委、办事处，市级机关各部门，市属企事业单位：

2010 年 8 月以来，诸暨市作为全国 35 家社会管理创新综合试点单位之一，坚持先行先试、探索创新，其中对积极构建“大调解”体系进行了有效尝试，初步构筑了人民调解、司法调解、行政调解于一体的“大调解”工作格局。为进一步推进全市“大调解”工作体系建设，有效化解各类社会矛盾纠纷，根据中央、省、绍兴市关于深入推进矛盾纠纷大调解工作的意见以及《中共诸暨市委诸暨市人民政府关于推进社会管理创新深化“平安诸暨”建设的意见》（市委［2011］21 号）、《中共诸暨市委关于坚持发展“枫桥经验”加强和创新社会管理的决定》（市委［2011］37 号）等文件精神，现就进一步深化完善社会矛盾纠纷

① 中共十八大于 2012 年 11 月 8～14 日在北京召开。

“大调解”体系建设，提出如下意见：

一、指导思想

深入贯彻落实科学发展观，全面落实党的十七大、十七届五中全会和省第十三次党代会精神，牢固树立“艰苦创业、幸福民生”的理念，高举“枫桥经验”旗帜，强化社会矛盾源头治理，建立完善市、镇、村“三级联动”，人民调解、行政调解、司法调解协同推进的社会矛盾纠纷“大调解”体系，深化完善以人民调解为基础，人民调解、司法调解、行政调解相互衔接配合的“枫桥式”大调解工作机制，切实将矛盾纠纷化解在基层、解决在萌芽，为深化“平安诸暨”建设、维护社会和谐稳定，率先基本实现现代化提供有力保障。

二、工作目标

通过深化完善社会矛盾纠纷“大调解”工作体系，全市的“大调解”机制得到不断完善和发展，“大调解”网络进一步健全，运作机制进一步规范，调解队伍素质进一步提高，有效预防和解决影响社会稳定的源头性、根本性、基础性问题的水平明显提升，“大调解”工作真正成为化解社会矛盾纠纷的有力抓手，成为“平安诸暨”建设的重要支撑。

三、主要措施

（一）进一步健全工作体系，形成上下统一、分工明确、指导有力的管理机制

1. 建立社会矛盾纠纷“大调解”体系建设领导小组。市委、市政府成立社会矛盾纠纷“大调解”体系建设领导小组，并设立领导小组办公室，具体负责日常工作和协调督促。各镇乡（街道）、相关部门（单位）成立相应组织机构，由党政一把手担任“大调解”工作的第一责任人，指导协调和包案化解重大矛盾纠纷。

2. 建立市调解总会，完善镇乡（街道）联合调解委员会。建立市调解总会，坚持调解优先、依法调解，发挥协会优势，统筹协调，以人为本，化解社会矛盾纠纷，促进社会和谐。指导管

理全市大调解工作由“大调解”领导小组办公室承担。充分发挥镇乡（街道）社会服务管理工作中心的统筹协调作用，积极整合司法、公安、信访、基层法庭、国土、工商、民政及工会、共青团、妇联等资源，建立镇乡（街道）联合调解委员会，由镇乡（街道）政法工作分管领导任调委会主任，与镇乡（街道）人民调解委员会合署办公，调处专业性、综合性、疑难复杂矛盾纠纷。村（居、企）依托社会服务管理站和人民调解委员会，建立完善矛盾纠纷排查调处工作机制，抓好矛盾纠纷属地摸排和就地化解工作。

3. 探索法律服务人员参与社会矛盾纠纷排查化解机制。充分发挥法律服务人员职业优势，鼓励法律服务人员参与社会矛盾纠纷排查工作，对突发事件、重大纠纷隐患，要及时向当地党委政府报告；建立律师事务所、法律服务所、公证处与基层站所结对互助机制，鼓励法律服务人员受聘担任各级人民调解组织的人民调解员，参与具体矛盾纠纷特别是重大疑难矛盾纠纷的调处工作。

（二）进一步发挥人民调解在“大调解”体系建设中的基础作用

1. 加强三级人民调解组织网络建设。要充分发挥人民调解“公益性、公正性、第三方”优势，进一步完善人民调解组织网络。纵向建立健全市、镇、村三级人民调解网络，健全市人民调解工作中心，指导全市人民调解工作；建强镇乡（街道）人民调解委员会，规范完善村（居、企）人民调解委员会，人民调解委员会由3至9名委员组成，其中应当有妇女委员。发挥自然村、小区、企业车间等设立的人民调解小组作用，就地化解矛盾纠纷。横向建立健全市联合人民调解委员会、市医疗纠纷人民调解委员会、市劳动争议人民调解委员会、市婚姻家庭纠纷人民调解委员会、市消费纠纷人民调解委员会、市道路交通事故人民调解委员会等六大专业人民调解委员会。要积极组建各类专家型人民调解工作室，同时在行业协会、大型市场、跨县边界等社会组织建立健全人民调解组织。

2. 加强人民调解场所规范化建设。全市各级人民调解组织和专业性人民调解工作委员会按照《人民调解法》、《人民调解委员会组织条例》的要求，做到“五有”，即有办公场所、有牌子、有印章、有工作台账、有工作制度；“四落实”，即组织落实、制度落实、工作落实、报酬落实；“六统一”，即名称统一、印章统一、场所标识统一、徽章统一、工作程序统一、文书格式统一。建立健全人民调解委员会各种制度，强化工作流程的规范。建立完善纠纷预防、排查和调解制度，重大矛盾纠纷及时上报，并做好疏导工作。

3. 加强人民调解队伍建设。一是加强专职人民调解员队伍建设。市级依托六大专业性人民调解委员会，聘请专职人民调解员化解专业性社会矛盾纠纷；暨阳街道、浣东街道、陶朱街道、店口镇、大唐镇、枫桥镇、牌头镇、次坞镇、璜山镇等镇乡（街道）要在原有基础上选聘2名以上专职人民调解员，并在12月底前到岗到位。其他镇乡根据需要选聘专职人民调解员。人民调解员要求在当地有威望，公道正派、热心人民调解工作，具有一定法律知识、政策水平和文化水平。二是加强人民调解志愿者队伍建设。探索党代表、人大代表、政协委员、法律服务人员参与调解的工作机制；吸收公道正派、热心人民调解的社会贤达、大学生村官等志愿者参与调解。三是建立各类专家库。建立医学、法律、道路交通事故、建筑等专家库，为调解工作提供咨询论证服务。四是加强对各级人民调解员的培训。采取分级培训模式，市司法局每年至少要对镇乡（街道）调委会和专业调委会人民调解员进行一次集中培训，镇乡（街道）每年至少二次对辖区内村（居、企）调委会人民调解员进行培训。

（三）进一步完善“大调解”联动机制

1. 深化人民调解与司法调解的衔接互动。按照《中共诸暨市委办公室诸暨市人民政府办公室关于建立人民调解与民事诉讼衔接联动机制的工作意见》（市委办［2008］113号）文件要求，进一步规范诉前受理、诉中委托、诉后协助等三项调解，完善联席会议、通报备案、联合考评、司法确认等四项制度，最大限度地把矛盾纠纷解决在诉讼前，节约司法资源。

2. 深化人民调解与行政调解的衔接互动。建立市政府法制办牵头、各职能部门为主体的行政调解工作体制，采取在大调解工作平台设立行政调解中心方式，充分运用行政优势，发挥政府部门主导作用，依法及时调处行政争议和与行政管理有关的民事纠纷。市政府法制办要与市司法局建立工作联系制度，加强行政调解与人民调解的衔接互动。同时，市政府法制办要根据不同时期矛盾纠纷的不同特点，督促市有关部门与市司法局联系沟通，及时建立相应的专业性人民调解委员会，如校园纠纷人民调解委员会、物业纠纷人民调解委员会，并落实好调解场所和专职人民调解员，要进一步完善人民调解信息通报和协调联动等工作机制，充分利用人民调解“低成本、不伤感情”的优势化解行业纠纷。加强警调对接，市公安局与市司法局要建立定期联系制度，创新道路交通事故纠纷调解机制，深化完善公安派出所与司法所调解协作机制。

3. 深化人民调解与检察工作的衔接互动。认真落实绍兴市人民检察院、绍兴市司法局联合出台的《关于规范检调对接工作的规定》，市检察院与市司法局成立检调对接人民调解室。检调对接人民调解室以检察环节轻微刑事案件和解、民事行政申诉案件和解、涉检信访息诉和解工作为主要工作内容，运用人民调解手段化解矛盾纠纷。

4. 深化人民调解与仲裁、信访工作的衔接互动。市司法局要以设立绍兴市仲裁委员会诸暨仲裁分会为契机，推动人民调解与仲裁调解衔接互动。信访部门对有可能通过人民调解解决的信访案件，且当事人愿意调处的，应及时分流移交各级人民调解委员会先行调处。对信访量大，群体性上访多，矛盾突出的信访问题，可邀请相关调委会人民调解员参与信访接待、参与信访听证。

四、工作要求

1. 加强组织领导。要从构建社会主义和谐社会、加强社会管理创新的高度，充分认识社会矛盾纠纷“大调解”体系建设的重大意义，进一步加强领导、健全机构、落实举措、推进工作。各镇乡（街道）、相关部门（单位）要按照矛盾联调、治安联防、工作联动、问题联治、事件联处、平安联创的“六联”机制要求，加强矛盾化解纵横双向的信息共享和资源整合，切实提高“大调解”的工作效率。

2. 营造调解氛围。宣传部门要大力开展社会主义法制教育，提高人民群众遵纪守法的自觉性和依法维权的意识，引导人民群众自觉把调解作为解决矛盾纠纷的首选。要及时总结、大力宣传社会矛盾纠纷“大调解”体系建设的经验和成果，推动调解文化建设，力争树品牌、显亮点，营造“人民矛盾人民调”的良好氛围。

3. 加强工作保障。市财政要按照《财政部、司法部关于进一步加强人民调解经费保障的意见》（财行［2007］95号）和《浙江省人民调解补助经费管理暂行办法》（浙财政字［2008］65号）文件精神，将“大调解”体系建设工作经费、人民调解工作经费、专业性人民调解组织日常运作经费等纳入财政预算；加大人民调解“以奖代补”力度，从2013年起市财政按常住人口（含外来人口）每人1元予以保障，镇乡（街道）财政同步配套落实以奖代补经费，并随着经济发展和财力增长而逐步增加。市平安办要把“大调解”体系建设，纳入平安建设考核体系中；市社会矛盾纠纷“大调解”体系建设领导小组工作办公室要严格落实矛盾纠纷调解工作责任制，对调解工作成绩突出的单位、人员进行表彰奖励和以奖代补发放工作；对组织领导不力、调解工作不落实，导致矛盾纠纷突出的镇乡（街道）、部门（单位），进行通报批评并限期整改；对发生严重影响社会稳定的重大案件和事件的，要实行责任倒查，严格追究领导和相关人员的责任。各镇乡（街道）要落实本辖区专职人民调解员工资福利待遇和日常管理考核工作。村（居、企）级调解组织经费由所在镇乡（街道）与村（居、企）统筹解决，确保调解工作“有场地做事、有专人干事、有经费办事”。

中共诸暨市委办公室、诸暨市人民政府办公室

2012 年 8 月 6 日

三天后，2012 年 8 月 9 日，中共诸暨市委办公室、诸暨市人民政府办公室联合出台了《关于开展重大不稳定问题摸排化解工作的通知》（市委办［2012］101 号）。该《通知》说：“为认真贯彻落实全国维护稳定工作电视电话会议精神，进一步增强政治意识、大局意识和责任意识，真正把中央和省市的一系列工作部署落到实处，切实做到守土有责、守土有方、守土有效，‘不给北京添乱、不给中央添麻烦’，按照上级文件精神要求，决定从现在开始至今年 9 月底，在全市范围内开展重大不稳定问题摸排化解工作。”

2012 年 9 月 3 日，诸暨市社会管理综合治理委员会办公室出台了《关于集中开展突出矛盾纠纷和安全隐患排查化解工作的通知》（诸综委办［2012］10 号）。该《通知》说：“当前，党的十八大安保工作已进入关键时刻和攻坚阶段。省综治委《关于集中开展突出矛盾纠纷和安全隐患排查化解工作的通知》（浙综委办传［2012］23 号）和市委办、市府办《关于开展重大不稳定问题摸排化解工作的通知》（市委办［2012］101 号）专门提出了工作要求，对集中排查化解工作进行了专题部署。各地各部门要按照省综治委和市两办的统一部署，继续深入开展‘两排查一促进’专项行动，于今年 9、10 月份集中组织开展突出矛盾纠纷和安全隐患排查化解工作，严格排查登记和情况报告制度，进一步落实化解责任和化解措施，为党的十八大胜利召开营造良好的社会环境。”

## 五 就近就地调解劳动争议

劳动争议，也称“劳动纠纷”“劳资争议”，是指劳动关系当事人（用人单位与劳动者）之间在执行劳动方面的法律法规和劳动合同、集体合同的过程中，就劳动权利义务发生分歧而引起的争议。

1987 年 7 月，国务院发布了《国营企业劳动争议处理暂行规定》，从此，我国恢复了劳动争议处理制度。1993 年 7 月，国务院废止了 1987 年 7 月发布的《国营企业劳动争议处理暂行规定》，同时发布了《企业劳动争议处理条例》。该《条例》第六条规定：“劳动争议发生后，当事人应当协商解决；不愿协商或者协商不成的，可以向本企业劳动争议调解委员会申请调解；调解不成的，可以向劳动争议仲裁委员会申请仲裁。当事人也可以直接向劳动争议仲裁委员会申请仲裁。对仲裁裁决不服的，可以向人民法院起诉。”1994 年颁布的《劳动法》第十章专门对“劳动争议”进行了规定，其中第七十七条规定：“用人单位与劳动者发生劳动争议，当事人可以依法申请调解、仲裁、提起诉讼，也可以协商解决。”第七十九条规定：“劳动争议发生后，当事人可以向本单位劳动争议调解委员会申请调解；调解不成，当事人一方要求仲裁的，可以向劳动争议仲裁委员会申请仲裁。当事人一方也可以直接向劳动争议仲裁委员会申请仲裁。对仲裁裁决不服的，可以向人民法院提起诉讼。”从此，我国形成了以协商、调解、仲裁、诉讼为主要环节的劳动争议处理制度。

2007 年 12 月 29 日，我国颁布了《劳动争议调解仲裁法》，自 2008 年 5 月 1 日起施行。该法第四条规定：“发生劳动争议，劳动者可以与用人单位协商，也可以请工会或者第三方共同与用人单位协商，达成和解协议。”第五条规定：“发生劳动争议，当事人不愿协商、协商不成或者达成和解协议后不履行的，可以向调解组织申请调解；不愿调解、调解不成或者达成调解协议后不履行的，可以向劳动争议仲裁委员会申请仲裁；对仲裁裁决不服的，除本法另有规定的外，可以向人民法院提起诉讼。”第十条规定：“发生劳动争议，当事人可以到下列调解组织申请调解：（一）企业劳动争议调解委员会；（二）依法设立的基层人民调解组织；（三）在乡镇、街道设立的具有劳动争议调解职能的组织。”第十四条规定：“经调解达成协议的，应当制作调解协议书。”

具体到诸暨市，2010 年 5 月，诸暨市成立了市劳动争议人民调解指导委员会，下设办公室，办公室设在市劳动保障局（据诸政办发［2010］94 号文件）。2011 年 1 月，诸暨市劳动争议人民调解委员会出台了《诸暨市劳动争议人民调解委员会组织及工作规则》（据诸劳人调发［2011］1 号文件）。2011 年 4 月，诸暨市人民政府办公室出台了《关于加强劳动争议调解工作的意见》（诸政办发［2010］71 号）。该《意见》提出：“各镇乡（街道）和市级有关部门要从服务企业、保障民生、维护经济社会稳定的大局出发，切实加强劳动争议调解工作，贯彻‘预防为主、基层为主、调解为主’的工作方针，把调解摆在争议处理工作更加突出的位置，逐步建立和完善企业调解、镇乡（街道）调解、人民调解等多渠道的争议调解体系，形成开放式的社会化调解网络，最大限度地发挥调解在解决劳动争议中的作用，力争有三分之二的劳动争议通过调解解决在企业、镇乡（街道）、村（社区）。”该《意见》还提出：“全市各镇乡（街道）原则上都要建立劳动争议调解委员会，主要负责调解本区域内发生的劳动争议案件，成员由相关单位人员组成，负责人由政府班子成员兼任。”“凡职工人数较多的企业，应逐步建立企业劳动争议调解委员会。已成立工会的企业一般应设立调解委员会，尚未成立工会的企业要将工会组建与调解组织建设同步推进。”至 2011 年 8 月，诸暨市 28 个乡镇街道及经济开发区已全部建立由政府班子成员担任负责人的劳动争议调解委员会，担负起辖区内劳动争议的调处工作。[①]

## 附录　2007～2009年期间店口镇的工伤调解情况

店口镇位于诸暨市北部，区域面积105.7平方公里，辖17个行政村和6个社区，户籍人口6.3万。目前已形成以2家中国500强企业、6家上市企业、2家百亿元企业和6家10亿元以上企业为龙头，300多家规模以上企业为骨干的庞大企业集群，初步构筑了铜加工、汽配、制冷、节能环保装备等多元化产业格局。综合经济实力已多年稳居绍兴第一，居全省27个小城市培育试点对象前列。2012年，全镇实现生产总值106.31亿元，同比增长10.7%；财政总收入达到15.38亿元，同比增长15.1%；工业总产值达到721.8亿元，同比增长10.4%；全社会固定资产投资达到70.32亿元，同比增长20%；农民人均纯收入达到33627元，年均增长12%。主要经济指标和社会发展水平继续走在全省小城市试点镇前列。[②]

2011年3月，笔者在店口镇劳动保障科（亦叫“劳动管理站”和“劳动保障监察中队”）查阅了该科保存的2007年以来的工伤争议与工资争议“仲裁调解书”，其中，发生于2007～2009年期间的仲裁调解书已经装订保存。我们用拍照的方式收集了这三年的仲裁调解书，其中包括508份工伤争议仲裁调解书。据该科科长傅女士介绍，这些仲裁调解书是上级有关部门统一制作的，虽然名为“仲裁调解书”，但实际上都是“调解”后达成的协议书。这些调解协议书分为两个类型：一类是经该科工作人员（该科有4名工作人员，均拥有劳动仲裁员资质）调解所达成的协议书，另一类是经所在企业的劳动争议调解委员会调解所达成

① 据诸暨市劳动和社会保障局提供的《诸暨市镇乡（街道）劳动争议调解组织工作情况汇报》（2011年8月12日）。

② 据《店口镇经济社会发展情况》，中国诸暨店口网站，http://www.diankou.gov.cn/diankou/dkjj.html。

的协议书，这些协议书都被要求上交给该科备案。也就是说，店口镇在2007~2009年期间，通过企业劳动争议调解委员会和镇劳动保障科，共调解了508起工伤争议（平均每年169起）。或者说，在2007~2009年期间，共有508名曾在店口镇企业打工而受伤的工人申请了工伤争议调解并最终获得了调解。

据统计[①]，这508名工人（其中男性365人，占总数的71.9%）分别来自贵州（215人）、江西（69人）、安徽（60人）、浙江（46人）、湖南（42人）和四川（17人）等省（市、区）。在这些调解协议书中，505份记录了工人获得的工伤赔偿金额，最少的为200元，最多的为310000元，平均为12668元，中位数为6500元。在这505份记录了工伤赔偿金额的调解协议书中，502份记录了工伤赔偿金额的种类，这些人都获得了一次性伤残补助金、一次性伤残就业补助金、一次性工伤医疗补助金、停工留薪期工资、住院伙食补助费和陪护费。

对这些工伤争议的就地、就近调解，既有效地维护了工人的合法权益，也增进了企业生产秩序和当地社会秩序的和谐与稳定。

---

① 笔者指导的研究生吴丹通过解读这些工伤争议调解协议书完成了她的硕士学位论文，有关统计由她完成。

# 第十章 软性调控的运作机制

地方政府要对私营企业劳资关系进行软性调控，在具体运作中将面临两个主要问题：一是如何从上往下动员有关的党政官员积极投身到这种调控中来；二是如何引导被调控者积极配合甚至主动接受有关的调控。这里所说的“运作机制”就是指动员党政官员的运作机制与引导被调控者的运作机制。

尽管被调控者包括劳方及其代表和资方及其代理者，但从前面的叙述可知，那些软性调控措施（除“工会‘服务大局’”以外）基本上都是针对资方及其代理者的，因此，这里只探讨引导资方及其代理者的运作机制。地方政府引导资方及其代理者积极配合甚至主动接受软性调控的基本机制是积极引导、正面奖励，也即采用积极的或正面的诱导机制。实际上，软性调控的“软”主要也就体现在这里。积极诱导的做法可分为两类。第一类诱导属于软性调控本身的诱导，它体现在第二章至第六章所介绍的每一种软性调控之中。其做法有二：一是强调每种软性调控措施的出台都是出于良好的初衷，比如说，是为了企业的健康、快速发展；二是对积极配合、支持软性调控的企业主及其企业给予表彰、奖励，包括对企业主进行适当的政治安排。第二类诱导属于第一类诱导以外的其他诱导，主要有两种做法：一是出台常规性的扶持、奖励政策，二是开展以服务企业发展为基本主题的活动。

本章的主要内容由三部分组成：首先论述动员党政官员的运作机制，然后分别论述引导资方及其代理者的第一类和第二类诱导机制。

## 一　动员党政官员的运作机制

进一步概括上述软性调控措施，可知其运作都是采取从上往下的推动模式，并具有以下3个基本特点：①相关软性调控措施一般都由中共中央、国务院、省委、省政府等上级党政部门首先启动，并被赋予重要的意义，甚至被当作重要的政治任务。当然，上级党政部门也不是凭空启动调控措施，他们往往是将好的地方经验总结之后或者经过局部试点之后再推而广之。②为了贯彻落实相关软性调控措施，各级地方党委和政府一般都会成立相应的领导小组，由党政主要领导（市委书记、市长或副书记、副市长）担任组长，然后，开会动员，下发“红头文件”，从上往下逐级推动。③将软性调控的基本内容列为下级有关党政部门的工作考核内容或有关官员的岗位考核内容，并出台详细的考核办法，对有关党政官员进行考核。对比一些学者提出的“压力型体制”的运作机制，我们可以认为，党和政府动员有关官员参与对私营企业劳资关系的软性调控也是采用“压力型体制”的运作机制。

“压力型体制”是对地方政府运行的形象描述，强调地方政府的运行是对不同来源的发展压力的分解和应对。所谓“压力型体制”，是指“一级政治组织（县、乡）为了实现经济赶超，完成上级下达的各项指标而采取的数量化任务分解的管理方式和物质化的评价体系”。[①]这种压力型体制包括三个要素：①数量化的任务分解机制。体现为在制定了社会经济发展目标和接到上级任务后，党委和政府把它们进行量化分解，通过签订责任书的形式层层下派到下级组织以及个人，要求其在规定的时间内完成。

① 荣敬本等：《从压力型体制向民主合作制的转变：县乡两级政治体制改革》，中央编译出版社，1998，第28页。

②各部门共同参与的问题解决机制。有两种表现方式：一种是各部门的工作要围绕党委和政府的工作计划和工作重点进行安排，这是纳入下级工作计划的常规方式；另一种是各部门抽调人员或者整个部门一起行动，完成来自上级的临时性任务或工作。③物质化的多层次评价体系。对于完成指标任务的组织和个人，除了采用授予称号这样的传统精神鼓励的方式外，还增加了包括升级、提资、提拔、奖金等物质奖励。在惩罚上，对一些重要任务实行的是“一票否决”制，即一旦某项任务没有达标，就视其全年工作成绩为零，不能获得任何先进称号和奖励。多层次体现为，评价主体不仅包括党委系统的组织部门、政府系统的人事部门、本部门的组织人事部门，还增加了纪律检查委员会、部门内部的下级干部和普通工作人员等。①

当时，“压力型体制”被用来描述地方政府在“经济赶超”上的运作。地方政府当然也可以采用这种体制来调控当地企业的劳资关系，实际上它们也是这么做的。

## 二　针对资方及其代理者的第一类诱导机制

如前所述，针对资方及其代理者的第一类诱导属于软性调控本身的诱导，它体现在每一种软性调控之中，其做法有二：一是强调每种软性调控措施的出台都是出于良好的初衷；二是对积极配合、支持软性调控的企业主及其企业给予表彰、奖励。

### （一）强调每种软性调控措施的出台都是出于良好的初衷

一般来讲，每个“红头文件”的开头都会讲明该文件的出台是出于良好的初衷。这种良好的初衷可以分为两个方面：一是为了贯彻落实中共中央、国务院的有关会议、决议以及某位党和国

① 杨雪冬：《压力型体制：一个概念的简明史》，《社会科学》2012 年第 11 期。

家领导人的讲话精神；二是为了引导、促进私营企业（非公企业、民营企业）健康、快速发展，而不是像20世纪50年代对资本主义工商业的社会主义改造那样，旨在限制甚至消灭私营企业。

试举两例：①2006年4月21日，浙江省人民政府办公厅印发了《关于开展创建劳动关系和谐企业活动的意见》，决定在全省开展创建劳动关系和谐企业活动。该《意见》的开头是这么写的："为建立企业和谐劳动关系，维护企业和职工的合法权益，促进企业健康发展，进一步推动我省经济、社会又快又好发展，合力推进'平安浙江'、'法治浙江'建设，努力构建社会主义和谐社会，省政府决定在全省开展创建劳动关系和谐企业活动。"②2012年5月，中共中央办公厅印发了《关于加强和改进非公有制企业党的建设工作的意见（试行）》。该《意见》一开头就讲明了"加强和改进非公有制企业党的建设工作"的重要意义："非公有制企业是发展社会主义市场经济的重要力量。加强和改进非公有制企业党的建设工作，是坚持和完善我国基本经济制度、引导非公有制经济健康发展、推动经济社会发展的需要，是加强和创新社会管理、构建和谐劳动关系、促进社会和谐的需要，是增强党的阶级基础、扩大党的群众基础、夯实党的执政基础的需要，是以改革创新精神提高党的基层组织建设科学化水平、全面推进党的建设新的伟大工程的需要。"

### （二）表彰、奖励积极配合、支持软性调控的企业主及其企业

这方面的内容都体现在有关的"红头文件"之中，试举几例如下。

（1）2006年4月，浙江省人民政府办公厅印发了《关于开展创建劳动关系和谐企业活动的意见》，决定在全省开展创建劳动关系和谐企业活动（简称"创建活动"）。该《意见》规定：

“创建活动的结果将作为今后评定（授予）诚信企业、先进企业、五一劳动奖状和劳动模范、五一劳动奖章、优秀企业家等荣誉称号的重要依据之一。”

（2）2007 年 9 月，绍兴市人民政府办公室出台了《关于深化创建劳动关系和谐企业活动的通知》。该《通知》规定：对获得“绍兴市劳动关系和谐企业”称号的企业，免于工商部门、劳动保障监察机构的日常巡查（有投诉举报的除外），并作为单位或经营者个人评选劳动模范、五一劳动奖状和五一劳动奖章的必要条件。

（3）2008 年 12 月，中共中央统战部、全国工商联联合出台了《关于加强和改进非公有制经济人士思想政治工作的若干意见》。该《意见》在谈及“加强和改进非公有制经济人士思想政治工作的内容和途径”时，强调要坚持“凡进必评”，把综合评价作为推荐非公有制经济人士担任人大代表、政协委员和工商联执委、常委等的必经程序，作为“优秀中国特色社会主义事业建设者”等评比表彰的基本依据。

（4）2010 年 9 月，中共浙江省委创先争优活动领导小组、中共浙江省委组织部出台了《关于在创先争优活动中全面推进非公有制企业发展强、党建强“双品牌”建设的指导意见》。该《意见》提出：“要把企业主支持党建和所在企业加强党建工作的情况，作为推选其担任各级党代表、人大代表和政协委员，或者参与推优评优时的重要标准。”

（5）2012 年 5 月，中共中央办公厅印发了《关于加强和改进非公有制企业党的建设工作的意见（试行）》。该《意见》第 17 条规定：“对企业出资人的评先选优、政治安排，要事先征求企业党组织和非公有制企业党建工作机构、地方工会组织的意见，党委统战、组织部门要严格审查把关，重点考察其思想政治表现、遵纪守法、道德品质、履行社会责任、支持党建工作等方面情况。”

## 三 针对资方及其代理者的第二类诱导机制

针对资方及其代理者的第二类诱导主要有两种做法：一是出台常规性的扶持、奖励政策；二是开展以服务企业发展为基本主题的活动。

### （一）出台常规性的扶持、奖励政策

2005 年以后，这方面的政策较多，主要有以下几类。

（1）扶持、奖励企业上规模、上档次

诸暨市扶持、奖励企业上规模、上档次的基本做法之一是组织评选市级规模企业，由市委市政府统一命名授牌，并选择一批成长性强、发展潜力大的企业入选市级“苗子”企业，作为第二梯队进行重点培养。市级规模企业和市级“苗子”企业都享受一定的优惠政策。诸暨市组织评选市级规模企业和市级“苗子”企业可能始于 2001 年，笔者从网上查到的最早的有关数据是：2003 年，58 家企业被评定为市级规模企业，40 家企业被评定为市级“苗子”企业。

2005 年 2 月，诸暨市人民政府出台了《关于推进我市工业经济集约发展的若干政策意见》（诸政发［2005］7 号）。该《意见》包含六个方面的政策意见，其中，第二个方面是“扶持企业上规模、上档次”，它规定市级规模企业可享受以下三项政策。①凡符合国家、省产业鼓励政策的，经税务机关批准，可实行加速折旧。②企业研究开发新产品、新技术、新工艺所发生的费用，可按实列支，对实际发生的各项费用超过销售收入 1%，且比上年增长 10% 以上的，经税务机关批准，允许再按实际发生额的 50% 抵扣当年应纳所得税额（“苗子”企业可参照执行此条优惠政策）。③凡列入大企业大集团培育对象的企业除享受规模企业的政策外，在达到规划确定的年均增长目标（包括销售收入、实缴税金、工业性投入）前提下，还可享受下列政策：其年度开

发新产品、新技术、新工艺所发生的费用，分档按比例允许提取计入成本，其中2007年销售收入目标100亿元以上的企业按工业销售收入4%提取；50亿~100亿元的企业按工业销售收入3%提取；10亿~50亿元的企业按工业销售收入2%提取；其他企业按工业销售收入1.5%提取。当年使用不完的，可结转下年度使用。紧接着，诸暨市人民政府又出台了《关于2005年度企业创强争先的奖励政策意见》（诸政发［2005］8号）。该《意见》提出了市级规模企业、市级“苗子”企业和市级工业大企业大集团培育对象的评定标准。其中，市级规模企业的评定标准是：①工业规模企业，实现销售收入达到1亿元、实缴税费达到250万元且地方税费达到100万元。建安规模企业，实现建安产值达到6亿元、实缴税费达到350万元。②三产规模企业（暂定在商业饮食业、交通运输业、房地产业三个行业中评定），实现营业收入（或销售收入）商业饮食业达到4亿元、交通运输业达到1亿元、房地产业达到8000万元，实缴税费500万元且地方税费达到200万元。③农业规模企业，符合下列条件中任何一项的企业：实现销售收入5000万元；实缴税费达到100万元；国家级农业产业化重点龙头企业或省级骨干农业龙头企业。市级“苗子”企业的评定标准是：①工业“苗子”企业，年销售收入1000万元以上、当年实缴税费同比增长幅度超过全市平均水平，且符合下列条件中任何一项的企业：省级及以上高新技术企业；获得省级及以上名牌产品或著名（驰名）商标或近三年被认定为国家重点新产品；年销售收入达到5000万元且实缴税费达到150万元。②农业“苗子”企业，符合下列条件中任何一项的企业：实现销售收入达到2000万元或实缴税费达到50万元；省级及以上高新技术企业；绍兴市级重点农业龙头企业；获得省级及以上名牌产品或著名（驰名）商标；主导产品连续三年被评为省级及以上农博会金奖。市级工业大企业大集团培育对象的评定标准是：按照工业企业销售收入、实缴税费、发展速度及对所处制造业集群带动作用大小，确定30家。

此后，市级规模企业、市级“苗子”企业的评定标准做过多次调整，市委、市政府每年都评定一些企业为市级规模企业和市级“苗子”企业。2006 年，通球管业有限公司等 238 家企业被评定为市级规模企业和市级“苗子”企业。此后，被评定为市级规模企业和市级“苗子”企业的数量不断增加。其中，2010 年度的市级规模企业为 277 家，市级“苗子”企业为 152 家；2011 年度的市级规模企业为 343 家，市级“苗子”企业为 176 家；2012 年度的市级规模企业为 393 家，市级“苗子”企业为 174 家。

（2）培育、扶持企业上市

前面提及的诸暨市人民政府于 2005 年 2 月出台的《关于推进我市工业经济集约发展的若干政策意见》（诸政发［2005］7 号）的第五个方面是“大力推进企业上市”，其内容如下。

（十三）企业在争取上市过程中可享受以下政策：（1）企业在改制设立股份有限公司时，按最低标准减半收取市级相关规费。不改变投资主体和出资比例改建，承受原企业土地、房屋权属的，或独家发起募集设立，承受发起人土地、房屋权属的，经财政部门批准，可减征或免征权证过户契税。（2）企业改制中按规定量化到个人的资产和因资产评估增值及原企业历年积累的资本公积、股本中归属个人部分，缓征个人所得税，待股份转让时再按规定征收。（3）企业在争取上市过程中投资高新技术项目、市级以上重点工业性投资项目时，优先推荐、享受国家及地方补助资金和科技扶持资金。

（十四）上市公司扩张优势发展中可享受以下政策：（1）企业上市后三年内，上缴所得税以上年入库数为基数，超过全市财政收入平均增长幅度，其超出部分中的地方所得部分由财政作为专项奖励，扶持企业再发展。（2）对上市公司募集资金投资项目，优先办理立项预审和报批，优先安排所需建设用地，在环保审批、规划等方面开辟“绿色通道”。（3）上市公司在投资高新技术项目、市级以上重点工业生产性投资项目时，优先推荐享受国家及地方补助资金和科技扶持资金。(4) 鼓励上市公司兼并收购市内企业，推动上市公司资产重组，促进资源向优势企业集中，实现低成本扩张。在兼并收购中涉及到土地、房产、车船等权证过户的相关规费时，按规定最低标准的50%收取。(5) 市级重大基础设施建设工程项目优先吸纳市内上市公司投资，实行市场化经营或定额回报投资运行。

“为进一步推进企业上市发展，引导扶持一批有一定规模、业绩优良、成长性好的企业加快上市步伐，打造强势资本运作平台，实现我市经济又好又快发展”，2007 年 8 月，诸暨市人民政府又出台了《关于鼓励企业上市发展的若干政策意见》(诸政发[2007] 63 号)。该《意见》的“适用范围”为以下三类企业(公司)：一是拟改制上市的企业和股份有限公司；二是注册在本市的境内外上市公司；三是本市企业绝对控股的异地上市公司，70% 以上净资产在本市且募集资金 70% 投向本市项目的异地上市公司。该《意见》提出了以下“鼓励政策”。

(1) 企业在改制设立拟上市股份有限公司中可享受以下政策：1. 股份有限公司设立时，凡涉及土地、房屋、车船等权属过户的，免收其有关行政事业性收费（除工本费、上缴上级部分外)；所涉契税市留存部分，经市上市领导小组批准后，可以项目补助的形式由市财政全额奖励给原企业。2. 因股份制改造和上市规范要求，需通过新设立股份有限公司对资产进行并购重组的，其资产转让过户中的市级有关行政事业性收费（除工本费、上缴上级部分外）予以全免；所涉契税、营业税、所得税市留存部分，经市上市领导小组批准后，可以项目补助的形式由市财政全额奖励给原企业。3. 设立股份有限公司时，涉及土地、房产权证补办，有关部门在规划、立项、质监等环节上要简化程序，提高效率，免收其有关行政事业性收费（除工本费、上缴上级部分外)。4. 设立股份有限公司时，根据财务审计、资产评估调账需要，所产生的评估增值、原企业历年积累的未分配利润、资本公积涉及的所得税市所得部分，经市上市领导小组批准后，可以项目补助的形式由市财政全额奖励给原企业。按股本分配归属个人部分，缓征个人所得税，待股份转让时再按规定征收。5. 设立股份有限公司时，企业历年享受的国家和地方有关优惠政策及扶持措施所得，归原企业投资者所有，在其企业权益转增资本金过程中所涉及所得税本市留成部分，经市上市领导小组批准后，可以项目补助的形式由市财政全额奖励给原投资者。

（2）拟上市股份有限公司在争取上市过程中可享受以下政策：1. 拟上市股份有限公司争取上市过程，是指与证券公司、律师事务所和会计师事务所等中介机构签订上市合作协议，并进入上市操作实质阶段的拟上市股份有限公司。2. 拟上市股份有限公司为上市而体现前二年盈利，在会计处理中增加的所得税市留成部分，在原企业实缴所得税以上一年实缴额为基数，超过全市企业平均增幅的前提下，经市上市领导小组批准后，可以项目补助的形式由市财政全额奖励给原企业。3. 拟上市股份有限公司在投资高新技术项目、市级以上重点投资项目时，优先推荐、享受国家及地方补助资金和科技扶持资金，优先安排所需建设用地指标，优惠享受报批和建设过程中的有关规费。4. 拟上市股份有限公司与证券公司、律师事务所和会计师事务所签订上市协作协议当年至成功上市年度之间，其企业所得税以上一年实缴额为基数，超过全市企业平均增幅部分所得税的市留成部分，在股份公司母公司（集团）年度实缴所得税达到全市平均增幅的前提下，经市上市领导小组批准后，可以项目补助的形式由市财政全额奖励给原企业，但享受时限最长不超过三年。5. 拟上市股份有限公司争取上市的操作实质阶段涉及的具体问题也可实行“一企一策”。

（3）上市公司在扩张优势发展中可享受以下政策：1. 对上市公司募集资金投向项目，优先办理立项预审和报批，优先安排所需建设用地指标，在环保评估、规划等方面开辟“绿色通道”。

2. 上市公司在投资高新技术项目、市级以上重点投资项目时，优先推荐、享受国家及地方补助资金和科技扶持资金，优惠享受报批和建设过程中的有关规费。3. 鼓励上市公司兼并收购市内企业，推动上市公司资产重组，促进资源向优势企业集中，实现低成本扩张。在兼并收购中涉及到土地、房产、车船等权证过户的市级有关行政事业性收费（除工本费、上缴上级部分外），按最低标准减半收取；所涉契税经市上市领导小组批准后，可以项目补助的形式由市财政给予全额奖励。4. 市级重大基础设施建设工程项目同等条件下优先吸纳市内上市公司投资，实行市场化经营或定额回收投资运行。

该《意见》还提出了以下“考核奖励”办法。

（1）企业当年实现境内外上市（包括买“壳”上市），且募集资金主要用于当地建设投资项目，根据募集资金额给予 50 万～100 万元奖励。对本市企业绝对控股的异地上市公司，70% 以上净资产在本市且募集资金 70%（投资额在 5000 万元以上）投向本市项目的异地上市公司给予 50 万元奖励。（2）镇乡（街道）的企业上市工作与岗位目标责任制考核挂钩。凡辖区内按《诸暨市企业上市发展重点培育对象及争创计划安排》要求新组建 1 家股份有限公司，加 1 分；股份有限公司申请上市并报会，每家加 2 分；实现境内外上市（包括买“壳”上市），每家加 3 分。（3）企业在改组或变更设立股份有限公司、股份有限公司争取上市过程中和上市后有关扶持政策以及考核奖励的兑现工作，具体由市上市办牵头，会同市财政局等有关市上市工作领导小组成员单位审核后，报经上市领导小组批准兑现。

在上述政策的激励下，一个又一个企业被重点培育上市，仅 2011 年就有天立环保、步森服饰、万安科技、露笑科技和宏磊股份 5 家企业相继挂牌上市。至 2011 年底，诸暨市的上市企业累计已达 13 家，2011 年资本市场直接融资达 50 亿元，均居全省各县

（市、区）前列。[①]

（3）培育商标品牌、扶持品牌发展

诸暨市的品牌建设起步于20世纪90年代初期。1994年，诸暨市首次开展了诸暨市著名商标认定活动。2000年以来，诸暨市积极实施商标发展战略，为推进全市经济结构调整和经济增长方式转变，促进产品市场化、产业化、经营品牌化做了大量工作，使诸暨市的商标工作在全省处于领先地位。至2005年，诸暨市已有申请及注册商标5000余件，其中，中国驰名商标3件，省著名商标57件，绍兴市著名商标85件；有省级专业商标基地1个（浙江大唐袜业基地），省知名商号23家。[②]

2006年4月20日，诸暨市人民政府办公室印发了《诸暨市"十一五"驰（著）名商标发展规划》（见诸政办发〔2006〕73号文件）。该《规划》在肯定现有成绩的同时，也谈到"创牌工作还存在许多不足和不相适应的地方"：一是尚未摆脱商标数量少、质量低、层次低的状况；二是商标战略与企业发展战略不协调；三是对商标内涵挖掘和自我保护水平不高。因此，该《规划》提出了如下发展目标：经过五年乃至更长时间的努力，建立起较为完善的商标注册、使用以及驰（著）名商标培育、发展、保护的工作机制，促进商标事业全面协调发展；驰（著）名商标各项指标继续保持全省县级市中的领先地位，形成一批具有较强国内国际市场竞争力和影响力的驰（著）名商标；充分发挥驰（著）名商标的引领作用，建立起驰（著）名商标主导经济增长的经济模式，使之成为我市经济社会发展的重要支柱。为了实现上述发展目标，该《规划》提出了如下"落实品牌建设扶持措施"。①商标资产运作：对获得中国驰名商标、浙江省和绍兴市著名商标的企业，其驰名商标、著名商标的价值，经合法评估，

---

① 《宏磊股份成我市今年第5家上市企业》，"中国诸暨"网站，http://www.zhuji.gov.cn:7001/html/20040303000060/20111229018980.html，2011-12-29。

② 据诸暨市人民政府办公室印发的《诸暨市"十一五"驰（著）名商标发展规划》（见诸政办发［2006］73号文件）。

可作为企业的无形资产对外投资，最高投资额可达70%。支持有实力的企业按国家规定债券融资，支持企业创办中外合资、合作企业，支持符合条件的驰（著）名商标企业进行境外融资，使用国际金融组织、国际商业银行贷款，积极帮助驰（著）名商标企业进行股份制改造和加快境内外上市融资。②金融服务：金融机构开展企业商标使用权为质押物的质押物业务，优先选择拥有中国驰名商标、浙江省和绍兴市著名商标的商标使用权作为质押物。对获中国驰名商标、省市著名商标、知名商号的企业优先给予贷款。③政策支持：对已被确认的中国驰名商标、省著名商标，列入市规划发展的重点企业，有关部门在技术引进、技术开发立项和贷款等方面给予倾斜。④进出口服务：对具备条件的绍兴市级以上的著名商标企业，市外经贸局应优先为其申报进出口经营权。各级进出口公司应积极向外推销。对有进出口经营权的驰（著）名商标企业，海关、外经贸部门要及时为其产品出口提供优先便利条件。⑤基础保障：对绍兴市级以上著名商标企业的煤、电、气、水、运等生产条件，有关部门要予以重点保证。各级政府在生产用地安排、农产品区域开发、基地建设和产品开发上，要给予重点扶持。⑥产业导向：支持和鼓励绍兴市级以上著名商标企业，特别是个私企业投资除国家明令禁止以外的所有领域。重点支持和鼓励这些企业投资高新技术产业及投资办教育、医疗、保健和文化体育等社会事业。⑦人才引进：充分运用人才柔性流动机制，鼓励绍兴市级以上著名商标企业采用岗位聘用、项目聘用、任务聘用的形式，引进高层次经营管理人才；进一步完善引进人才政策，对企业引进的高级人才，在住房、子女就学等方面给予优惠。⑧监管服务：对中国驰名商标、省知名商号、省市著名商标企业在有效期内免工商年检，并免常规市内各级工商机关的检查。积极支持和帮助绍兴市级著名商标企业，冠无区域名、浙江省名和绍兴市名。⑨奖励政策：凡被认定为中国驰名商标、省著名商标、省知名商号及绍兴市级著名商标的企业，市政府将在当年给予上述企业及相关有功人员表彰奖励。

2011 年 9 月，诸暨市又出台了《诸暨市“十二五”商标发展规划》。该《规划》提出了商标发展的总体目标和具体目标。其中，关于商标品牌数量的具体目标是：力争到 2015 年，全市有效注册商标数达到 2 万件，国际注册商标达到 1500 件；有 3 件商标入围亚洲品牌 500 强行列，10 件商标成为国内行业标志性商标品牌，驰名商标达到 25 件，省级著名商标达到 150 件，浙江省级专业商标品牌基地达到 6 个，绍兴市著名商标达到 250 件，绍兴市级专业商标品牌基地达到 7 个，“6 + 2”产业规划内企业商标覆盖率达到 70%；法人企业商标拥有率达到 90% 以上；出口企业在主要出口国拥有自主品牌或境外注册商标；品牌经济对我市 GDP 的贡献度达到 65% 以上。为了实现所提出的总体目标和具体目标，该《规划》提出了以下 7 项政策措施。①加强组织领导：建立健全市商标发展领导机构，成立诸暨市“十二五”商标发展工作领导小组；②加强政策扶持：对于驰（著）名商标企业，政府相关部门要在融资贷款、土地使用、税收政策、广告宣传、科技立项、新产品开发等方面予以支持；③加快商标品牌培育：围绕产业发展加大驰（著）名商标推介力度，切实发挥驰（著）名商标的带动作用；④强化商标品牌的管理运用；⑤加大商标知识产权的保护力度；⑥推进商标品牌文化建设；⑦完善社会服务体系。

在上述政策的扶持、激励下，诸暨市申请及注册商标的数量不断增多，品牌价值不断延伸。截至 2012 年 5 月初，诸暨市已拥有国家行政认定驰名商标 22 件，数量位居全国县市第二、全省第一，其中，洁丽雅商标跻身亚洲品牌 500 强，太子龙等 3 件商标进入全国品牌 500 强，宏磊等 4 件商标成为全国行业标志性品牌。[①]

---

① 《我市拥有行政认定中国驰名商标 22 件》，“中国诸暨”网站，http://www.zhuji.gov.cn:7001/html/20040303000060/20120503019648.html，2012-05-03。

（4）对企业经营者授予政府特别奖

2005 年 2 月，诸暨市人民政府出台了《关于 2005 年度企业创强争先的奖励政策意见》（诸政发［2005］8 号）。该《意见》提出“对致力于发展，为国家及地方社会事业与经济发展作出重大贡献的企业经营者授予政府特别奖”，它包括以下 10 个奖项。①贡献奖：对实缴税费贡献大、增长快的企业授予贡献奖。②企业上市奖：当年企业实现国内或海外上市（包括买“壳”上市，并将上市公司注册地迁到诸暨）且募集资金主要投资于当地建设，对上市有功人员给予 50 万元奖励。上市公司实现配增新股再融资的，对融资有功人员给予按融资总额 2‰的奖励。③“单打冠军”奖：企业规模效益或主导产品国内市场占有率处于全国同行业第一，奖 5 万元。香榧、茶叶、竹木、瘦肉型猪等特色农产品加工企业主导产品国内市场占有率处于全省同行业第一，奖 3 万元。建安总承包企业主项资质由一级升为特级的，奖 10 万元。④品牌奖：当年获中国驰名商标的奖 30 万元、获中国名牌产品的奖 20 万元；建安总承包创“鲁班奖”的，奖 30 万元；省级著名商标、名牌产品奖 5 万元。⑤科技进步奖：当年获国家级科技进步奖或省级科技进步一等奖企业，奖 5 万元；当年获省级科技进步二等奖或绍兴市级科技进步一等奖企业，奖 3 万元；当年获省级科技进步三等奖或绍兴市级科技进步二等奖企业，奖 1 万元。⑥市长质量奖：对积极实施“质量兴业、品牌强企”战略的前五名企业，授予“市长质量奖”，并奖 3 万元。⑦环境保护奖：对积极发展环保产业产品或在环境污染治理中获得优胜单位的前五名企业，授予“环境保护奖”，并奖 3 万元。⑧招商引资奖：当年引进境外资金实到 500 万美元以上且位于全市第一、二、三位的，分别奖 3 万元、2 万元、1 万元；当年引进市外境内资金（与引资企业、个人无关联的资金）实到 5000 万元以上且位于全市第一、二、三位的，分别奖 3 万元、2 万元、1 万元。⑨技改投入奖：当年完成技改投资额 1 亿元以上且位于全市第一、二、三位的，分别奖 3

万元、2 万元、1 万元。⑩工业规模企业竞赛优胜奖：在工业规模企业中按综合得分依次评定 30 强，对 1 ~ 10、11 ~ 20、21 ~ 30 位分别授予金牌、银牌、铜牌。该《意见》还规定，企业发生以下事故（事件）的，不考虑政府特别奖：①发生一次死亡 2 人以上（含 2 人）或累计死亡 3 人的重大安全事故及恶性火灾事故；②由于生产经销产品的质量原因致人死亡或在全省造成影响的重大事故；③违反计划生育政策；④发生《诸暨市社会治安综合治理一票否决权制试行办法》规定否决条件的重大违法违纪事件；⑤发生影响较大的劳资纠纷事件或拖欠职工养老保险金、医疗保险金；⑥环境污染受到处罚；⑦有明显信用失范行为，造成恶劣影响的。

2006 年 1 月，诸暨市人民政府又出台了《关于 2006 年度企业创强争先的奖励政策意见》（诸政发［2006］5 号），其内容与 2005 年的《意见》基本相同，但提高了“政府特别奖”各奖项的门槛。

2010 年 2 月，中共诸暨市委、诸暨市人民政府联合出台了《关于 2010 年促进经济创新提升发展的若干政策意见》（市委［2010］19 号）。该《意见》共 58 条，实际上是一个“促进经济创新提升发展”的全面而具体的奖励方案。其中，第 54 条为“实施政府特别奖励”，其奖项设置与 2005 年的《意见》基本相同，但进一步明确了各奖项的获奖标准，一些奖项提高了奖项的门槛，其具体内容如下。对为国家及地方经济社会作出重大贡献的企业经营者和特殊贡献单位或个人授予政府特别奖。①贡献奖：对实缴税费贡献大、增长快的企业（中央企业的奖励政策另定），给予贡献奖。对当年度实缴地方税费达到 1 亿元且比上年增长 2% 的企业，奖 30 万元；当年度实缴地方税费在 5000 万元至 1 亿元，且比上年增长 4% 的企业，奖 20 万元。对当年度实缴税费达到 3000 万元，其中实缴地方税费达到 1250 万元且同比增长达到全市平均水平的工业企业（含工业综合型集团企业）；当年度实缴税费达到 2000 万元，其中实缴地方税费达到 1000 万元且同比增长达到全市平均水平的三产企业；当年度实缴税费达到1500万元且实缴地方税收同比增长达到全市水平的建安企业，各奖15万元。对当年度实缴税费达到850万元且实缴地方税收同比增长达到全市平均水平的农业企业，奖10万元。同时符合上述条件的，按最高奖额计算，不重复计奖。珍珠加工贸易企业参照执行工业企业考核奖励标准。②企业上市奖：当年实现境内外上市（包括买“壳”上市，并将上市公司注册地迁到诸暨）且募集资金50%以上用于当地建设投资项目的企业，根据募集资金额给予50万至100万元奖励；对由本市企业绝对控股、50%以上净资产在本市且募集资金50%（投资额在5000万元以上）投向本市项目的异地上市公司，给予50万元奖励。③综合实力奖：对当年新进入全国综合500强、省综合100强的企业，分别奖30万元、20万元；对建安企业主项资质晋升为施工总承包特级（或按新标准特级资质就位）的给予20万元奖励。④品牌奖：对当年获中国世界名牌产品，奖50万元；评定的中国驰名商标，奖30万元（通过商标管理案件认定的减半奖励）；中国名牌产品、商务部“老字号”企业和出口名牌，各奖20万元；获国家质检总局认定的出口免验企业、国家免检产品，各奖10万元；对建安总承包创“鲁班奖”和国家优质工程奖的，每项分别授予政府特别奖励50万元、20万元。⑤科技进步奖：对当年获国家级科技进步奖、省级科技进步三等奖及以上企业，国家级及省一等奖奖50万元，省二等奖、省三等奖分别奖15万元、10万元。对当年认定符合第6条款中的国家级科技创新公共服务中心（平台）奖30万元。⑥市长质量奖：对积极实施“质量兴业、品牌强企”战略前五名企业，授予“市长质量奖”，奖6万元。⑦环境保护奖：对积极发展环保产业产品或环境污染治理前五名优胜单位，授予“环境保护奖”，奖6万元。⑧节能降耗奖：对积极开展“节能降耗推进年”活动前五名优胜单位，授予“节能降耗奖”，奖6万元。⑨招商引资奖：对当年引进境外资金实到1000万美元以上且位于全市前三位企业和引进市外境内资金（与引资企业、个人无关联的资金）实到5000万元以上且位于全市前三位企业，分别奖10万元、8万元、5万元（不含房地产）。⑩技改投入奖：当年完成工业技改投资额1亿元以上且位于全市前五位企业和完成三产（不含房地产开发投资）投资额5000万元以上且位于全市前五位企业，分别奖20万元、15万元、10万元、8万元、5万元。⑪规模企业创强争先奖：在工业规模企业中按综合得分依次评定30强，对1～10、11～20、21～30位分别授予金、银、铜牌；在服务业、农业、建筑业规模企业中按综合得分依次评定各10强，分别授牌。

（5）出台《关于扶持企业保稳定促发展的若干政策意见》

“为积极应对国内外经济形势变化和国内宏观调控，立足政银企合力攻坚克难，及时有效化解企业融资问题所引发的经营风险与不稳定因素等突出矛盾和困难，增强企业发展信心，确保全市经济健康稳定运行”，2011年10月10日，诸暨市人民政府出台了《关于扶持企业保稳定促发展的若干政策意见》（诸政发［2011］63号）。该《意见》提出了以下“扶持重点”：一是加大财政对项目建设的专项扶持力度；二是加大信贷资金对实体经济的保障力度，其内容包括“加强政银合作，市政府联系相关银行，落实10亿元小企业与‘三农’专项扶持信贷额，全力破解融资难”；三是加大对涉企行政事业性的收费优惠力度；四是加大对资金困难企业的指导帮助力度；五是加大对民间借贷的规范引导力度。

### （二）开展以服务企业发展为基本主题的活动

进入2008年以后，诸暨市开展的以服务企业发展为基本主题的活动相当多，不但市委、市政府组织开展了多项这方面的活动，一些政府部门亦在本部门内部组织开展了类似的活动。下面介绍由市委、市政府组织开展的几项主要活动。

（1）2008年开展的“共促创业创新，共谋企业发展”活动

2008年8月20日，中共诸暨市委办公室出台了《关于开

展“共促创业创新 共谋企业发展”活动的实施意见》(市委办〔2008〕93号),决定从8月至12月在全市市级部门开展“共促创业创新,共谋企业发展”活动。该《意见》提出的“工作重点”有五个:一是全力营造利于企业发展的舆论氛围;二是深入开展“让企业满意百日服务”活动;三是加快推进“三集中三到位”工作;四是集中开展“行政不作为慢作为乱作为”专项治理活动;五是建立效能行风监测点(首批拟建立100个效能行风监测点)。该《意见》提出:“为加强对活动领导,市成立由市委常委、纪委书记俞中和市委常委、组织部长陈玲芳为组长的领导小组,领导小组下设办公室,具体负责抓好组织、协调、监督、指导等工作。”在2008年8月20日召开的动员大会上,领导小组的两位组长分别讲了话,其中,陈玲芳在讲话中阐述了开展这项活动的主要原因。

> 市委决定在市级部门开展“共促创业创新、共谋企业发展”活动,主要是出于三个方面的考虑:一是帮助企业克服发展难题。年初以来,受国际国内宏观经济形势的影响,特别是人民币升值、货币政策从紧、出口退税下调、能源和原材料涨价、劳动力紧缺和美国次贷危机等内外因素的交互作用,我市许多企业发展面临严峻的形势,部分行业和企业经营困难,中小企业亏损面有所扩大,全市各项经济指标增幅呈现回落的趋势,许多企业家都感叹“今年是最困难的一年”。企业的又好又快发展,事关就业和民生,事关社会稳定和金融风险的防范,事关今年全市各项经济社会指标的完成,因此,我们必须高度重视保持经济运行平稳增长,帮助企业解决发展面临的困难和问题。企业越困难,越需要党委、政府的热情关怀。开展“共促创业创新、共谋企业发展”活动,就是要进一步优化政府服务,千方百计创造条件、改善环境,了解企业、关心企业、服务企业,齐心协力帮助企业共渡难关,实现稳定发展、转型发展和提升发展。二是解决个别部门存在的“机关病”。……三

是加强领导班子思想政治建设。[①]

俞中则在讲话中强调，服务企业要做到“三送”。

一是送政策。要深入企业，深入基层，掌握实情，对一些制约企业群众创业创新的规范性文件要及时清理，修改完善，对企业群众的有关创业创新的政策需求要及时梳理整合，抓紧出台更有利的政策措施。同时，要及时做好各项优惠政策的变化告知及兑现文章，放水养鱼，尽量减轻企业负担。二是送服务。要进一步树立“部门围绕企业转”的服务氛围，深入落实部门联系企业和重点项目等好的制度、做法，主动加强与企业的交流沟通，及时解决企业发展和项目中遇到的实际困难。三是送关爱。要积极营造“尊重致富、创业崇高”的社会氛围，带着真感情、真性情倾听企业家的心声，努力创造条件为企业牵线搭桥，向上积极争取政策、资金、人才支持等，进一步帮助企业重塑发展信心，携手企业共渡难关。[②]

这项活动的开展受到了全市企业的普遍欢迎。仅仅过了20天，截至9月10日，全市就有34个部门对550家企业进行了一对一帮扶和精细化服务，内容包括企业审批、土地挂牌、项目申报、环评报批、基础设施配套等。[③]

（2）2009年开展的“企业服务年”活动

2009年2月，诸暨市委办公室出台了《关于在全市开展“企业服务年”活动的通知》（市委办［2009］22号），决定在全市

① 陈玲芳：《在全市开展“共促创业创新、共谋企业发展”活动动员会上的讲话（摘要）》，市深化拓展作风建设和主题实践活动领导小组办公室编《诸暨市“共促创业创新、共谋企业发展”活动简报》第1期，2008年8月25日。

② 俞中：《在全市开展“共促创业创新、共谋企业发展”活动动员会议上的讲话（摘要）》，市深化拓展作风建设和主题实践活动领导小组办公室编《诸暨市“共促创业创新、共谋企业发展”活动简报》第1期，2008年8月25日。

③ 据市深化拓展作风建设和主题实践活动领导小组办公室编《诸暨市“共促创业创新、共谋企业发展”活动简报》第5期，2008年9月10日。

开展“企业服务年”活动。2009年2月26日，在市会展中心召开了“企业服务年”活动动员大会，市委常委、纪委书记俞中出席会议并讲了话，副市长徐国龙作了动员讲话，会议具体部署了以“十送”为主要载体的“企业服务年”活动方案。俞中在讲话中强调，要为企业做好精细化服务，尽力为企业办事提供方便。要解决企业办事过程中的“中梗阻”问题，确保政令畅通。

为了深入开展这项活动，诸暨市不但成立了“企业服务年”活动领导小组，下设办公室，而且成立了政策信息服务组、企业技改服务组、企业管理服务组、企业用工服务组、企业融资服务组、企业平安服务组等六个服务组，并分别规定了这六个服务组的组成单位和主要任务。

政策信息服务组的组成单位为体改办、发展和改革局、经贸局、外经贸局、财政地税局、国税局、科技局、商贸办、农办、金融机构、宣传部，其主要任务是：①2月底至3月底，完成本市各类经济政策及涉企收费减负政策兑现工作，并用足用好上级各项优惠扶持政策；②2月底至3月底，开展蹲点调研，通过走访、召开座谈会等形式，详细了解和掌握企业发展和生产经营中遇到的实际困难和问题，并汇总成册，分送市级相关职能部门予以协调解决；③收集汇编2009年市委市政府各类经济政策及上级政府部门的相关经济政策，3月底前下发到全市规模以上企业；④关注规模龙头企业的生产运行情况，切实做好全市经济运行分析；⑤开展企业风险预测预警和金融风险监测预警；⑥及时收集涉及我市企业生产的主要原辅材料的市场信息，并不定期在《诸暨日报》上予以公布。

企业技改服务组的组成单位为市府办、经贸局、国土局、规划局、建设局、建管局、科技局、环保局、水务集团、商贸办、金融机构、各镇乡街道，其主要任务是：①2月底至3月底，调研摸排全市技改总体情况，基本搞清技改中用地、规划、建设、项目配套及融资等方面存在的困难和问题；②继续开展“项目攻坚年”活动，对市级以上重大项目及高科技优质项目，相关部门采取召开现场办公会及跟踪服务等办法，在较短时间内，切实帮助企业解决技改中所遇到的问题和困难，一时难以解决的，必须及时以书面形式向市分管领导或主要领导汇报；③各镇乡街道是服务企业、抓好企业技改工作的主力军，必须全程做好项目的跟踪服务及项目配套工作，以确保技改项目顺利实施和按时竣工投产。

企业管理服务组的组成单位为市企业党工委、市委党校、财政地税局、国税局、工商局、技监局、科技局、经贸局、市公共服务中心，其主要任务是：①定期举办“经济大讲堂”；②定期或不定期举办各类税务管理、工商管理、质量管理、科学技术、企业管理等业务知识培训活动，另外根据企业需要，组织企业经营者赴大专院校参加各类学习和培训，帮助企业提高经营者与管理人员的业务素质，促进企业规范经营；③进一步简化办事（办证）手续，提高企业办事效率，有效降低企业管理成本。

企业用工服务组的组成单位为劳动和社会保障局、人事局、公安局、司法局、各镇乡街道，其主要任务是：①进一步加强全市劳动力市场建设，完善市场功能；②2 月底至 4 月底，下企业调研企业用工和人才需求情况；多渠道、多形式举办全市劳动力交流大会；③定期组织企业赴外开展人才引进活动，并协调做好引进人才的落户工作；④做好企业职工各项保险服务工作；⑤及时处置和化解企业用工纠纷和劳资纠纷事务；⑥5 月底前提出全市企业用工和人才交流规范性意见，抵制企业间用不正当方式竞争人才和员工。

企业融资服务组的组成单位为人民银行、体改办、银监办和诸暨境内所有金融机构、经贸局、市企业家协会，其主要任务是：①进一步优化全市金融生态环境，及时处置与化解企业资金风险；②建立中小企业贷款担保风险补偿机制，完善企业信用体系，建设中小企业信用担保机构，切实帮助中小企业解决融难问题；③全年分二次做好银企结对工作；④继续做好中小企业专项贷款推荐工作；⑤创新金融工作思路，确保优质项目和优质产品融资；⑥召开全市企业上市与资本运作研讨会，加快推动企业上市融资工作。

企业平安服务组的组成单位为政法委、公安局、司法局、法院、检察院、环保局、安监局，其主要任务是：①为全市经济建设保驾护航，确保全市有一个安全、稳定的发展环境；②加大社会治安整治力度，对恶意阻挠企业技改项目实施或对企业进行敲诈勒索的人和事，及时采取严厉措施予以惩治；③进一步加大企业安全生产监管力度，深入企业帮助建立安全生产制度；④进一步加强企业的环保意识，确保全市生产和生活环境安全。①

从这六个服务组的组成单位和主要任务可以看出诸暨市委、市政府服务企业的力度！

（3）2010 年开展的“服务企业、服务基层”专项行动

2010 年 8 月 17 日，中共诸暨市委办公室、诸暨市人民政府办公室联合出台了《关于围绕加快经济转型升级深入开展“服务企业、服务基层”专项行动的通知》（市委办［2010］93 号），决定在全市深入开展“服务企业、服务基层”（简称“双服务”）专项行动。该《意见》指出：该专项行动在市委、市政府的统一领导下开展，市里成立了由市委常委、组织部长陈玲芳任组长，副市长孟国锋任副组长的“双服务”专项行动领导小组，领导小组下设办公室（办公室设在市府办）。该《意见》规定了该专项行动的活动内容，共五项：一是配合做好省、绍兴市服务组来诸开展“双服务”工作。二是深化开展市镇两级领导联系点服务活动，包括：调整完善市级领导基层联系点，明确每位市级领导结对联系技改项目、重点外经贸项目、上市培育企业、农业项目、三产项目、建安企业等。镇乡（街道）班子成员也要分别联系 2～3 个重点基础设施建设项目、重点工业项目、三产项目、农业项目和行业龙头骨干企业。定期走访企业和项目现场，了解企业

---

① 据诸暨市作风建设工作领导小组办公室编《任务函告书》（编号：0902），2009 年 3 月 3 日。

经营发展状况和项目推进情况，帮助协调解决生产经营、项目推进、资源要素等方面的困难和问题，确保项目按计划顺利推进，推动企业转型升级、提升创新能力、提高经济效益。三是大力开展部门结对企业服务活动，包括：市级经济主管部门和涉及项目审批服务部门的班子成员要结对联系 2～3 个与部门服务职能相对应的重点项目和重点企业，市级其他各部门要结合工作实际结对联系 1 家企业，组织机关干部深入企业，开展调查研究，听取意见建议，通过组织“组团服务”“咨询服务”“专项服务”等多种方式，力所能及地帮助企业解决一些实际困难。四是扎实开展年轻干部“五驻”活动，即“驻园招商、驻镇推进、驻点服务、驻村帮扶、驻企指导”活动。五是创新开展“专家、人才助推转型升级”活动。

（4）2011 年开展的“走进企业、破解难题”活动

2011 年 10 月 31 日，中共诸暨市委办公室、诸暨市人民政府办公室联合出台了《关于开展“走进企业、破解难题”活动的实施意见》（市委办［2011］122 号）。该《意见》首先指出：“为积极应对当前严峻的经济和金融形势，进一步营造服务基层、服务企业、服务发展的良好氛围，政企联动，共克时艰，经市委、市政府研究，决定在全市范围内开展‘走进企业、破解难题’活动。”开展该活动目的是“围绕当前经济和企业运行中的突出矛盾问题，通过开展‘走进企业、破解难题’活动，深入调查研究，摸排了解企业发展形势、需求及困难，致力向企业送信心、送政策、送资金、送信息、送服务，着力解决一批制约企业稳健发展的突出问题，确保完成全年目标任务，确保实现经济和企业‘两个健康’，进一步理清明年经济工作思路，推动经济社会又好又快发展。”该活动的时间为：从 10 月中下旬开始至阴历年底。服务对象为：全市工业、服务业、农业、房地产业、建筑业等企业。组织领导为：市委、市政府成立由主要领导任组长，相关市领导任副组长，有关部门主要负责人为成员的活动领导小组，领导小组下设办公室，办公室设在市经信局。

该活动的主要工作有五项：一是政策宣传落实行动。要通过有针对性的上门指导培训、政策资料发放、网上信息发布、新闻媒介宣传等形式，帮助企业及时了解上级和我市一系列经济激励政策。二是风险隐患排查行动。越是临近年底，越要高度关注企业财务运作、工资清欠、劳动纠纷、安全生产等方面的风险。三是难题摸排攻坚行动。通过镇街和基层服务组走进企业，深入细致摸排企业生产经营中碰到的各类困难问题，能当场解决的立即解决，一时不能解决的经收集整理后上报活动领导小组办公室。领导小组办公室通过归类整理，集中报送11个专题协调组，专题协调组再组织召开协调会，落实任务、明确要求，强化督查、跟踪问效，确保难题事事有着落、件件有回应。四是资金要素保障行动。全面落实近期中央、省、市出台的一系列金融支持企业尤其是中小微型企业发展的政策，严格执行我市《关于扶持企业保稳定促发展的若干政策意见》。积极鼓励商业银行强化金融创新、增加信贷规模、拓宽融资渠道。大力创新地方金融，加大市外资金引入，持续推动企业上市，扶持发展担保公司。强化金融政策激励，进一步形成政银企抱团发展、合作共赢的良好氛围。五是项目集中推进行动。围绕全年400亿投资计划，抓紧抓实项目前期、落地、开工、竣工、投产等环节。各镇乡（街道）和各类项目业主单位要抓住第四季度这一关键冲刺阶段，加快一批重大项目前期开工和推进建设，确保2010年以来已供地项目到年底开工率达90%以上。市级相关部门要进一步优化项目审批、推进协调机制，常态化协调项目建设中碰到的困难问题。

（5）2012年开展的“进村入企”大走访活动

2012年2月24日，中共诸暨市委办公室、诸暨市人民政府办公室联合出台了《关于在全市开展“进村入企”大走访活动的意见》（市委办［2012］23号），决定在全市开展“进村入企”大走访活动。该活动的“目标任务”是：“从2月份开始，集中5个月左右的时间，组织各镇乡（街道）、部门党员干部深入到全市502个村（居）和500家企业进行走访调研，做到深入基层、深入群众‘两深入’，所有村（居）和困难企业‘两覆盖’，服务企业、服务基层‘双服务’。建立健全干部直接联系群众、联系基层的体制机制，着力解决反映强烈的突出问题，切实强化群众观念、执行意识和服务能力，进一步优化发展软环境，提振基层和企业加快发展的信心。”该活动的主要内容有8项：一是进村访农家。二是入企解难题（具体是：由市四套班子领导带队，开展市镇联动、机关干部“走进企业、破解难题”专项活动，实地走访500家以上企业。建立市领导和市级部门联系战略性新兴产业培育企业、上市后备企业制度，及时了解重点企业经营发展状况和项目进度，协调解决困难问题，特别是“招工难”“融资难”“投资难”“转型难”等问题。各镇乡（街道）、部门健全干部走访企业制度，重点走访转型升级中的困难企业，以及具有发展前景和特色优势的企业。各金融机构要深入企业了解情况，帮助破解困难）。三是建立领导直接联系产业园区、重大项目制度。四是开展领导干部大接访活动。五是开展“两排查一促进”专项活动（即组织开展“深入排查化解矛盾纠纷，深入排查整治社会治安和公共安全突出问题，促进‘网格化管理、组团式服务’工作完善落实”专项活动）。六是开展“服务企业、服务基层”专项行动。七是开展“改善发展环境”专题调研活动。八是在宣传文化系统开展“走基层、转作风、改文风”活动。

（6）2012年12月开展的以“服务企业、温暖过冬”为主题的“暖风行动”

“为积极应对当前经济形势，帮扶企业解决实际困难，助推企业健康发展”，2012年12月1日，诸暨市“执行力建设年”活动领导小组出台了《关于开展服务企业“暖风行动”的通知》（诸执领发［2012］2号），决定农历年前在全市开展以“服务企业、温暖过冬”为主题的“暖风行动”。该《通知》提出的“工作措施”有三项：一是进一步落实惠企措施，包括持续开展“入企解难题”活动，切实规范涉企收费、认真落实涉企税费优惠政策。二是进一步优化服务环境，包括深入推进行政审批提速增效，加大对企业金融服务力度，切实营造良好的施工环境，密切关注企业年底工资清欠工作，向困难职工“送温暖、献爱心”，及时帮助解决企业职工的实际困难。三是进一步严肃工作纪律，包括严格控制对企业的有关检查，坚决打击“吃、拿、卡、要”和“三乱”现象（指违规向企业乱收费、乱罚款、乱摊派现象）。该《通知》还提出了以下三点“工作要求”：①统一思想，提高认识。各镇乡（街道）、部门要充分认识开展服务企业“暖风行动”是有效解决企业面临的实际困难和问题、帮助企业健康发展的需要，牢固树立保企业就是保经济、保民生、保稳定的观念，切实增强为企业服务的紧迫感和责任感，进一步营造良好的发展软环境。②立说立行，落实责任。各镇乡（街道）、部门要结合实际，迅速落实“暖风行动”的各项措施，努力形成党政齐抓共管、部门密切配合、企业积极参与的工作格局。各级纪检组织要切实履行职责，加强监督检查，全力推动“暖风行动”落到实处，切实为企业排忧解难。③强化执行，务求实效。各镇乡（街道）、部门要将“暖风行动”与完成全年目标任务相结合，与单位职责相结合，与企业需求相结合，务求工作实效。市纪委、市执行力建设办将通过明察暗访进行督促检查，确保活动取得实效。

## 四 小结

本章论述了软性调控的两类运作机制，即动员有关党政官员的运作机制与引导被调控者的运作机制，其中，引导资方及其代理者的运作机制是本章论述的重点。地方政府引导资方及其代理者积极配合甚至主动接受软性调控的基本机制是积极引导、正面奖励，也即采用积极的诱导机制。积极诱导的做法可分为两类：第一类属于软性调控本身的诱导，其意图显而易见；第二类属于第一类诱导以外的其他诱导，主要是出台常规性的扶持、奖励政策，并开展以服务企业发展为基本主题的活动。这些做法不但直接扶持、激励、服务了企业的发展，而且可以使私营企业主一再感受到：党和政府确实希望企业上规模、上档次、健康快速地发展，党和政府确实是在给自己想办法，是在为企业发展服务，从而有助于增强并维持私营企业主对党和政府的信任。

# 第十一章

# 软性调控的综合性效果

前面第三章至第九章论述了地方政府软性调控私营企业劳资关系的主要措施，那么，那些软性调控措施的效果到底如何？笔者认为，这是一个难以回答的问题。究其原因，主要有四。

首先，对效果的评价涉及评价的主体是谁，对某项软性调控措施的效果，不同的评价者可能会得出不同的结论。

其次，对私营企业劳资关系进行软性调控毕竟不是在实验室里进行的，我们难以确认每种软性调控措施的效果的有无，即使有效果也难以具体地把它们测量出来。换句话说，我们难以知道如果没有采取某种或某些软性调控措施，私营企业及其劳资关系的发展又将是一种什么样的情形。

再次，每一种软性调控措施的出台往往是出于多种目的，所涉及的调控内容（或调控的层面）一般都比较多，所产生的效果的表现形式也多种多样。比如说，既可能产生与劳资关系直接相关的效果，也可能产生与劳资关系并不直接相关的效果；既可能产生个体（如个体工人）层次上的效果，也可能产生群体（如工人群体）层次、企业层次乃至地区层次上的效果；既可能产生短期的效果，也可能产生长期的效果；既可能产生局部性的效果，也可能产生全局性的效果；既可能产生显性的效果，也可能产生隐性的效果；既可能产生积极的、正面的效果，也可能产生消极的、负面的效果；既可能产生意料之中的效果，也可能产生意料之外的效果；既可能产生即时的效果，也可能产生延时的效果；等等。我们很难具体地一一测量、评价这些效果。

最后，如第三章至第九章所述，地方政府对私营企业劳资关系采取了多种多样的软性调控措施，从而形成了多管齐下、协同调控之势。不但每一种软性调控措施可能会产生不同表现形式的效果，而且不同的软性调控措施还有可能相互影响、交互作用，从而产生某种或某些交叉性、综合性以及累积性的效果。无疑，这将使软性调控的效果变得更为复杂。

有鉴于此，这里只尝试性地论述软性调控的四种综合性效果。所谓“综合性效果”，是指该效果并不是某种软性调控措施在短期内产生的某种单一效果，而是多种软性调控措施经过较长时间的共同作用之后而产生的相对稳定的效果。这四种综合性效果分别是：分化、整合了私营企业主，在员工中制造了新的认同，促使了私营企业“类单位化”，促使了私营企业劳资关系的转型。这四种综合性效果是笔者经过实地调查、解读大量的调查资料之后概括出来的。虽然它们的出现并不一定只与地方政府的软性调控有关，但与地方政府的软性调控不无关系。当然，它们并未穷尽所有可能的综合性效果。

## 一　分化、整合了私营企业主

从前面第三章至第七章的论述可知，那些软性调控措施基本上都是针对资方及其代理者的，就此而言，它们产生的综合性效果主要有两个：一是有助于私营企业主群体内部的分化，二是有助于将私营企业主整合进入现行体制。

分化私营企业主旨在对他们分而治之，不让他们形成一个具有高度组织性和同质性的群体。就本研究所涉及的软性调控措施而言，分化所用的手法主要有两种：一是直接分化私营企业主，比如，选择一部分私营企业主入党，对一部分私营企业主授予不同的荣誉称号，对一部分私营企业主进行不同行政级别的政治安排，等等；二是分化私营企业，从而间接分化私营企业主，比如，评选市级规模企业和市级“苗子”企业，评选不同行政级别的“劳动关系和谐企业”，等等。在诸暨市调查期间，笔者感受很强烈的一点是：所调查的企业（都是大型的、知名的私营企业）都得到了很多由有关党政部门授予的牌匾，这些牌匾往往集中悬挂在一间屋子的墙壁上或摆放在一个展示柜中。每一块牌匾都代表了企业获得的一种资质或荣誉称号。在一定程度上，有关党政部门颁发这些牌匾也是分化企业及其企业主的一种手段。

**图 11－1　浙江四通纺织服饰有限公司的“荣誉柜”（局部）**

一般地讲，地方政府之所以要调控私营企业主，主要是希望实现以下三个目标：一是在思想政治方面，希望私营企业主遵纪守法，拥护党的领导，在重大事件和关键时刻与党同心同德；二是在经济发展方面，希望私营企业主尽力改善企业的经营管理水平，努力提高企业的经济效益，为本地区的 GDP 增长作出贡献；三是在社会秩序方面，希望私营企业主善待处于弱势地位的工人，积极预防并及时、就地化解劳资纠纷，维持良好的生产和生活秩序，为本地区的社会稳定作出贡献。我们可以认为，只要实现了上述三个目标，尤其是实现了第一个目标，就意味着把私营企业主整合进入了现行体制。从近年来诸暨市社会经济发展的整体状况以及私营企业主的心态与行为来看，地方政府已基本上实现了上述目标，或者说，已基本上实现了对私营企业主的整合。试举几项有关的“证据”（主要是有关第一个目标的）如下。

（1）2011 年 10 月 10 日《经济日报》刊登了记者陈发宝写的《听党的话，跟党走——浙江诸暨市民营企业抓党建促发展》一文。文中说：在浙江诸暨市采访 5 天，走访了十几家民营企业，印象最深的是从多数采访对象那里听到同一句话，“听党的话，跟党走!”

（2）2009 年 3 月，“为积极应对国际金融危机，促进企业健康发展，保障职工合法权益，构建和谐稳定的劳动关系”，围绕“风雨同舟克时艰，合力同心促发展”的主题，海亮集团有限公司等 91 家市级以上劳动关系和谐企业向全市企业和职工发出了《共同约定倡议书》，其内容为：企业方和职工方都作出四点承诺。其中，企业方的第 1 条承诺是：“认真遵守国家法律，自觉承担社会责任。企业生产经营困难期间，千方百计稳定就业岗位，保障职工合法权益。依法采取缩短工时，适时安排休息休假、轮岗轮休等形式保障职工岗位，做到不裁员或少裁员。”

（3）对非公有制经济代表人士进行“综合评价”的结果：2010 年诸暨市对 486 人进行了综合评价，结果 60.29% 的人被评为“优秀”等级，18.11% 的人被评为“合格”等级，18.11% 的人被评为“基本合格”等级，只有 3.5% 的人被评为“不合格”等级。也即被评为“优秀”等级和“合格”等级者之和占 78.4%，这些人都已具备被“安排或评选表彰”的资格（详见第七章）。如果换个角度来看，这个结果在一定程度上也反映了软性调控的某种综合性效果——经过一系列的软性调控之后，78.4% 的非公有制经济代表人士的“综合”表现都达到了“合格”及“合格”以上的水平。

（4）2011 年 3 月，中共诸暨市委企业工作委员会与诸暨市企业家协会合编了《诸暨企业家年会报告选编》(内部资料)，该书收集了部分企业老总在企业2010年总结表彰大会或年度工作会议上的讲话稿。以下是从中摘录的一些言论，这些言论也许反映了一些老总的某种思想境界。

——菲达集团有限公司董事局主席："慈善是一项崇高的民生工程，关于企业与慈善，我个人的理解是三层意思：一是企业为国家多纳税，使政府有能力利用公共财政去扶助社会弱势群体；二是菲达做好自己的事情，把企业办成百年老店，使全体员工有一个稳定、幸福、发展的大家庭；三是企业在不断发展壮大后，有更多的能力去帮助社会上那些需要帮助的群体，促使社会和谐。这也是一种大局，更是一种大爱！"

——海亮集团有限公司董事局主席："海亮党工团非常健全，这是推动企业发展的重要基础。"

——盾安控股集团有限公司总裁："盾安今天取得的成就是令人振奋的，但我们所拥有的一切，与有大美而不言的天地相比，与浩瀚无际的宇宙相比，都不过如沧海一粟，实在是微不足道；与国内外卓越的企业相比，我们的差距与不足还很大；与盾安宏伟的战略目标相比，我们的任务与责任还很重！……所以，我们每一个盾安人面对今天这份荣耀时，就更要低调，更要谦卑，更要懂得感恩——感恩我们的同事、我们的家人以及我们的朋友！"

——万安集团有限公司董事长："踏踏实实为社会办企业，为国家做产业。"

——浙江展诚建设集团股份有限公司董事长："要以大局为重，助力地方发展。我们什么时候都不能忘记党和政府，什么时候都不能忘记父老乡亲。""我们的党建工作有较好的基础，也有较高的起点……二轮发展中，我们的党委一定要挑起重任，努力使我们的党建工作走在全国前列，把我们展诚打造成为名符其实的民营企业红色根据地。"

——雄风集团有限公司董事长："这些成绩的取得得益于整

个国家快速发展的经济大环境，得益于各级党委和政府的支持和关心，得益于银行界朋友的大力支持，得益于我们与合作伙伴们的协同作战和共同努力，更得益于我们全体雄风人拼搏奋进与辛勤付出。”

——浙江经发实业集团有限公司董事长：“经发集团是一个负责任的企业，肩负着艰巨而光荣的历史使命。蓝图已经描绘，目标已经明确，关键是心无旁骛抓落实，同心协力开新局。让我们紧密团结在以胡锦涛同志为总书记的党中央周围，以邓小平理论和‘三个代表’重要思想为指导，深入贯彻落实科学发展观，坚持以人为本，创业创新，做优做强，为建设一个幸福经发、百年经发而努力奋斗！”

地方政府实现了对私营企业主的整合，当然是长期采取多种多样的调控措施的结果，本研究所论及的软性调控措施应该有助于实现这种整合。

本迪克斯（R. Bendix）认为，在工业化早期都会产生一个问题，那就是：伴随着工业化，会产生一个非农业劳动力队伍，这个非农业劳动力队伍通常被迫承受因为巨大的社会与经济位置的改变而导致的后果。那种社会与经济位置的巨大改变终止了前工业社会中“下层阶级”的传统隶属关系，导致“下层阶级”被剥夺了他们在社会中被承认的位置。因此，所有正在进行工业化的社会所面临的一个主要问题是如何对被新创造出来的工业劳动力进行公民的再整合（civic reintegration）。本迪克斯因此而进一步发问：一个正在进行工业化的社会将在什么条件下在国家的经济与政治共同体内部解决新招聘的工业劳动力的吸纳问题？[①]这个问题吸引了美国等西方国家劳资关系研究的许多奠基者，他们都热衷于解决因工业化而产生的劳工问题（labor problems），支持创建调控劳资冲突、把工业人口整合进入自由民主

① Bendix, R. (1956), *Work and Authority in Industry*. p. 434, 436. New York: John Wiley & Sons, Inc.

的社会的新制度。[①]大体而言，20 世纪 30 年代中期以后，尤其是第二次世界大战结束以后，一直到 70 年代，西方市场经济国家（尤其是美国）调控劳资关系或解决“劳工问题”的重点是整合工人阶级，或者说吸纳工人运动。其基本做法之一是立法支持工人自由组建和加入工会，并与资方就工作报酬、工作时间以及其他雇佣条件进行集体谈判。

然而，近 10 年来，党和政府对我国私营企业劳资关系的调控与此明显不同，其调控的重点是异军突起的私营企业主（雇主）阶层，而不是以农民工为主体的雇工阶层。究其原因，可以从三个方面来分析。首先，至少从党的意识形态来看，私营企业主阶层的重新出现属于异军突起，为了缓解他们对现行体制的冲击与挑战，党和政府对他们加以调控是理所当然的事。其次，新中国成立以后，随着私有制和资产阶级被消灭、工人阶级被确立为领导阶级并实现了党对工会的领导，党和政府也就完成了对工人阶级的整合，并随之形成了一系列的制度安排（如建立单位体制）。私营企业雇工的重新出现并不对早已形成的制度安排构成明显的冲击与挑战。再次，如果党和政府直接整合私营企业雇工，将遇到两个难题：一是难以将私营企业雇工整合进入企业所在的城市或地区的管理体制。在私营企业打工的工人基本上都是农民工，他们拥有农业户口，在户籍所在地还有承包的责任田。如果这种户籍制度、农村土地承包制度等没有实质性的变革，要想把他们完全整合进入企业所在的城市或地区的管理体制几乎是不可能的。二是由于政治体制不同，不可能像西方市场经济国家当年那样开展劳资集体谈判活动。在这种情况下，一种明智的做法是把私营企业雇工整合进入所工作的企业，并引导企业主善待他们，这样，他们可以通过生存于企业而生存于企业所在的城市或地区。

---

① Heery, E., N. Bacon, P. Blyton and J. Fiorito (2008), Introduction: The Field of Industrial Relations. In P. Blyton, N. Bacon, J. Fiorito and E. Heery (eds.), *The SAGE Handbook of Industrial Relations*. p. 1. London: SAGE Publications Ltd.

## 二　在员工中制造了新的认同

在第一章（“导论”）我们曾谈道：从表面上看，劳资关系是一种交换关系，即劳动力拥有者（劳方）为资本拥有者（资方）提供劳动，以此从资方那里换取报酬。然而，劳资之间的这种交换又不同于普通商品之间的交换，其特殊之处至少体现在以下两个方面：首先，它不只是劳动与报酬之间的交换，它还是一种支配与被支配的关系，因为劳方必须按照资方的意愿在资方的管理、监督和控制之下为资方劳动。其次，在劳动力市场中，资方所购买的只是劳方的劳动能力或劳动潜力，而不是劳方的实际劳动，资方需要在劳动过程中把劳方的劳动潜力充分发挥出来。这种情况的存在，不但使这种交换关系充满了不确定性和矛盾性，而且要求资方必须获取劳方一定程度上的合作，也即需要劳方（员工）具有一定的工作积极性或自觉性。一般来讲，在员工当中，这种为资方工作的积极性或自觉性不是想当然地普遍存在的，而是需要资方努力去营造。或者说，需要资方在员工中制造认同。我们认为，地方政府软性调控私营企业劳资关系的综合性效果之一，就是独自或引导资方在员工中制造了新的认同。这里所说的“新的认同”是相对于布洛维（M. Burawoy）和华尔德（A. G. Walder）所论述过的“认同”[①] 而言的。

### （一）布洛维对垄断资本主义劳动过程中制造认同的研究

美国社会学家布洛维（M. Burawoy）对垄断资本主义劳动过程中制造认同的研究主要体现在《制造认同》[②]一书中。布洛维首

---

① 此处对布洛维和华尔德的理论观点的介绍，主要参考游正林《制造认同的又一种模式》，《社会》2009 年第 1 期。

② Burawoy, M. (1979), *Manufacturing Consent: Changes in the Labor Process Under Monopoly Capitalism*. Chicago: University of Chicago Press.

先对比分析了封建主义生产方式与资本主义生产方式的基本特点。在封建主义之下，剩余劳动的形式是地租，它是被提前决定的；而在资本主义之下，预先被决定的是工人的工资。资本家购买到劳动力以后，资本家及其代理者必须在劳动过程中把工人的劳动力转变为实际的劳动，这样才可能榨取到工人的剩余劳动及其剩余价值。没有剩余价值，资本主义就会崩溃。那么，资本家及其代理者是如何组织劳动过程以便尽可能地将工人的劳动力转化为实际的劳动的？或者说，资本家及其代理者是怎样从工人身上榨取尽可能多的剩余劳动的？对马克思来说，这也是一个问题，他当时给的答案是强制（coercion）。然而，布洛维认为，随着工会的出现以及对某些最低限度的就业权利的保护，失业或未能获得生存所需工资的威胁已经逐渐与在工作场所的努力程度脱钩，强制就不再能够单独解释工人进入生产车间以后的所作所为，还应该考虑自发的认同（consent）因素。认同与强制的结合共同塑造了生产活动。①

布洛维强调认同是在生产场所中被制造出来的，也即是通过活动的组织而表达出来的，同时也是这种活动的组织的结果。在劳动过程中，认同的基础在于活动的组织要做到好像给工人提供了真正的选择。正是对这种选择的参与才产生了认同。②接着，他对1945年以后发生在垄断资本主义劳动过程中的三种制造认同的活动（或机制）进行了深入研究。

第一种机制是推行计件工资制，把工人引入“赶工游戏（making-out game）”③，从而把管理者与工人之间的冲突转变为工人之间的竞争和工人群体之间的斗争，将工人作为个人而不是作为一个阶级的一个成员嵌入劳动过程。工人参与赶工，不仅能获得更多的物质报酬，还可以获得社会和心理方面的报酬，如减轻

① Burawoy, M. (1979), *Manufacturing Consent*. p. xii.

② Burawoy, M. (1979), *Manufacturing Consent*. p. 27.

③ 对“making-out”一词的翻译，笔者遵从林宗弘等的意见。参见布若威《制造甘愿》，林宗弘等译，（台北）群学出版有限公司，2005。

疲劳、打发时间、缓解无聊、获得成就感和自豪感等。工人可以选择赶工，也可以选择不赶工，但一旦选择参与这种赶工游戏，就意味着对游戏规则即资本主义生产原则的认同，因为一个人不能在参与游戏的同时质疑其游戏规则。因此，布洛维认为，在玩游戏当中以及作为这种游戏的结果，产生了管理方与工人之间的一种共同利益。或者说，当把劳动过程组织成某些有管理方和工人积极参与的游戏形式时，双方的利益就具体地被协调了起来。①

第二种机制是建立内部劳动力市场，即指在工厂内部，劳动力的价格和配给由一套行政规则和程序来管理。内部劳动力市场的存在使工人多了一种选择：他可以选择在工厂内部进行流动，而不必进行跨工厂的流动。这种在工厂内部给工人提供工作流动机会的做法，有助于减少工人与低层管理人员之间的冲突。在岗培训是内部劳动力市场的另一个特征，它打破了建立在技能群体基础上的集体主义，促进了个人自治的发展。此外，按资历付给报酬（包括较好的工种、工资以外的补贴、工作保险和社会地位等）的做法，培植了一种工人对企业的承诺。这样，在剩余价值的生产中，内部劳动力市场具体地协调了资本家和工人之间的利益。②

第三种机制是建立内部国家（internal state），主要是在公司内部建立集体谈判制度和申诉机构（grievance machinery）。布洛维特别强调集体谈判的作用，认为集体谈判一方面取代了来自车间的不同生产代理人之间的冲突；另一方面，则在一个协商的框架内重构冲突。在以这种方式重组冲突的过程中，集体谈判产生了工会与公司之间的一种建立在企业生存和发展基础上的共同利益。集体谈判是一种阶级斗争的形式，在这种斗争中，工人被当作一个阶级来与资本对抗，但双方只是围绕一些细枝末节的变化

① Burawoy, M. (1979), *Manufacturing Consent*. chapter 4－5.

② Burawoy, M. (1979), *Manufacturing Consent*. chapter 6.

而进行斗争（协商），对劳资关系的本质特性没有任何影响。这种协商的一个结果是，资本主义的所有权关系和控制成为（工会）认同的对象。[①]

上述三种机制共同导致个人主义的增长、上下等级之间的冲突的消散、劳资之间以及工人与管理者之间的利益的具体协调，从而达到了在获取剩余价值的同时掩盖剩余价值的目的。[②]

资方在工人中制造认同的手段不止布洛维所论述的这些，一些学者对其他手段也进行过分析研究。[③]不过，相对而言，布洛维的观点可能对后来学者的影响更大。

### （二）华尔德对计划经济体制下劳动过程中制造认同的研究

美国学者华尔德（A. G. Walder）曾对我国计划经济体制下的劳动过程进行了深入研究。笔者认为，他的研究受到了布洛维制造认同观点的影响。

1979 年至 1980 年，华尔德在香港对移民香港的 80 名曾在内地工厂（国营企业）工作过的各类人士进行了深入访谈。在此基础上，写出了他的成名作《共产党社会的新传统主义》。[④]与布洛维关怀垄断资本主义社会的工厂秩序问题明显不同，华尔德想要回答的主要问题是：在 20 世纪 80 年代初期以前的计划经济体制下，中国社会主义社会的政治秩序是如何可能的？其社会和政治稳定的根源何在？和布洛维一样，他对这个问题的研究也是采用从工厂透视社会的方法，即是从研究工厂中的权威关系（authority relations）开始的。因为在他看来，工厂中的权威关系是观察中国社会的政治关系特征的一个窗口，“如果

---

① Burawoy, M.（1979）, *Manufacturing Consent*. chapter 7.

② Burawoy, M.（1979）, *Manufacturing Consent*. p. 193.

③ 可参考游正林《管理控制与工人抗争》，《社会学研究》2006 年第 4 期。

④ Walder, A. G.（1986）, *Communist Neo-Traditionalism: Work and Authority in Chinese Industry*. Berkeley and Los Angeles: University of California Press.

一个人懂得工作场所中的服从是怎样获得的，那么，他也就懂得了该国政治秩序的一个重要基础。"[①]因此，华尔德要探讨的首要问题是：在中国的工作场所中，领导干部是怎样使工人服从自己的权威的？

华尔德用"新传统主义"来概括国营企业中的权威关系，认为它具有两个制度性的特征。第一个特征是"组织性依附（organized dependence）"。它又分为三个方面：一是工人在社会方面和经济方面对企业的依附。决定这种依附程度的因素有两个，即工人的各种需要在多大程度上能够在工作场所内部与工作场所之外得到满足。二是工人在政治上对企业管理者的依附。决定这种依附的因素也有两个，第一个是工人自由地以有组织的方式、集体抗议管理者意志的能力；第二个因素是管理者以有组织的方式抵抗工人的这类抗议行动并按照自己的意愿组织工人的政治活动的能力。三是工人作为个人对车间领导的依附。当车间领导对工人拥有雇佣、解雇和操纵报酬的能力时，工人对他们的人身依附就会达到很高的程度；而当车间领导的这种能力被集体协议或官僚化规则所约束时，工人对他们的人身依附的程度就会减弱。在其他国家的工业里，可能会在上述三个方面中的某个方面展现出很高程度的依附，但极少在所有三个方面都会这样。[②]

第二个特征是工厂中的"权威的制度文化"。在分析这种权威的制度文化之前，华尔德引入了"认同（consent）"概念，认为任何类型的权威都涉及认同的前提条件，即一种人们自愿地、习惯性地服从它的基本要素。[③]他对权威的制度文化的分析，其实就是对认同的结构性根源的分析。他认为，在中国的国营企业里，这种权威的制度文化或认同的结构性根源包括以下三个方面的内容：①共产党在车间里培育出一

① Walder, A. G. (1986), *Communist Neo-Traditionalism*. p. 1.

② Walder, A. G. (1986), *Communist Neo-Traditionalism*. pp. 14 - 23.

③ Walder, A. G. (1986), *Communist Neo-Traditionalism*. p. 23.

套庇护关系。这是这种制度文化的主要特征。这种庇护关系网络是党组织和车间领导从上往下刻意创造出来的，它将党组织和车间领导与少数对他们效忠的工人（即工人积极分子）联系起来。领导们通过这种庇护关系网络来行使权威、控制工人、争取工人们的积极合作。这种庇护关系网络具有交换性质，作为庇护者的领导干部在完成生产任务和开好政治会议等方面都非常依赖积极分子的支持；作为回报，积极分子也能获得“表现”上的好评以及随之而来的奖赏。[①]②普通工人与积极分子之间的分裂。上述垂直性的庇护关系网络所带来的一个直接后果就是普通工人与工人积极分子之间的分裂以及普通工人对工人积极分子的敌视。这种工人队伍的分裂和相互敌视可将普通工人对领导的不满转嫁到积极分子身上，于是，积极分子便成了吸收普通工人对领导干部的不满的“避雷针”。[②]③工人们（主要是非积极分子）从下往上和领导干部发展工具性的私人关系，以便通过这种关系来影响领导干部的决定，使领导干部对规章制度做出有利于自己的变通。这种工具性的私人关系是工人们在工厂内部以个人的方式追求自身利益的一个重要渠道。这个渠道的存在有助于促使工人们采取个人的而不是群体的行动来争取他们的利益。[③]华尔德在提及布洛维关于制造认同尤其是车间里的“赶工”游戏时，认为在中国的工厂里也存在类似的游戏——他把这种工人与领导干部发展工具性的私人关系的行为也看做一种赶工游戏，并十分看重这种游戏在导致工人认同和接受现状中的作用。他说：“那些想通过这种方式在这种游戏中‘赶工（make out）’的工人们便将自己的精力集中到追求私人利益的个人行动上。

---

① Walder, A. G. (1986), *Communist Neo-Traditionalism*, pp. 24 - 25, pp. 164 - 165, pp. 170 - 179.

② Walder, A. G. (1986), *Communist Neo-Traditionalism*, p. 26, p. 164, pp. 166 - 170.

③ Walder, A. G. (1986), *Communist Neo-Traditionalism*, pp. 26 - 27, pp. 165 - 166, pp. 179 - 186.

这种游戏之所以能导致认同的出现，最重要的原因不是因为它能克服制度而给工人带来了真实的满足感，而是因为专注于此类事情的工人们不太可能从政治上去考虑诸如公正与平等之类的抽象问题。他们之所以表现出例行公事似的服从和对政治现状表示无所谓的接受，是因为他们知道个人总是有可能在正式的规则中赢得某种例外。"[①]上述三种"权威的制度文化"可以分别简称为：正面激励积极分子，对工人分而治之，默许工人（主要是非积极分子）通过拉关系、走后门等形式去追逐自己的个人利益。

华尔德对上述认同的结构性根源的论述，类似于布洛维对三种制造认同的机制的论述。在华尔德看来，国营企业的领导干部在行使权威时也采用了制造认同的游戏，而不是一味地使用强制手段。由于国营企业的领导干部实际上具有双重身份，他们既是工厂的管理者，又是政府的官员，因此，当工人服从工厂里党政领导的权威的时候，他们同时也在认同国家的政治权威。按照这个思路，华尔德试图从工厂透视社会[②]，认为上述"制度文化"的建立和维持，再加上出现在国营企业中的父爱主义家长式统治（paternalism），共同构成了中国政治稳定及政治合法性的社会根源，导致人民对政权的默认与积极合作。[③]

### （三）软性调控制造了新的认同

现在的私营企业已从根本上不同于华尔德所研究的对象，即 20 世纪 80 年代初期以前我国计划经济体制下的国营企业。私营企业的生产工人几乎都是来自农村的农民工，他们不像当时的国营企业工人那样在企业里享有"当家做主"的政治地位，也不像当时的国营企业工人那样享有"铁饭碗"似的

① Walder, A. G. (1986), *Communist Neo-Traditionalism*, pp. 247 - 248.
② 孙立平：《从工厂透视社会》，《中国书评》（香港）1995 年第 1 期。
③ Walder, A. G. (1986), *Communist Neo-Traditionalism*, pp. 246 - 249.

就业保障。相反，他们虽然身在私营企业里打工，他们的户籍身份却仍然是农民。一般来讲，他们并不高度依附于某个企业及其管理人员。车间管理人员也往往都是外来的打工者，他们拥有的权力和资源比较有限，加上他们的任期不固定、工人的流动性又大，他们不太可能像国营企业的党政干部那样通过培育出一套庇护关系网络来争取“积极分子”的积极合作。很自然地，在工人当中，也就基本上不存在普通工人与积极分子之分，也就基本上不存在普通工人（非积极分子）通过拉关系、走后门等形式去追逐个人利益的现象。因此，在私营企业里，基本上不存在华尔德所论述的那种“权威的制度文化”。

在诸暨市的私营企业里，也存在布洛维论述过的赶工游戏和内部劳动力市场，但缺少布洛维特别强调的集体谈判制度。资方与劳方（工会）之间针对工作报酬、工作时间以及其他雇佣条件进行集体谈判是市场经济国家规范和调整劳动关系的重要手段。这种做法甚至被认为是使劳资冲突处理制度化的一个伟大的社会发明。[①]比较成功的集体谈判能实现它的三个主要功能：一是为管理方与工人之间的经济利益冲突提供了一种不完全的解决手段；二是极大地提高了被视为工业公民（industrial citizens）的工人的权利、尊严和价值；三是作为前两个功能的一个结果，它为保护私有企业制度提供了一个最重要的屏障。[②]但是，集体谈判制度的建立必须具备三个前提条件：一是工人必须具有（自由）组建工会的法定权利；二是工会拥有中断工作即罢工的权利；三是第三方，如国家，只可以临时干预集体谈判，这种干预只是增补而不是代替管理方与劳方之间的双边

---

① Dubin, R. (1954), Constructive Aspects of Industrial Conflict. In A. Kornhauser, R. Dubin and A. M. Ross (eds.), *Industrial Conflict*. p. 44. New York: McGraw-Hill Book Company, Inc.

② Harbison, F. H. (1954), Collective Bargaining and American Capitalism. In A. Kornhauser, R. Dubin and A. M. Ross (eds.), *Industrial Conflict*. p. 274. New York: McGraw-Hill Book Company, Inc.

关系。[①]然而，我国目前尚未具备这些前提条件。这是因为，我国的劳动立法主要强调劳动者的个人权利，而没有赋予劳动者实质性的、可实施的集体权利（指工人的组织权、罢工权和集体谈判权）。[②]

那么，地方政府和资方又如何弥补因工人集体权利的缺失而造成的认同上的损失？或者说，在缺失集体权利的情形下，如何在工人中制造新的认同？笔者认为，地方政府采取的软性调控措施在一定程度上弥补了这个缺陷，地方政府软性调控私营企业劳资关系的主要效果之一，就是独自或引导资方在员工中制造了新的认同。对于其具体做法，我们可以从两个方面来分析。首先是在个体层面上引导员工认同资方、认同现状。如前所述，第三章至第七章所论述的软性调控措施，旨在约束资方及其代理者的思想和行为，引导、激励、督促他们遵守有关的法律法规和政策，善待处于弱势地位的工人。因此，这些调控措施是有利于普通员工的，或者说，普通员工是这些调控措施的受益者，他们会认同这些调控。其次是在集体层面上引导员工认同资方、认同现状，其基本做法是：员工只能加入一家工会（即中华全国总工会及其各工会组织），工会必须接受党的领导，并在政治上、思想上、行动上和党中央保持高度的一致。这样的工会，在地区层次上以服务当地的工作大局为宗旨，在企业层次上则以共谋企业的发展为宗旨，因而，它不但不会站在资方的对立面，而且会成为资方在员工中制造认同的得力助手。这样，无疑会降低资方将员工的劳动能力转换为实际劳动的成本，也即降低企业的劳动成本，因为，劳动成本取决于劳动力的市场价格与资本家从劳动力抽取劳动的成本。[③]这种新

① Ramaswamy, E. A. & U. Ramaswamy (1981), *Industry and Labour: An Introduction*. pp. 155 – 156. Delhi: Oxford University Press.

② 陈峰：《集体权利的缺位：中国工人的困境》，《二十一世纪》（香港）2008年4月号。

③ Gintis, H. and S. Bowles (1982), The Welfare State and Long-Term Economic Growth. *The American Economic Review*, Vol. 72, No. 2.

的认同的制造，有助于我们理解“中国低成本发展模式”[①]是如何成为可能的。

图 11－2　步森服饰股份有限公司西装生产车间的劳动场景

图 11－3　浙江安丽工贸有限公司袜子生产车间的劳动场景

① 王宁：《中国低成本发展模式的演进、困境与超越》，《学术研究》2010 年第 10 期。

图 11－4　海讯集团染色车间的劳动场景

图 11－5　浙江四通纺织服饰有限公司织布车间的劳动场景

## 三　促使了私营企业“类单位化”

在新中国成立之后的大约十年里，党和政府对我国的劳资关系进行了全方位的调控，其中，影响最为深远的调控可能是以下三个方面：一是对旧中国遗留下来的民族资本主义经济进行了社会主义改造，这其实也是对民族资产阶级、工人阶级以及劳资关系进行改造的过程。从最终结果来看，它是消灭民族资产阶级、消灭资本主义的过程。二是实现了党对各级工会的统一领导，并确定了工会的中心任务——围绕党的中心任务进行工作。三是把城市中的就业组织改造成了“单位”。根据有关学者的研究，到1956年，这项改造工作就初步完成了。典型形态的单位可以分为三种类型：一是党和国家的机构、合法的民主党派和人民团体的机构等；二是所谓不创造物质财富的国营机构，如研究机构、教育机构、医疗卫生机构和文化团体等；三是所谓创造物质财富的各类国营企业。[①]

在我国计划经济时期，人们之所以把各种各样的就业组织统称为“单位”（或单位组织），是因为它们“都具有一种超出其各自社会分工性质之上的共同性质”，即“单位性质”。[②] 以国营企业单位为例，这种“共同性质”或“单位性质”主要体现在以下三个方面[③]：①在党和政府与国营企业的关系上，体现为二者密不可分、融为一体。当党和政府把企业组织改造成为具有“单位性质”的国营企业之后，党和政府不但实际上变成了国营企业的用工主体，成为了国营企业职工的雇主，而且，国营企业本身也不再只是一种经济组织，它还是党的组织系统和国家行政系统的延伸，也即兼具“行政”属性。[④] ②在国营企业与职工的关系上，体现为国营企业不只是要给职工提供就业条件，它还要以集体福利的形式为职工提供生活、文化等设施，如提供住房、食堂、浴室、理发店、托儿所、子弟学校、卫生所（医院）、俱乐部等。这种“企业办社会”现象的日益发展，使得每个国营

① 路风：《中国单位体制的起源和形成》，载中国社会科学院社会学研究所编《中国社会学》第二卷，上海人民出版社，2003。

② 路风：《单位：一种特殊的社会组织形式》，《中国社会科学》1989年第1期。

③ 当然还可以从其他的角度对“单位性质”进行概括和分类。

④ 李培林等：《转型中的中国企业》，山东人民出版社，1992，第95~96页。

企业就像社会的缩影，变成了“小社会”。[①] ③在国营企业领导干部与普通职工群众的关系上，主流意识形态强调二者都是企业的主人，彼此之间只是社会分工的不同，不存在社会地位上的差别，也不存在根本利益上的冲突，因此，无需成立工会。即使成立工会，其基本职责也不是为了代表并维护工人的正当权益，更不是要像某些西方市场经济国家的工会那样限制甚至挑战管理方的权威，而是要在党的领导下围绕党的中心任务开展工作，如开展劳动竞赛、文化体育等方面的活动。笔者把就业组织（尤其是国营企业）具备这些“单位性质”的过程称为“单位化”。

从前面的叙述可知，典型形态的单位都归国家所有，改革开放以后出现的私营企业并不属于单位及其组织体系的范畴。然而，从第三章至第九章的论述可知，诸暨市的一些私营企业，尤其是那些规模较大的制造企业，也已具备了类似“单位性质”的特征。这些特征主要表现在以下三个方面：①党和政府的作用和影响已深入私营企业内部；党和政府与私营企业之间的互动越来越便利；私营企业和私营企业主（出资者）不再是突起的“异军”；在某些方面和一定程度上，私营企业已成为党的组织系统和政府行政系统的延伸。②在私营企业内部，食堂、宿舍、卫生所、书报阅览室等设施越来越多，私营企业承担的社会功能越来越多，它们越来越像“小社会”。③在私营企业内部，已普遍成立了由党领导、旨在共谋企业发展的工会，并努力构建和谐劳动关系。我们可以把这种现象称为私营企业“类单位化”。这种现象的出现主要是近十年来地方政府对私营企业及其劳资关系发展进行一系列的软性调控之后而出现的一种综合性后果。

---

① 李培林等：《转型中的中国企业》，山东人民出版社，1992，第96~97页。

图 11-6 浙江安丽工贸有限公司的员工宿舍楼

图 11-7 宏磊集团“职工之家”中的图书阅览室

## 四 促使了私营企业劳资关系的转型

西方学界对“劳资关系转型”概念的关注大致始于 20 世纪 80 年代中期寇肯（T. A. Kochan）等对美国劳资关系转型问题的

研究，他们于 1986 年出版了《美国劳资关系的转型》一书。①此书出版后，在学界引起了较大的反响。1988 年，有关学者聚在一起对此书涉及的一些问题进行了深入讨论，其中包括对何谓劳资关系转型的讨论。波洛克（R. N. Block）认为，劳资关系转型意味着处理劳资关系的方式发生了根本性的更迭（fundamental alteration）。②进入 90 年代以后，围绕何谓劳资关系转型的争论多了起来，艾里克森（C. L. Erickson）等梳理了相关文献，认为不同的学者往往研究劳资关系转型的不同方面。比如，有的学者研究正式的制度结构，有的学者则研究非正式的或过程取向的指标，还有的学者则研究劳资关系过程的结果，等等。因此，在不同学者之间并不存在关于“劳资关系转型”的共同定义，面对同样的转型现象，不同的学者可能会得出不同的研究结论。他们认为，转型意味着劳资关系系统发生了根本性的变化或它的深层结构（deep structure）发生了变化。这种根本性的变化可以采取渐进的（incremental）方式，也可以采取非连续的方式。据此，他们把转型分为渐进的转型和非连续的转型两种类型，二者虽然在变化的过程上有差别，但在结果上可能并不存在差别。③笔者认同波洛克或艾里克森等的观点，即劳资关系转型意味着处理劳资关系的方式发生了根本性的变化，或劳资关系系统发生了根本性的变化。

自 20 世纪 80 年代中期以来，随着世界范围内工人运动、工会活动的不断衰退，学界对劳资关系转型问题的研究多了起来，其相关研究可以分为三个大的主题：一是研究美国、法国、英国等发达资本主义国家的劳资关系的转型问题；二是研究东亚、东

---

① Kochan, T. A., H. C. Katz and R. B. McKersie (1986), *The Transformation of American Industrial Relations*. New York: Basic Books, Inc.

② Block, R. N. (1990), American Industrial Relations in the 1980's: Transformation or Evolution? In J. Chelius and J. Dworkin (eds.), *Reflections on the Transformation of Industrial Relations*. p. 19. Metuchen, N. J. & London: IMLR Press/Rutgers University and The Scarecrow Press, Inc.

③ Erickson, C. L. and S. Kuruvilla (1998), Industrial Relations System Transformation. *Industrial and Labor Relations Review*, Vol. 52, No. 1.

南亚（如韩国、日本、新加坡、马来西亚、菲律宾等）和拉美的新兴工业化国家的劳资关系的转型问题；三是研究前社会主义国家（如保加利亚、匈牙利、波兰、俄罗斯等）推行经济市场化尤其是私有化改革以后劳资关系的转型问题。遗憾的是，较少有学者对我国私营企业劳资关系的转型问题进行深入细致的调查研究。

在笔者看来，前述软性调控措施的不断推行，使得党和政府的力量和影响直接地、逐渐地进入私营企业，它们已越来越明显地影响着私营企业劳资关系的运行。我们可以进一步把这些影响概括为以下四个方面：①引导、激励、督促资方及其代理者遵守有关的法律法规并落实相关政策，善待处于弱势地位的工人。在一定程度上，党和政府的软性调控起到了抑制资方力量的作用。②在企业里建立由党领导的工会，这种工会的基本任务是共谋企业发展，而不像某些西方国家的工会那样承担着牵制甚至对抗资方（管理方）权威的功能。[①]③努力在企业内部创建一种和谐的劳资关系，强调劳资合作，而非劳资对立。④尽力预防劳动纠纷，一旦出现劳动纠纷，则及时、就地化解它们。这些影响虽然是温和地逐渐深入企业的，然而，它们所产生的综合的、累积的作用已使私营企业劳资关系的处理方式发生了根本性的变化（或曰转型）。

## 五　小结

本章尝试性地论述了软性调控的四种综合性效果。对这些效果的理解，我们应该注意以下三点：①它们彼此之间不一定相互排斥，而可能是相互包含、相互促进。它们本身可能又扮演了中间变量的角色，共同促进了软性调控的总的目标——企业层次上

① 有学者认为，美国的工会就承担着这样的功能，参见 Alexander，K. O.（1975），On Work and Authority. *The American Journal of Economics and Sociology*，Vol. 34，No. 1.

的劳动生产率的提高与生产秩序的稳定、地区层次上的经济增长与社会稳定的实现。②从前面的论述可知，软性调控的对象主要是市级规模企业和苗子企业，对为数众多的小型企业、微型企业的直接影响可能较小，但对它们可能会有较大的间接影响。③本研究论述的软性调控措施并非浙江省、诸暨市独有，其中有些调控措施本来就发源于全国其他地区，即使是发源于浙江省、诸暨市的调控措施，也往往已被推广至全国其他地区。因此，在一定程度上，我们可以将诸暨市软性调控私营企业劳资关系的经验视为相关的“浙江经验”甚至“中国经验”的一个缩影。至于这些软性调控措施在全国其他地区的运作机制及其效果如何，是否取得了与浙江省、诸暨市相同或相似的效果，则有待进一步调查研究。

# 主要参考文献

这里只列本书直接引用或提及的非报纸、非互联网上的文献，它们均已在前面正文中以脚注的形式出现过。

布若威：《制造甘愿》，林宗弘等译，（台北）群学出版有限公司，2005。

曹正汉、史晋川：《中国地方政府应对市场化改革的策略》，《社会学研究》2009年第4期。

陈剩勇：《政府创新、治理转型与浙江模式》，《浙江社会科学》2009年第4期。

陈峰：《集体权利的缺位：中国工人的困境》，《二十一世纪》（香港）2008年4月号。

陈国权、李院林：《地方政府创新与强县发展：基于“浙江现象”的研究》，《浙江大学学报（人文社会科学版）》2009年第6期。

陈骥主编《中国工会十五年（1978～1993）》，中国工人出版社，1993。

程浩：《关于私营企业主能否入党问题争论的综述》，载黄卫平主编《当代中国政治研究报告（I）》，社会科学文献出版社，2002。

恩格斯：《卡·马克思“资本论”第一卷书评》，《马克思恩格斯全集》第16卷，人民出版社，1964。

冯天丽、井润田：《制度环境与私营企业家政治联系意愿的实证研究》，《管理世界》2009年第8期。

高贤峰:《我国民营企业家政治行为分析》,博士学位论文,北京大学,2007。

何显明:《省管县体制与浙江模式的生成机制及其创新》,《浙江社会科学》2009年第11期。

洪银兴:《地方政府行为和中国市场经济的发展》,《经济学家》1997年第1期。

胡旭阳:《民营企业的政治关联及其经济效应分析》,《经济理论与经济管理》2010年第2期。

胡锦涛:《全面加强工会建设,在深化改革、扩大开放、促进发展、保持稳定中发挥更大作用——在全国总工会十二届二次执委会上的讲话》(1994年12月11日),《中国工运》1995年第1期。

华乃强:《社会治安综合治理概念源头考》,《公安学刊(浙江警察学院学报)》2009年第3期。

黄其军:《浙江省非公有制企业党建工作情况调查》,《资料通讯》2000年第12期。

江泽民:《在庆祝中国共产党成立八十周年大会上的讲话》(2001年7月1日),载何毅亭主编《光辉的历程,庄严的使命——学习江泽民同志在庆祝中国共产党成立八十周年大会上的讲话辅导》,研究出版社,2001年。

郎友兴:《政治吸纳与先富群体的政治参与——基于浙江省的调查与思考》,《浙江社会科学》2009年第7期。

李培林等:《转型中的中国企业》,山东人民出版社,1992。

李源潮:《以改革创新精神加强非公企业党的建设》,《党建研究》2012年第4期。

路风:《单位:一种特殊的社会组织形式》,《中国社会科学》1989年第1期。

路风:《中国单位体制的起源和形成》,中国社会科学院社会学研究所编《中国社会学》第二卷,上海人民出版社,2003。

罗卫东、许彬：《区域经济发展的“浙江模式”：一个总结》，《中共浙江省委党校学报》2006年第5期。

吕剑光：《“枫桥经验”的前前后后》，《人民公安》1997年第19期。

马夫、张久荣、赵莉：《2011年全国个体私营经济发展基本情况》，载黄孟复主编《中国民营经济发展报告No.9（2011～2012）》，社会科学文献出版社，2012。

荣敬本等：《从压力型体制向民主合作制的转变：县乡两级政治体制改革》，中央编译出版社，1998。

沈锡权、岳德亮、商意盈：《构建和谐劳动关系的浙江之道》，《今日浙江》2011年第7期。

施从美：《当代中国文件制度的结构与功能解析》，《江海学刊》2010年第1期。

史济锡：《创新“枫桥经验”，推进法治建设，构建和谐社会》，《政策瞭望》2006年第9期。

史晋川：《制度变迁与经济发展：“浙江模式”研究》，《浙江社会科学》2005年第5期。

宋平：《坚持和发展马克思主义建党原则，把我们党建设得更好》（1990年10月17日），载中共中央文献研究室编《十三大以来重要文献选编》（中），人民出版社，1991。

孙立平：《从工厂透视社会》，《中国书评》（香港）1995年第1期。

王滨河：《私营企业主不能入党》，《真理的追求》1994年第11期。

王娇萍：《温暖之路——纪念工会送温暖活动开展20周年和困难职工帮扶中心建设10周年》，《中国工运》2012年第1期。

王利平、高伟、张学勇：《民营企业政治关联：一个多视角的分析》，《商业经济与管理》2010年第12期。

王宁：《中国低成本发展模式的演进、困境与超越》，《学术研究》2010 年第 10 期。

王祖强:《劳资关系与员工权益——基于浙江私营企业的调查与分析》，中国经济出版社，2007。

王晓燕:《私营企业主的政治参与》，社会科学文献出版社，2007。

王兆国:《高度重视和切实加强企业工会工作——在全总十四届九次主席团（扩大）会议上的讲话》（2006 年 7 月 5 日），《中国工运》2006 年第 8 期。

尉健行:《工会的基本职责》，中国工人出版社，2009。

吴建明、吴坚:《平安建设造福浙江》，《今日浙江》2007 年 7 期。

习近平:《创新“枫桥经验”，建设“平安浙江”——在全国社会治安综合治理工作会议上的讲话（节选）》，《今日浙江》2004 年 12 期。

夏宝龙:《一以贯之地抓好“平安浙江”建设》，《今日浙江》2010 年第 10 期。

夏宝龙:《推进“综治进民企”工作，不断深化基层平安建设》，《今日浙江》2006 年第 11 期。

夏小林:《经济增长的背后——解读浙江省的劳资关系、协调机制和宏观背景》，《经济研究参考》2004 年第 44 期。

晓亮主编《私营经济论》，四川人民出版社，1993。

晓亮:《论民营经济》，载李定、张发舟主编《鼓励·引导·发展——全国私营经济发展理论研讨会文集》，新华出版社，1998。

谢岳:《文件制度：政治沟通的过程与功能》，《上海交通大学学报（哲学社会科学版）》2007 年第 6 期。

徐邦友:《民营经济成长与社会自由空间的扩展——基于浙江经验的学术判断》，《浙江社会科学》2010 年第 7 期。

徐焕章、刘鹏、柳影萍编《雇工问题研究——文献、资料、论文汇编》，中共中央党校科研办公室发行，1986。

徐晋、贾馥华、张祥建：《中国民营企业的政治关联、企业价值与社会效率》，《人文杂志》2011 年第 4 期。

徐小洪：《中国私营企业劳动关系论》，杭州市新闻出版局出版，1998。

徐小洪：《浙江模式劳动关系——自行协调、走向两利》，《浙江社会科学》2008 年第 11 期 。

徐小洪：《中国工会的双重角色定位》，《人文杂志》2010 年第 6 期。

徐晓虹：《浙江经济发展奇迹及其原因探索》，《经济地理》2012 年第 10 期。

杨建华：《“浙江现象”之探究》，《中共杭州市委党校学报》2002 年第 1 期。

杨可明：《对中国私营企业主政治参与现象的观察与思考》，载黄卫平、汪永成主编《当代中国政治研究报告》（第 8 辑），社会科学文献出版社，2010。

杨善华、苏红：《从“代理型政权经营者”到“谋利型政权经营者”》，《社会学研究》2002 年第 1 期。

杨雪冬：《压力型体制：一个概念的简明史》，《社会科学》2012 年第 11 期。

姚先国：《“综治进民企”的经济学解读》，《今日浙江》2006 年第 15 期。

姚先国：《民营经济发展与劳资关系调整》，《浙江社会科学》2005 年第 2 期。

叶航：《透析“浙江模式”》，《安徽决策咨询》1999 年第 8 期。

游正林：《管理控制与工人抗争》，《社会学研究》2006 年第 4 期。

游正林：《制造认同的又一种模式》，《社会》2009 年第 1 期。

游正林：《60 年来中国工会的三次大改革》，《社会学研究》

2010年第4期。

游正林：《20世纪50年代中国工会的中心任务的形成》，《学海》2012年第4期。

张德江：《加强非公有制企业党建工作需研究解决的几个问题》，《党建研究》2000年第4期。

张厚义、刘文璞：《中国的私营经济与私营企业主》，知识出版社，1995。

张厚义、刘平青：《私营企业发展进入新的历史阶段》，《中国党政干部论坛》2003年第11期。

张厚义：《私营企业主阶层成长过程中的若干问题分析》，载汝信等主编《2011年：中国社会形势分析与预测》，社会科学文献出版社，2010。

张建君、张志学：《中国民营企业家的政治战略》，《管理世界》2005年第7期。

张兆曙：《草根智慧与社会空间的再造——浙江经验的一种空间社会学解读》，《浙江社会科学》2008年第4期。

赵伟：《浙江模式：一个区域经济多重转型范式》，《浙江社会科学》2009年第2期。

赵玉阁：《建设有浙江特色的私营经济》，《经济师》2005年第2期。

郑红亮、吕建云：《中国私营经济发展30年：理论争鸣和改革探索》，《管理世界》2008年第10期。

朱光磊、杨立武：《中国私营企业主政治参与的形式、意义和限度》，《南开学报（哲学社会科学版）》2004年第5期。

Alexander, K. O. (1975), On Work and Authority. *The American Journal of Economics and Sociology*, Vol. 34, No. 1.

Bean, R. (1994), *Comparative Industrial Relations* (Second Edition). London and New York: Routledge.

Bendix, R. (1956), *Work and Authority in Industry*. New York: John Wiley & Sons, Inc.

Block, R. N. (1990), American Industrial Relations in the 1980's: Transformation or Evolution? In J. Chelius and J. Dworkin (eds.), *Reflections on the Transformation of Industrial Relations*. Metuchen, N. J. & London: IMLR Press/Rutgers University and The Scarecrow Press, Inc.

Bray, M., S. Deery, J. Walsh, P. Waring (2005), *Industrial relations: A Contemporary Approach*. North Ryde, NSW: McGraw-Hill Australia Pty Limited.

Budd, J. W. and D. Bhave (2008), Values, Ideologies, and Frames of Reference in Industrial Relations. In P. Blyton, N. Bacon, J. Fiorito and E. Heery (eds.), *The SAGE Handbook of Industrial Relations*. London: SAGE Publications Ltd.

Budd, J. W. (2010), *Labor Relations* (Third Edition). New York: McGraw-Hill/Irwin.

Burawoy, M. (1979), *Manufacturing Consent: Changes in the Labor Process Under Monopoly Capitalism*. Chicago: The University of Chicago Press.

Burawoy, M. (1985), *The Politics of Production*. London: Verso.

Chen, Feng (2009), Union Power in China: Source, Operation, and Constraints. *Modern China*, Vol. 35, No. 6.

Dabscheck, B. (1983), Of Mountains and Routes Over Them: A Survey of Theories of Industrial Relations. *Journal of Industrial Relations*, Vol. 25, No. 4.

Dickson, B. J. (2007), Integrating Wealth and Power in China: The Communist Party's Embrace of the Private Sector. *The China Quarterly*, No. 192.

Dubin, R. (1954), Constructive Aspects of Industrial Conflict. In A. Kornhauser, R. Dubin and A. M. Ross (eds.), *Industrial Conflict*. New York: McGraw-Hill Book Company, Inc.

Dunlop, J. T. (1993), *Industrial Relations Systems* (Revised Edition), Boston: Harvard Business School Press.

Erickson, C. L. and S. Kuruvilla (1998), Industrial Relations System Transformation. *Industrial and Labor Relations Review*, Vol. 52, No. 1.

Giles, A. (1989), Industrial Relations Theory, the State, and Politics. In J. Barbash and K. Barbash (eds.), *Theories and Concepts in Comparative Industrial Relations*. Columbia: University Southern Carolina Press.

Gintis, H. and S. Bowles (1982), The Welfare State and Long-Term Economic Growth. *The American Economic Review*, Vol. 72, No. 2.

Gospel, H. F. and G. Palmer (1993), *British Industrial Relations* (2nd edition). London and New York: Routledge.

Harbison, F. H. (1954), Collective Bargaining and American Capitalism. In A. Kornhauser, R. Dubin and A. M. Ross (eds.), *Industrial Conflict*. New York: McGraw-Hill Book Company, Inc.

Heery, E., N. Bacon, P. Blyton and J. Fiorito (2008), Introduction: The Field of Industrial Relations. In P. Blyton, N. Bacon, J. Fiorito and E. Heery (eds.), *The SAGE Handbook of Industrial Relations*. London: SAGE Publications Ltd.

Hyman, R. (1975), *Industrial Relations: A Marxist Introduction*. London and Basingstoke: The Macmillan Press Ltd.

Hyman, R. (1995), Industrial Relations in Europe: Theory and Practice. *European Journal of Industrial Relations*, Vol. 1, No. 1.

Hyman, R. (2008), The State in Industrial Relations. In P. Blyton, N. Bacon, J. Fiorito and E. Heery (eds.), *The SAGE Handbook of Industrial* Relations. London: SAGE Publications Ltd.

Kaufman, B. E. (2010), The Theoretical Foundation of Industrial Relations and Its Implications for Labor Economics and Human Resource Management. *Industrial and Labor Relations Review*, Vol. 64,

No. 1.

Keller, B. K. (1990), The State as Corporate Actor in Industrial Relations Systems. *Journal of Industrial Relations*, Vol. 32, No. 2.

Kitay, J. (1991), Analyzing Workplace Industrial Relations: The Australian Workplace Industrial Relations Survey Typology. *Journal of Industrial Relations*, Vol. 33, No. 4.

Kochan, T. A., H. C. Katz and R. B. McKersie (1986), *The Transformation of American Industrial Relations.* New York: Basic Books, Inc.

Littler, C. R., M. Quinlan and J. Kitay (1989), Australian Workplace Industrial Relations: Towards a Conceptual Framework. *Journal of Industrial Relations*, Vol. 31, No. 4.

Ma, Shu-Yun (2000), Understanding China's Reform: Looking beyond Neoclassical Explanations. *World Politics*, Vol. 52, No. 4.

Oi, J. C. (1992), Fiscal Reform and the Economic Foundations of Local State Corporatism in China. *World Politics*, Vol. 45, No. 1.

Ramaswamy, E. A. & U. Ramaswamy (1981), *Industry and Labour: An Introduction.* Delhi: Oxford University Press.

Siddique, S. A. (1989), Industrial Relations in a Third World Setting: A Possible Model. *Journal of Industrial Relations*, Vol. 31, No. 3.

Taylor, B. and Qi Li (2007), Is the ACFTU a Union and Does It Matter? *Journal of Industrial Relations*, Vol. 49, No. 5.

Walder, A. G. (1986), *Communist Neo-Traditionalism: Work and Authority in Chinese Industry.* Berkeley and Los Angeles: University of California Press.

Walder, A. G. (1995), Local Governments as Industrial

*Firms. American Journal of Sociology*, Vol. 101, No. 2.

Wu, Guoguang (1995), Documentary Politics: Hypotheses, Process, and Case Studies. In Carol Lee Hamrin and Suisheng Zhao (eds.), *Decision-making in Deng's China.* New York: M. E. Sharpe, Inc.

# 致　谢

自2008年3月调往中国政法大学社会学院工作以后，我就着手研究我国私营企业的劳资关系。2009年我有幸得到了校级人文社会科学研究项目的资助，2012年我进一步得到了教育部人文社会科学研究规划基金项目的资助，这本书就是我这几年研究工作的结晶。

在2010年11月至2013年11月期间，我曾五次前往浙江省诸暨市调查。如果没有多次得到中华全国总工会法律工作部张智君先生，绍兴市总工会杨柏勇先生、樊建国先生，诸暨市总工会戚志军先生、叶淑秀女士、楼伟广先生、丁光飞先生和王银佳女士等的大力支持与热心帮助，如果没有得到诸暨市有关党政部门以及店口镇、枫桥镇等有关党政部门的有关人士的支持、配合与帮助，如果没有得到万安集团、盾安集团、海亮集团、步森集团、浙江齐鲤机械有限公司、浙江四通纺织服饰有限公司、浙江安丽工贸有限公司、宏磊集团、天洁集团、海讯集团、菲达集团、富润控股集团、八方控股集团等企业的工会负责人的配合与帮助，本项研究工作是无法完成的。因此，在本书即将付梓之际，我要向以上人士表示由衷的感谢。

本书的出版，得到了社会科学文献出版社童根兴先生的热心帮助和王玮先生的悉心编辑，在此一并致谢。

游正林

2013年12月29日

**图书在版编目（CIP）数据**

地方政府对劳资关系的软性调控：基于浙江省诸暨市的调查/游正林著.—北京：社会科学文献出版社，2014.3
ISBN 978-7-5097-5582-2

Ⅰ.①地… Ⅱ.①游… Ⅲ.①地方政府-劳资关系-行政干预-研究-诸暨市 Ⅳ.①F249.275.53

中国版本图书馆CIP数据核字（2014）第009986号

# 地方政府对劳资关系的软性调控

## ——基于浙江省诸暨市的调查

著　　者 / 游正林

出 版 人 / 谢寿光
出 版 者 / 社会科学文献出版社
地　　址 / 北京市西城区北三环中路甲29号院3号楼华龙大厦
邮政编码 / 100029

责任部门 / 社会政法分社（010）59367156　　责任编辑 / 王　玮　胡　涛
电子信箱 / shekebu@ssap.cn　　责任校对 / 陈　磊
项目统筹 / 童根兴　　责任印制 / 岳　阳
经　　销 / 社会科学文献出版社市场营销中心（010）59367081　59367089
读者服务 / 读者服务中心（010）59367028

印　　装 / 三河市尚艺印装有限公司
开　　本 / 787mm×1092mm　1/20　　印　　张 / 15.6
版　　次 / 2014年3月第1版　　字　　数 / 269千字
印　　次 / 2014年3月第1次印刷
书　　号 / ISBN 978-7-5097-5582-2
定　　价 / 59.00元